한글 자모자 연구

이관규

고려대학교 사범대학 국어교육과 교수

저서
《학교 문법론》, 《학교 문법 교육론》, 《국어교육을 위한 국어 문법론》,
《우리말 우리글(공)》, 《북한의 학교 문법론》, 《남북한 어문규범 변천과 과제》,
《체계기능언어학 개관(공)》 등

한글 자모자 연구

초판 인쇄 2024년 9월 30일
초판 발행 2024년 10월 9일

지 은 이 | 이 관 규
펴 낸 이 | 박 찬 익
펴 낸 곳 | ㈜박이정
책임편집 | 권 효 진
편   집 | 김 승 미

주   소 | 경기도 하남시 조정대로45 미사센텀비즈 8층 F827호
전   화 | 031)792-1195
팩   스 | 02)928-4683
홈 페 이 지 | www.pijbook.com
이 메 일 | pijbook@naver.com

I S B N | 979-11-5848-974-8 (93710)
책   값 | 18,000원

한글
자모자
연구

이관규 지음

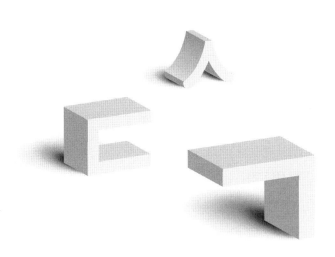

박이정

머 리 말

────────

2021년 7월 독일 베를린에서 열린 유엔무역개발회의 이사회에서는 한국을 개발도상국 지위에서 선진국 그룹으로 변경해서 발표했다. 경제력 못지않게 2024년 현재 한류가 지구촌을 강타하고 있다. 프랑스 파리 올림픽에서 한류의 열기는 그대로 드러났다. 각국을 홍보하는 전시장 가운데 한국의 공간에 길게 줄을 서는 것은 물론이고 단적으로 유일하게 삼성 갤럭시 휴대전화를 갖고 시상식 단상에서 셀카를 찍는 모습은 뿌듯함 그 이상의 감동이었다. 음악, 드라마, 음식, 의류, 디자인 등 각 분야에서 한류가 퍼지고 있다. 그 가운데 대표적인 것은 뭐니 뭐니 해도 한글이다. 대한민국 최고의 문화 공간인 광화문 앞마당에는 한글을 창제하신 세종대왕이 한류 전파를 이끄시는 듯하다.

글쓴이는 우리말과 우리글을 연구하고 교육해 온 시절이 37년에 이른다. 그러니 한국어, 한글의 전문가라고 불려도 괜찮을 듯하다. 최근 들어 부쩍 인생 3막을 준비하면서 한국어 한글 전문가라는 사실이 얼마나 자랑스러운지 마음 한구석이 짠하다. 이제부터는 한국어 한글을 모르는 온누리 사람들에게 본격적으로 전해 줘야겠다는 다짐을 하게 된다. 무엇부터 전할까 생각하니 역시 한글 '가나다'부터 시작하자고 다짐해 본다.

그런데 불쑥 '가나다'를 가르치려면 자음자 'ㄱ, ㄴ, ㄷ', 모음자 'ㅏ, ㅑ, ㅓ, ㅕ' 하나하나를 설명해야 한다는 생각에 이른다. '기역, 니은, 디귿, 리을, 미음, 비읍, 시옷, 이응' 기본적인 자음자 이름이 비체계적이라는 당연한 생각을 한다. '아, 야, 어, 여, 오, 요, 우, 유, 으, 이' 기본적인 모음자 이름은 체계적인 것 같은데, 왜 모두 앞에 'ㅇ'을 쓰는지 또 왜 이런 순서를 머릿속에 담고 있는지 여러 물음표가 줄을 잇는다. 한국어, 한글 관련 책들을 보면 이에 대한 답을 쉽게 얻을 수 있겠지 하고 기대해 보았으나 그 답을 찾기가 쉽지 않았다. 이런 당연한 물음에서 이 책 집필은 시작되었다.

한국어, 한글을 처음 배우는 외국인들을 위한 한국어 교재에서 자음자의 명칭이 제대로 제시되고 있지 못하다는 사실은 충격으로 다가온다. 한류를 자랑하면서 그 핵심인 한글을 가르치려고 하는데 'ㄱ, ㄷ, ㅅ'의 이름이 '기역, 디귿, 시옷'이라고 말하는 것이 부끄러워서 그런가 하는 생각이 들기도 한다. 다른 것들은 '니은, 리을, 미음, 비읍, 이응'으로 모두 'ㅣ'와 'ㅡ'를 사용해서 체계적인 이름이 있는데, 왜 이것들은 비체계적으로 되어 있을까 하는 합리적인 질문에 답할 수 없어서 그런가 하는 생각을 하기도 한다. 더 나아가서 하필이면 왜 'ㅣ'와 'ㅡ'를 사용하는지, 또 자음자들을 배열하는 순서는 왜 'ㄱ, ㄴ, ㄷ, ㄹ, ㅁ, ㅂ, ㅅ, ㅇ'으로 되어 있는지 등등 질문이 계속된다.

이 책은 한글 관련 기본적인 물음들에 대해서 답하고자 하는 의도로 기획되었다. 그러다 보니 한글이 창제된 이후 근 600여 년 동안 나온 한글 관련 논저들을 검토하게 되었다. 즉 통시적인 한글 관련 자료들을 살펴서 그 가운데 자음자와 모음자를 다룬 것들을 검토하게 되었다. 여기저기 흩어져 있는 한글 논저들을 보고 궁금증에 대한 답을 구하는 방향으로 이 책은 집필되었다. 그러다 보니 한 장 한 장이 각각 개별적인 논문으로 구성을 갖추게 되었다. 혹시 너무 개인적인 의견을 담은 게 아닐까 하는 생각이 들어서 이 책의 2장과 3장의 내용에 대해서 달포 전에 학계의 평가를 받았다. 그래서 똑같지는 않지만이 두 장의 내용은 학술 논문으로 이미 나온 바 있다는 것을 밝힌다. 다른 장들은 이 책에 처음 발표되는 것임은 물론이다.

훈민정음, 한글은 자랑스러운 우리 민족의 문자이다. 한민족을 나타내는 한국어를 가장 잘 드러내는 문자, 한글은 곧 우리의 대표적인 표상이다. 체계성, 과학성, 용이성을 기준으로 할 때 그것에 딱 맞는 한글의 모습을 기대해 본다. 쉬운 한글, 세계인의 한글을 마음속에 그려 본다.

2024. 9. 13. 이관규 쓰다

제7장 딴이 'ㅣ'는 자음자인가 모음자인가?

제8장 한글 겹자음자의 종류와 배열 순서

제9장 결론: 요약 및 과제

표 목 차

그림목차

제1장

서론 : 기초적 검토

서론 : 기초적 검토

1. 목적과 구성

21세기 현재 한국 사람이라면 누구나 한글을 자유롭게 사용하곤 한다. 초등학교가 의무교육이기 때문이기도 하지만 그 이전이라도 유치원에서든 각 가정에서든 한글을 접할 기회도 많고 약간만 신경을 쓰면 한글 학습이 쉽게 이루어진다. 수십 개 문자들 가운데 가장 배우기 쉬운 문자가 한글이라고도 한다. 실제로 똑똑한 사람은 반나절이면 한글을 익힐 수 있고 그렇지 않은 사람이라도 수일이면 한글을 배울 수 있다고도 한다.

그런데 정작 한글이 지니고 있는 특징을 하나하나 말한다고 하면 그것이 그리 녹록하지 않다. 음절 문자니 음소 문자니 자질 문자니 하면서 한글의 특징을 얘기하지만 한글의 기초적인 자음자와 모음자를 거론하면서 그 이름은 무엇인지 그 이름에 들어가 있는 특징들은 무엇인지 미시적으로 살피면 쉽게 알기 어려운 경우가 많다.

이 책에서는 한글의 자모자에 대하여 아주 기초적인 점을 살피고자 한다. 한글을 구성하고 있는 자음자와 모음자를 명칭과 배열 순서라는 점에서 역사적인 고찰을 통해서 그 특징을 알아보도록 한다. 이 책은 다음과 같이 구성되어 있다.

1. 서론: 기초적 검토
2. 한글 자음자의 명칭에 대한 고찰
3. 한글 자음자의 이름을 '가, 나, 다…'로 하면 어떨까?
4. 한글 자음자의 종류와 배열 순서
5. 한글 모음자의 명칭에 대한 고찰
6. 한글 모음자의 종류와 배열 순서
7. 받침자 소위 딴이 'ㅣ'에 대한 고찰
8. 겹받침자의 종류와 배열 순서
9. 결론: 요약 및 과제

2. 용어의 기초적인 개념

한글 자모자를 본격적으로 살피기 전에 용어에 대한 기초적인 개념을 확립하기로 한다. 흔히 자음과 모음에 대해서는 우리가 잘 이해하고 있다. 그런데 자모(字母)라고 하는 용어는 그리 익숙하지 못하다.[1]

---

1) 여기에 제시되는 용어의 개념은 표준국어대사전에 제시된 것을 그대로 사용하도록 한다.

자음(子音): 목, 입, 혀 따위의 발음 기관에 의해 구강 통로가 좁아지거나 완전히 막히는 따위의 장애를 받으며 나는 소리. 자음은 조음 위치와 조음 방법에 따라서 분류할 수 있는데, 국어의 경우에 조음 위치에 따른 자음의 부류는 양순음(ㅂ, ㅃ, ㅍ, ㅁ), 치조음(ㄷ, ㄸ, ㅌ, ㅅ, ㅆ, ㄴ, ㄹ), 경구개음(ㅈ, ㅉ, ㅊ), 연구개음(ㄱ, ㄲ, ㅋ, ㅇ), 성문음(ㅎ)이 있으며, 조음 방법에 따른 부류는 파열음(ㅂ, ㅃ, ㅍ, ㄷ, ㄸ, ㅌ, ㄱ, ㄲ, ㅋ), 파찰음(ㅈ, ㅉ, ㅊ), 마찰음(ㅅ, ㅆ, ㅎ), 유음(ㄹ), 비음(ㄴ, ㅁ, ㅇ)이 있다. ≒ 닿소리, 부음.

모음(母音): 성대의 진동을 받은 소리가 목, 입, 코를 거쳐 나오면서, 그 통로가 좁아지거나 완전히 막히거나 하는 따위의 장애를 받지 않고 나는 소리. 'ㅏ', 'ㅑ', 'ㅓ', 'ㅕ', 'ㅗ', 'ㅛ', 'ㅜ', 'ㅠ', 'ㅡ', 'ㅣ' 따위가 있다. ≒ 모운, 홀소리.

자음과 모음은 일정한 소리를 뜻한다. 자음은 홀로 음절을 만들지 못하는 소리이고 모음은 홀로 음절을 만들 수 있는 소리라고들 한다. 그래서 초성과 종성에 오늘 소리를 자음이라 하고 중성에 오는 소리를 모음이라고 한다.

자모(字母): 음소 문자 체계에 쓰이는 낱낱의 글자. ≒낱자, 모자.
자모자(字母字): 표음 문자 가운데 음소 단위의 음을 표기하는 문자. 한글, 로마자 따위가 있다. =음소 문자
자음자(子音字): 자음을 나타내는 자모나 글자.
모음자(母音字): 모음을 나타내는 자모나 글자.

한편 자모(字母)는 소리가 아니라 글자를 나타낸다. 자모는 음소 문자 체계에 쓰이는 낱낱의 글자이니, 곧 한글의 자음자와 모음자를 지칭한다. 이 둘을 합해서 자모자(子母字)라고 부른다. 위에 제시되어 있듯이 자모자는 표음 문자 가운데 음소 단위의 음을 표기하는 문자를 뜻하는데, 구체적으로 말한다면 자음자와 모음자를 지칭한다고 하겠다.

3. 한글 관련 문헌 및 기록

이 책에서는 한글의 자음자와 모음자를 역사적 자료에 근거해서 명칭, 종류, 배열 순서 등을 다루도록 한다. 그러므로 철저한 고증을 통해서 한글 자모자의 기본적인 성격을 밝히면서, 때로는 한글이 진정 의사소통의 수단으로서 쉽게 교수 학습될 수 있도록, 그 자모자의 특징들을 살피고 나아가 제안해 보도록 한다. 이 책에서 자료로 제시되는 한글 문헌 혹은 기록은 아래와 같다.

(1) 한글 자모자 관련 자료들

강위(1869), '동문자모분해'
겨레말큰사전편찬사업회 합의안(2008)
국립국어원(1999, 2024), '표준국어대사전'
국문연구소(1909), '국문연구의정안'
국어사정위원회(2010), '조선말규범집'
권덕규(1923), '조선어문경위'
권보상(1909), '국문연구'
권정선(1906), '음경'(정음종훈)

'기축신간반절표'(己丑新刊反切表)(1889)

김두봉(1916), '조선말본'

김두봉(1922), '깁더조선말본'

노정섭(1885), '광견잡록(廣見雜錄)'

리델(1881), '한어문전'

리봉운(1897), '국문졍리'

문교부(1988), '한글 맞춤법'

문화관광체육부(2018), '한글 맞춤법, 표준어 규정 해설'

박문호(1919), '아산집(壺山集)'

박성원(1747), '화동정음통석운고'

사회과학출판사(2017), '조선말대사전'

송기용(1909), '국문연구'

신경준(1750), '훈민정음운해'

신숙주(1455), '사성통고'

신유한·강백·장응두 외(1719), '객관최찬집'(客官璀粲集)

신유한·강백·장응두 외(1719), '화한창화집'(和韓唱和集)

안영중(1906), '한어'

어윤적(1909), '국문연구'

'완판본언삼국지반절표'(完版本諺三國志反切表)(1932)

유길준(1909), '대한문전'

유희(1824), '언문지'

윤돈구(1909), '국문연구'

이능화(1909), '국문연구'

이사질(1705-1763), '훈음종편'

이유원(1871), '임하필기(林下筆記)'

장응두(1719) '조선언문'

정인지 외(1946), '훈민정음 해례본'

정인호 편(1908), '최신초등소학'

'정축신간 언문반절표'(丁丑新刊諺文反切表)(1877)

정행 편(1869), '일용작법'

조선어학회(1933), '한글 마춤법 통일안'

조선총독부(1930), '언문철자법'

조정순(1846), '언음첩고'

주시경(1909), '국문연구'

주시경·김두봉·권덕규·이규영(1911), '말모이'

지볼트(1843), '일본(Nippon)'

지석영(1905), '신정국문'

지석영(1909), '국문연구'

진언집(1569), '언본(諺本)'

최석정(1675), '경세정운'(經世訓民正音圖說)

최세진(1517), '사성통해'

최세진(1527), '훈몽자회'

최재학 편(1908), '몽학필독'

클라프로트(Klaproth, Heinrich Julius, 1832), '삼국통람도설'

학부(1896), '신정 심상소학'

학선재 편집부(2007), '훈민정음도해'

한글학회(1947~1957), '조선말 큰사전'

현채(1909), '신찬 초등소학'

홍계희(1751), '삼운성휘'

홍기문(1946), '정음발달사'

홍양호(18세기 중후반), '북색기략(北塞記略)'

홍희준(1800), '화동음원(華東音源)'

'훈민정음 언해본'(희방사본)(1459)

힌리히스(1920년대), '언문반절표'

〈표 1-1〉한글 자모자 관련 시기별 자료

시기	연도	저자	제목
15세기	1446	정인지 외	훈민정음 해례본
	1455	신숙주	사성통고
	1459	–	훈민정음 언해본(희방사본)
16세기	1517	최세진	사성통해
	1527	최세진	훈몽자회
	1569	–	진언집(안심사본)
17세기	1675	최석정	경세정운
18세기	1719	장응두	조선언문
	1719	신유한·강백·장응두 외	객관최찬집(客官璀粲集)
	1719	신유한·강백·장응두 외	화한창화집(和韓唱和集)
	1747	박성원	화동정음통석운고
	1750	신경준	훈민정음운해
	1751	홍계희	삼운성휘
	18C 중반	이사질	훈음종편
19세기	1800	홍희준	화동음원(華東音源)
	1824	유희	언문지
	1832	클라프로트	삼국통람도설
	1843	지볼트	일본(Nippon)
	1846	조정순	언음첩고
	1869	강위	동문자모분해
	1869	정행 편	일용작법
	1880	Les Missionnaires …	Dictionnaire Coréene
	1880	Aston	Proposed Arrangement of the Korean Alphabet
	1881	리델	한어문전
	1889	–	기축신간반절표(己丑新刊反切表)
	1890	언더우드	An Introduction to the Korean Spoken Language
	1896	학부	신정심상소학
	1897	리봉운	국문정리
20세기	1905	지석영	신정국문

시기	연도	저자	제목
	1906	권정선	음경
	1906	안영중	한어
	1908	정인호 편	최신초등소학
	1908	최재학 편	몽학필독
	1908	최광옥	대한문전
	1909	유길준	대한문전
	1909	국문연구소	국문연구의정안
	1909	김희상	초등국어어전
	1909	주시경	국문연구
	1909	권보상	국문연구
	1909	송기용	국문연구
	1909	윤돈구	국문연구
	1909	어윤적	국문연구
	1909	이능화	국문연구
	1909	지석영	국문연구
	1909	현채	신찬초등소학
	1911	김희상	조선어전
	1912	김규식	조선문법
	1916	김두봉	조선말본
	1921	강매	조선어문법제요
	1922	김두봉	깁더 조선말본
	1922	리필수	정음문전
	1923	권덕규	조선어문경위(朝鮮語文經緯)
	1925	이상춘	조선어문법
	1927	김희상	울이글틀
	1920년대	힌리히스	언문반절표
	1930	조선총독부	언문철자법
	1933	조선어학회	한글 마춤법 통일안
	1988	문교부	한글 맞춤법
	2010	국어사정위원회	조선말규범집
	2018	국립국어원	한글 맞춤법, 표준어 규정 해설

한글 자음자의
명칭에 대한 고찰

한글 자음자의 명칭에 대한 고찰[1)]

1. 머리말

2021년 7월 독일 베를린에서 열린 제68차 유엔무역개발회의(UNCTAD)

---

1) 제2장은 이관규(2024ㄱ)에다가 5절을 추가한 것이다. 그 외에 이해의 도움을 주기 위하여 그림도 추가하였다.

이사회에서는 대한민국의 지위를 개발도상국에서 선진국 그룹으로 변경해서 발표했다. 2024년 현재 한류의 바람이 지구촌을 강타하고 있다. 한류는 대한민국의 대중문화를 포함한 한국과 관련된 것들이 한국 이외의 나라에서 인기를 얻는 현상을 뜻한다. 드라마, 음악, 음식, 게임, 기술 등 다양한 영역에 걸쳐서 한류 문화가 있는데, 그 무엇보다도 대표적인 것은 한글이다. 각국에서 한국어를 배우는 열기가 점차 고조되고 있는 가운데, 많은 문자 가운데 과학적이고 체계적인 문자로서 한글은 그 위상을 공고히 하고 있다.

그런데 외국인이 한글의 자음자와 모음자를 배울 때 모음자는 괜찮지만, 자음자, 특히 'ㄱ, ㄷ, ㅅ'의 명칭, 곧 '기역, 디귿, 시옷'을 접하면 고개를 갸웃거리는 경우를 많이 본다. 'ㄴ, ㄹ, ㅁ, ㅂ, ㅇ' 같은 다른 자음자는 모두 '니은, 리을, 미음, 비읍, 이응'에서 보듯이 'ㅣ'와 'ㅡ'를 기준으로 체계적으로 되어 있는데, 이들 세 자음자는 그렇지 않다는 것이다.

2장에서는 왜 'ㄱ, ㄷ, ㅅ'의 이름이 특이하게 되었는지 원인을 찾아보고, 이와 함께 다른 이름은 없었는지 구체적인 문헌들을 고증하면서 각각의 장단점을 검토해 보도록 한다. 특히 '기, 니, 디'처럼 'ㅣ'를 붙이는 명칭이나 '그, 느, 드'처럼 'ㅡ'를 붙이는 명칭, 나아가서 '가, 나, 다'처럼 'ㅏ'를 붙이는 명칭에 대해서도 이런 의견이 어디서 나왔으며 어떤 장단점이 있는지도 살필 것이다. 더불어서 자음자는 두 자로 된 이름을 사용하고 있는데, 모음자 '아, 야, 어, 여'에서처럼 한 자로 된 이름을 사용할 수는 없는지도 살펴보고, 'ㄲ, ㄸ, ㅃ, ㅆ, ㅉ'의 이름에 대해서도 고찰해 보도록 한다.

요컨대 2장에서는 한글 자음자의 명칭과 둘러싼 여러 견해를 통시적으로 고찰하면서, 그와 관련된 다양한 논의점을 제기하고 그 답을 찾아보는 것을 목적으로 한다.2)

2. '기역, 디귿, 시옷'과 '기윽, 디읃, 시읏'

일제강점기인 1933년에 조선어학회에서는 '한글 마춤법 통일안'을 발표하였다. 비록 국가 아닌 민간 단체에서 발표한 것이었지만 이것은 우리 민족에게는 믿고 따를 만한 공신력이 있었다. 거기서는 다음과 같이 한글 자모자의 이름을 제정하고 있다.

(1) 조선어학회(1933), '한글 마춤법 통일안'

제1항 한글의 자모의 수는 24자로 하고, 그 순서는 다음과 같이 정한다.
　ㄱ ㄴ ㄷ ㄹ ㅁ ㅂ ㅅ ㅇ ㅈ ㅊ ㅋ ㅌ ㅍ ㅎ ㅏ ㅑ ㅓ ㅕ ㅗ ㅛ ㅜ ㅠ ㅡ ㅣ
[부기] 전기의 자모로써 적을수가 없는 소리는 두개 이상의 자모를 어울러서 적기로 한다.
　ㄲ ㄸ ㅃ ㅆ ㅉ ㅐ ㅔ ㅚ ㅟ ㅒ ㅖ ㅘ ㅝ ㅙ ㅞ ㅢ

제2항 자모의 이름은 다음과 같이 정한다.
　ㄱ기역　ㄴ니은　ㄷ디귿　ㄹ리을　ㅁ미음　ㅂ비읍　ㅅ시옷

---

2) 자음자의 명칭에 대한 연구는 그 역사가 길다. 현재의 공식적인 '기역, 디귿, 시옷' 같은 명칭은 조선어학회(1933), 국어연구소(1985), 문교부(1988) 등에서 볼 수 있다. 한편 국문연구소(1909), 김두봉(1922), 방종현(1932), 김판남(1935), 국어사정위원회(2010), 김슬옹(2012)에서는 '기윽, 니은, 디읃'처럼 'ㅣ'와 'ㅡ'를 사용하여 이름을 붙였다. 홍기문(1943), 이기문(1959), 도수희(1971), 김민수(1973), 박지홍(1981), 홍윤표(2013, 2016)에서는 '기, 니, 디'처럼 자음자에 'ㅣ'를 붙인 것을 자음자 명칭으로 택했다. 최근 박창원(2015)에서는 '기윽, 디읃, 시읏' 류와 '기, 니, 디, 리' 등 여러 가지 가능한 자음자의 명칭을 제시하고 있다. 한편, 자음자 명칭을 전반적으로 소개한 논의는 전몽수(1936), 왕문용(1998), 채완(1999), 이승후(2003), 리의도(2003), 김미미(2012) 등이다. 여기서는 자음자 명칭에 대하여 역사적 문헌을 중심으로 자세히 검토하기로 한다.

ㅇ이응　ㅈ지읒　ㅊ치읓　ㅋ키읔　ㅌ티읕　ㅍ피읖　ㅎ히읗

　　ㅏ아　ㅑ야　ㅓ어　ㅕ여　ㅗ오　ㅛ요　ㅜ우　ㅠ유　ㅡ으　ㅣ이

[부기] 다음의 글자들은 아래와 같이 이름을 정한다.

　　ㄲ 쌍기역　ㄸ 쌍디귿　ㅃ 쌍비읍　ㅆ 쌍시옷　ㅉ 쌍지읒

　(1)의 자모자 이름과 숫자는 국가 차원에서 공포한 (2) '한글 맞춤법'(1988)
에 그대로 반영되었다. (1)과 동일하게 (2)에서도 전체 40개 자모자의 이름과
숫자가 제시되어 있다. (2)에서는 자음자가 14개이고 모음자는 10개로 합해서
24자이며 [붙임]으로 자음자 5개와 모음자 11자가 덧붙여져 총 40개의 자모
자가 각각 이름이 제시되어 있다. 모음자는 앞에 'ㅇ'자만 붙여서 한 음절로
이름을 정하고 있으나, 자음자는 앞의 14자는 두 음절로, 뒤의 5자는 앞에
'쌍-'자를 붙여서 세 음절로 명명하고 있다.

(2) 문교부(1988), '한글 맞춤법'

제4항 한글 자모의 수는 스물녁 자로 하고, 그 순서와 이름은 다음과 같이 정한다.

　　ㄱ(기역) ㄴ(니은) ㄷ(디귿) ㄹ(리을) ㅁ(미음) ㅂ(비읍) ㅅ(시옷) ㅇ(이응)

　　ㅈ(지읒) ㅊ(치읓) ㅋ(키읔) ㅌ(티읕) ㅍ(피읖) ㅎ(히읗)

　　ㅏ(아) ㅑ(야) ㅓ(어) ㅕ(여) ㅗ(오) ㅛ(요) ㅜ(우) ㅠ(유) ㅡ(으) ㅣ(이)

[붙임 1] 위의 자모로써 적을 수 없는 소리는 두 개 이상의 자모를 어울러서
　　　　 적되, 그 순서와 이름은 다음과 같이 정한다.

　　ㄲ(쌍기역) ㄸ(쌍디귿) ㅃ(쌍비읍) ㅆ(쌍시옷) ㅉ(쌍지읒)

　　ㅐ(애) ㅒ(얘) ㅔ(에) ㅖ(예) ㅘ(와) ㅙ(왜) ㅚ(외) ㅝ(워) ㅞ(웨) ㅟ(위) ㅢ(의)

문제는 두 음절로 된 자음자가 다른 규칙 양상을 띤다는 점이다. 11자는

'ㅣ'와 'ㅡ'를 기준으로 해서 'ㅣ'의 앞과 'ㅡ'의 밑에 해당 자음자를 놓아서 명명하고 있음에 비해서, 'ㄱ, ㄷ, ㅅ' 3자는 각각 '기역, 디귿, 시옷'으로 되어 이질적이고 비체계적이라는 점이다. 왜 이러한 비체계적인 자음자 이름이 제정되었을까?

(3) 최세진(1527), '훈몽자회3)

初聲終聲通用八字
  ㄱ 其役 ㄴ 尼隱 ㄷ 池(末) ㄹ 梨乙 ㅁ 眉音 ㅂ 非邑 ㅅ 時(衣) ㆁ 異凝
    (末)(衣)兩字只取本字之釋俚語爲聲
    其尼池梨眉非時異八音用於初聲
    役隱(末)乙音邑(衣)凝八音用於終聲
初聲獨用八字
  ㅋ (箕) ㅌ 治 ㅍ 皮 ㅈ 之 ㅊ 齒 ㅿ 而 ㅇ 伊 ㆆ 屎
    (箕)字亦取本字之釋俚語爲聲
中聲獨用十一字
  ㅏ 阿 ㅑ 也 ㅓ 於 ㅕ 余 ㅗ 吾 ㅛ 要 ㅜ 牛 ㅠ 由 ㅡ 應 不用終聲
  ㅣ 伊 只用中聲   · 思 不用初聲

(3)은 현재 알려진 문헌 가운데 최초로 자모자의 명칭을 확인할 수 있는 것으로, (1), (2)에 제시된 자모자 이름도 이에 근거하였다. 여기에서 'ㄱ, ㄷ,

---

3) 훈몽자회는 조선 시대 역관이자 중국어학의 대가인 최세진이 3,360개의 한자를 수록하여 지은 어린이용 한자 학습서이다. (3)은 그 책의 범례 언문자모에 수록된 한글의 이름을 밝힌 내용이다. 이전에는 이리 뚜렷하게 훈민정음 자모자의 이름을 밝힌 문헌이 없었기 때문에 당시는 물론 이후에도 자모자 이름 제정에 중요한 역할을 해 왔다. 훈몽자회에 대해서는 이기문(1998), 김유범(2023), 김유범 외(2020) 등에서 자세히 다루고 있다.

ㅅ'이 각각 '其役, 池⊛, 時⊛'로 표기되어 있는데, 이에 근거하여 '기역, 디귿, 시옷'으로 명명한 것이다. 특히 동그라미를 친 '⊛, ⊛'는 음이 아닌 뜻으로 읽은 것으로 '끝'의 당시 표현인 '귿'과 '옷'의 소리로 명칭을 삼은 것이다. 기역의 '役'

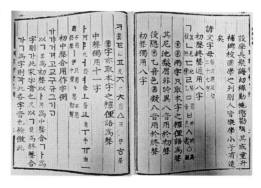

<그림 2-1> 최세진(1527), 훈몽자회

은 '윽'과 가장 가까운 소리라 해서 사용한 듯하다. 이는 '윽, 은, 웃'을 표기할 한자가 없기 때문에 궁여지책으로 '役, 末, 衣' 한자를 사용했을 뿐이다. 만약 그냥 한글로 나타냈으며 편하게 '윽, 은, 웃'이라고 표기하면 그뿐이었을 것이다.

(3)에서 보듯이 첫음절의 '其尼池梨眉非時異'와 둘째 음절의 '役隱⊛乙音邑⊛凝', 곧 'ㄱ, ㄴ, ㄷ, ㄹ, ㅁ, ㅂ, ㅅ, ㆁ'은 초성과 종성 모두에서 사용된다는 것을 뜻하고, '⊛治皮之齒而伊屎', 곧 'ㅋ, ㅌ, ㅍ, ㅈ, ㅊ, ㅿ, ㅇ, ㅎ'은 초성에서만 사용된다는 것을 뜻한다. (1), (2)에서는 모든 자음자가 종성에도 사용될 수 있다고 말하고 있으나 (3)에서는 'ㄱ, ㄴ, ㄷ, ㄹ, ㅁ, ㅂ, ㅅ, ㆁ'만 종성에서 사용될 수 있다고 말하고 있어서 차이가 있다.4) 한편 (3)에서 'ㅏ, ㅑ, ㅓ, ㅕ,

---

4) 조선어학회의 '한글 마춤법 통일안'(1933) 제정에서 중요한 역할을 하였던 최현배는 그의 한글 관련 대표적 저서인 '한글갈'에서 다음과 같은 의견을 피력한 바 있다.

ㄱ. 그러나. 崔世珍이 첫소리에만 쓰히는 여덜 자라 한 것도 다 마찬가지 받침으로 쓰힌다 함은 우리의 이미 다 아는 바이다. 그래서, 조선어 학회(한글 학회의 전 이름)의 "한글 맞춤법 통일안"에서는 이러한 편견을 버리고서, 다 같이 두 자 이름을 지었다.

ㄱ 기역 ㄴ 니은 ㄷ 디귿 ㄹ 리을 ㅁ 미음 ㅂ 비읍 ㅅ 시옷 ㆁ 이응 ㅈ 지읒 ㅊ 치읓 ㅋ 키읔 ㅌ 티읕 ㅍ 피읖 ㅎ 히읗

ㄴ. 이렇게 짖고 보니, (1) 그 이름됨이 거의 모두 홀소리 "ㅣㅡ"로 되었을 뿐 아니라, 닿소리

ㅗ, ㅛ, ㅜ, ㅠ, ㅡ, ㅣ, ·' 11자는 중성에만 사용된다는 것을 보여 주고 있다. 이것은 (1), (2)에서도 마찬가지이며, 아래아 '·'는 15세기에는 사용되었으나 21세기인 지금은 사용되지 않을 뿐이다.5)

(4) 홍희준(훈곡, 1800), '화동음원(華東音源)', 諺字初中終聲6)

ㄱ기윽 (岐銀劇切) ㄲ끼윽 (群初聲隱劇切) ㄴ니은 (尼隱) ㄴ니은 (孃初聲銀) ㄷ디은 (地銀末切) ㄸ띠은 (定初聲銀末切) ㄹ리을 (離乙) ㅁ미음 (糜音) ㅂ비읍 (卑邑) ㅃ삐읍 (並初聲邑) ㅅ시읏 (詩銀末切) ᄼ시읏 (審初聲銀末切) ㅇ이응 (伊凝) ㅈ지읏 (支銀末切) ᅎ지읏 (知初聲銀末切) ᅐ지읏 (照初聲銀末切) ㅉ찌읏 (澄初聲銀末切) ᅏ찌읏 (從初聲銀末切) ᅑ찌읏 (牀初聲銀末切) ㅊ치읏 (鴟銀末切) ᅔ치읏 (徹初聲銀末切) ᅕ치읏 (穿初聲銀末切) ㅋ키윽 (溪初聲銀劇切) ㅌ티은 (透初聲銀末切) ㅍ피읍 (誠邑) ㅎ히응 (屎凝) ㆅ혜응 (匣初聲凝) ㆁ이응 (疑初聲凝) ㅎ히응 (影初聲凝) ㅿ싀응 (日初聲凝)

로 받침하였기 때문에, 그 부르기에 특색이 없으며, (2) 모두 두 낱내로 되었기 때문에, 부르기에 간편하지 아니하며, (3) 모두 닿소리(받침)로 끝났으며, 더구나 그 대부분이 닫침소리이기 때문에, 그 부르는 소리의 들히는 효과가 좋지 못하다. 그러므로 앞날의 한글학회의 자유스런 발전을 위하여는, 위의 이름 짓기의 원칙을 깨뜨리고서 새로운 간편하고 특색 있는 이름을 지을 필요가 있겠다고 본다.

-최현배(1940, 1961:376-377)

(ㄱ)을 통해서는 16세기 때와 달리 20세기에는 초성자를 모두 종성자로 쓴다는 것을 말하고 있으며, 또한 (ㄴ)을 통해서는 자음자에 대한 2음절 명칭이 완벽한 것이 아니라는 것과 앞으로 새로운 간편하고 특색 있는 이름을 지을 필요가 있다는 것을 언급하였다.

5) 박성원(1747)의 '화동정음통석운고' 범례에서도 최세진(1527)의 '훈몽자회' 범례의 언문자 모 명칭이 그대로 이어진다.

6) 홍희준의 '화동음원'에는 훈민정음에 상형의 의미를 부여한 '諺書訓義說'과 홍양호의 '經世正韻圖說序' 등이 실려 있다. 그리고 훈민정음에 대하여 한글로 글자의 이름을 적고 있는 것도 특징이라고 할 수 있다. '화동음원'에서 가장 많은 분량을 차지하고 있는 것은 '華音一字母切韻攝音總目'과 '東音一字母切韻攝音總目'인데 이는 화음과 동음이 낼 수 있는 음가에 대하여 모두 기술하고 음에 해당하는 한자가 있는 경우 한자를 제시한 것이다. 그리고 소리만 있고 글자가 없는 것은 비워 두는 방식으로 기술하였다.

ᄝᄝᅵ응 (微初聲凝) ᄫᄫᅵ응 (非初聲凝) ᄬᄬᅵ응 (奉初聲凝) ᅗᅗᅵ응 (敷初聲凝)

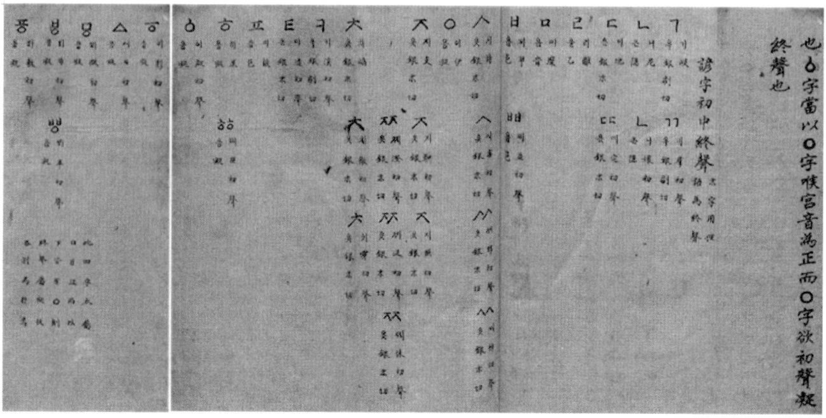

〈그림 2-2〉 홍희준(1800), 화동음원

(3)의 훈몽자회에서 ‘其役(기역), 池㊮[디귿], 時㊨[시옷]’으로 적힌 이름이 한자의 부족으로 인한 것임을 알고서 그 대신 ‘기윽, 디읃, 시읏’으로 명칭을 보여 주고 있는 것이 바로 (4)이다. ‘ㄱ, ㄴ, ㄷ, ㄹ, ㅁ, ㅂ, ㅅ, ㅇ’이 각각 ‘기윽, 니은, 디읃, 리을, 미음, 비읍, 시읏, 이응’으로 명명되어 있다. 한자가 아닌 한글로 이름자를 적으니 ‘ㅣ’와 ‘ㅡ’를 기준으로 하여 모두 적을 수 있게 된 것이다. 그런데 ‘ㅈ, ㅊ’을 각각 ‘지읏, 치읏’으로, ‘ㅋ, ㅌ, ㅍ’을 각각 ‘키윽, 티읃, 피읍’으로 명명하고 있다. 이러한 것은 15세기 8종성가족용 받침자를 떠올리게 한다. 또한 ‘ㅎ, ㆅ, ㆁ, ㆆ, ㅿ’을 각각 ‘히응, ᅘᅵ응, ᅌᅵ응, ᅙᅵ응, ᅀᅵ응’으로 명명하고 있는데, 종성자로 ‘ㅇ’을 모두 사용하고 있는 게 눈에 띄는데, 역시 8종성 받침자를 생각나게 한다.

‘ㄲ끼윽, ㄸ띠읃, ㅃ삐읍, ㅉ찌읏, ㆅᅘᅵ응’에서 보듯이 된소리 계열의 자음들을 명명한 것도 처음 나타난다(홍윤표, 2016:270-274). ‘ᄼ 시읏, ᅎ 지읏, ㅈ

지읏, ㅉ 찌읏, ㅉ 찌읏, ㅊ 치읏, ㅊ 치읏' 같은 정치음, 치두음 계열의 문자에 대해서도 이름을 붙여 주고 있고, 'ㅁ뭉, ㅂ빙읗, ㅃ삥읗, ㅍ 픵읗'과 같은 순경음 계열의 문자에 대해서도 이름을 붙여 주고 있다.7) 이들 모든 자음자에 대한 명명에는 기본적으로 'ㅣ'와 'ㅡ'라고 하는 모음자를 사용하고 있는 것이 공통적이다.

(5) 조정순(석범, 1846), '언음첩고(諺音捷考)'

ㄱ. ㄱ기윽 ㄴ니은 ㄷ디읃 ㄹ리을 ㅁ미음 ㅂ비읍 ㅅ시읏 ㆁ이응 (초성종성통용 8자)

ㅈ ㅊ ㅋ ㅌ ㅍ ㅎ (초성독용 6자)

ㄴ. 窃嘗究之諸音無不因ㅇ以成字 故字會中聲十一字 以阿아也야於어余여吾오要요牛우由유應(으不用終聲)伊이 思(ㅇ不用初聲)示之 初終聲通用之ㄱㄴㄷㄹㅁㅂㅅㆁ八字以其(기)尼(니)池(디)梨(리)眉(미)非(비)時(시)異(이)發之則是矣 而獨於終聲稱ㄱ爲其役ㄷ池末(귿)ㅅ時衣(옷)不言八字皆因으而成音 三韻聲彙仍之蓋此 三終聲(ㄱㄷㅅ)有諺音而無其字故借而曉之耳 而俗之所稱因此而加吳ㅁ眉音(미음)稱眉吾音(미오음)ㅂ非邑(비읍)稱非吾邑(비오읍) 今但以諺音曉之列於左 ㄱ(기윽) ㄴ(니은) ㄷ(디읃) ㄹ(리을) ㅁ(미음) ㅂ(비읍) ㅅ(시읏) ㆁ(이응) 8)

---

7) 정치음(正齒音은 중국어에서 혀를 말아 잇몸에 가까이 하고 내는 치음의 하나를 뜻하고, 치두음(齒頭音)은 역시 중국어에서 혀끝을 윗니 뒤에 가까이 하고 내는 치음을 말한다.

8) (5ㄴ)을 번역하면 다음과 같다.
일찍이 여러 소리를 들여다보니 'ㅇ'이 없으면 글자를 이루지 못한다. 그래서 훈몽자회의 중성 11자는 '阿아, 也야, 於어, 余여, 吾오, 要요, 牛우, 由유, 應('으'는 종성 사용 안 함), 伊이, 思('ㅇ'는 초성 사용 안 함)'처럼 보이고 있다. 초종성용 ㄱㄴㄷㄹㅁㅂㅅㆁ 8자를 '其(기), 尼(니), 池(디), 梨(리), 眉(미), 非(비), 時(시), 異(이)'로 소리 내는 것도 이런 까닭이다. 단지 종성에서는 'ㄱ, ㄷ, ㅅ'을 '其役, 池末(귿), 時衣(옷)'으로 말하기 때문에 8자가 모두 '으'로 이루어진다고 하지는 않는다. 삼운성휘에서도 이를 따르고 있다. 'ㄱ, ㄷ, ㅅ'은 우리 말에는 있으나 한자에는 없기 때문에 이를 빌어서 밝힌 것이다. 이로 인해 세간에 잘못을

ㄷ. 凡字皆合初中聲而成字加初聲ㄱ中聲ㅏ合爲가卽家
　　字之音也　十一字無不能然而實皆含ㅇ音而成字此
　　字會之所已知而横ー竪ㅣ二中聲實爲十一字關捩
　　則無有言者故今列於左

　　가(그아)갸(그야)거(그어)겨(기여)고(그오)교(기
　　요)구(그우)규(기유)그(그으)기(기이)ᄀ(그ᄋ)
　　나(느아)냐(니야)너(느어)녀(니여)노(느오)뇨(니
　　요)누(느우)뉴(니유)느(느으)니(니이)ᄂ(느ᄋ)
　　다라以下倣此 9)

　　(5)는 우리말의 소리나 한자음을 자세하게 구별하
기 위하여 저술된 책이다.10) 'ㄱ, ㄷ, ㅅ'을 훈몽자

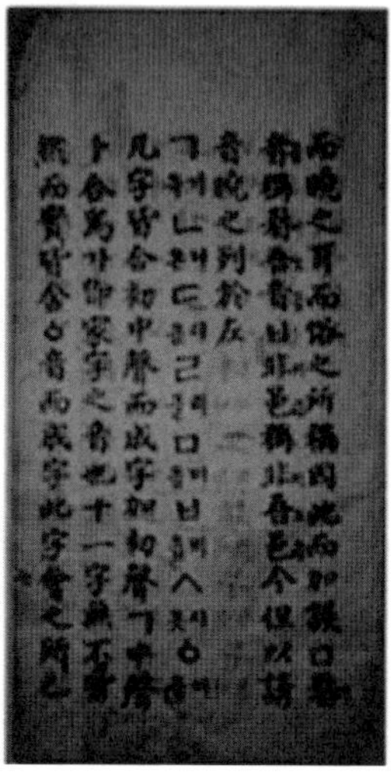

〈그림 2-3〉 조정순(1846),
언음첩고

더하여 '미음(眉音), 비읍(非邑)'을 '미오음(眉吾音), 비오읍(非吾邑)'으로 부르기까지 한다.
이제 다만 우리말로 밝혀 다음과 같이 보인다. ㄱ(기윽), ㄴ(니은), ㄷ(디읃), ㄹ(리을), ㅁ(미
음), ㅂ(비읍), ㅅ(시읏), ㅇ(이응)

9) (5ㄷ)을 번역하면 다음과 같다.
　　무릇 초성과 중성이 합하여 글자를 이룬다. 초성 'ㄱ'과 중성 'ㅏ'가 합하여 '가'가 되는데,
　　곧 '가' 자의 음이다. 11자가 모두 그러한데 실제로는 'ㅇ' 소리를 포함하여 글자를 이룬다.
　　이러한 것은 훈몽자회에서도 이미 아는 바다. 즉 'ㅡ'와 'ㅣ' 중성이 실제 11자의 중요한
　　것인데 이를 말한 이가 없었다. 이에 다음과 같이 제시한다.
　　'가(그아), 갸(기야), 거(그어), 겨(기여), 고(그오), 교(기요), 구(그우), 규(기유), 그(그으), 기
　　(기이), ᄀ(그ᄋ),
　　나(느아), 냐(니야), 너(느어), 녀(니여), 노(느오), 뇨(니요), 누(느우), 뉴(니유), 느(느으), 니
　　(니이), ᄂ(느ᄋ)'
　　'다라' 이하도 이와 같다.

10) '언음첩고'는 상하권으로 구성되어 있는 한글 연구서이다. 이 책에서는 초성자의 명칭은
　　물론 709개 어휘의 배열 순서를 보여 주고 있는 등 중요한 한글 관련 사실을 보여 주고
　　있다. 이에 대해서는 이병기(1940), 최현배(1940), 김민수(1964), 정우택(2004) 등을 참
　　고할 수 있다.

회에서 '其役(기역), 池ⓧ[디귿], 時ⓧ[시옷]'으로 적은 것은 한자의 부족으로 인한 것이라는 점을 밝히고 있고 역시 한글로 '기윽, 디읃, 시읏'으로 명칭을 밝혀 보여 주고 있다(5ㄴ). (5ㄷ)에서 'ㅣ'와 'ㅡ'가 중성자의 관려(關捩), 즉 핵심이라고 언급하고 있는 것이 주목된다.11)

(6) 지석영(1905), '신정국문'

初終聲通用八字　ㄱ기윽 ㄴ니은 ㄷ디읃 ㄹ리을 ㅁ미음 ㅂ비읍 ㅅ시읏 ㅇ이응
　　　　ㄱㄴㄷㄹㅁㅂㅅㅇ 八字난 用於初聲
　　　　윽은읃을음읍읏응 八字난 用於終聲
初聲獨用六字　　ㅈ지 ㅊ치 ㅋ키 ㅌ티 ㅍ피 ㅎ히

(7) 국문연구소(1909), '국문연구의정안', 八. 字母의 音價 一定

本題에 對한 各委員의 意見도 差異가 有ㅎ나 玆에 畧홈. 字母의 音讀은 訓蒙字會에 始著호 바 其後 諸書에 字會의 音讀을 遵혼지라 現行 字母만 擧ㅎ야 音讀을 左와 如히 定ㅎ노라
ㅇ이응 ㄱ기윽 ㄴ니은 ㄷ디읃 ㄹ리을 ㅁ미음 ㅂ비읍 ㅅ시읏
ㅈ지읒 ㅎ히읗 ㅋ키윽 ㅌ티읕12) ㅍ피읖 ㅊ치읓
ㅏ아 ㅑ야 ㅓ어 ㅕ여 ㅗ오 ㅛ요 ㅜ우 ㅠ유 ㅡ으 ㅣ이 ·ㅇ

---

11) (5ㄷ)에서 자음자와 모음자가 합해져서 제시된 예들을 보면 일정한 규칙성을 발견할 수 있다. 즉 '가(ㄱ아), 거(ㄱ어), 고(ㄱ오), 구(ㄱ우), 그(ㄱ으), ㄱ(ㄱㅇ), 나(ㄴ아), 너(ㄴ어), 노(ㄴ오), 누(ㄴ우), 느(ㄴ으), ㄴ(ㄴㅇ)' 음절자는 모두 자음자 바로 밑에 'ㅡ'를 넣고 있으며, '갸(ㄱ야), 겨(ㄱ여), 교(ㄱ요), 규(ㄱ유), 기(ㄱ이), 냐(ㄴ야), 녀(ㄴ여), 뇨(ㄴ요), 뉴(ㄴ유), 니(ㄴ이)' 음절자는 모두 자음자 바로 뒤에 'ㅣ'를 넣고 있다는 사실이다. '橫ㅡ竪ㅣ二中聲實爲十一字關捩'라는 표현의 의미를 알게 된다.
12) 원문에는 '키읕'으로 되어 있으나 '티읕'의 오자로 판단된다.

35

'ㄱ, ㄷ, ㅅ'의 명칭을 '기윽, 디은, 시읏'으로 하자는 의견은, 지석영이 지어서 고종 황제에게 올린 (6) '신정국문'(1905) 내용이 관보에 실리면서 갑자기 제시된 것이다. 여기 보면 초종성통용팔자 이름으로 '기윽, 니은, 디은, 리을, 미음, 비읍, 시읏, 이응'이 올라가 있고 초성독용육자로 'ㅣ'가 붙은 '지, 치, 키, 티, 피, 히'가 제시되어 있다. 이러한 입장은 특히 대한제국의 학부에서 설립한 국문연구소의 최종 보고서인 (7)에서도 채택된다. 'ㅣ'와 'ㅡ'를 기준으로 하여 자음자를 맨 앞과 맨 밑에 두는 방식이 자리를 잡았다는 것이다.13) 모음자는 16세기나 21세기나 모두 앞에 'ㅇ'를 붙여서 읽는 방식이 동일하다.14)

(8) 김두봉, '조선말본'(1916) ; '깁더 조선말본'(1922)

ㄱ. '조선말본'(1916), 역문□22

ㄱ기윽 ㄴ니은 ㄷ디은 ㄹ리을 ㅁ미음 ㅂ비읍 ㅅ시읏 ㅇ이응 ㅈ지읒 ㅎ히읗

ㄴ. '깁더 조선말본'(1922), 역문□23

ㄱ기윽 ㄴ니은 ㄷ디은 ㄹ리을 ㅁ미음 ㅂ비읍 ㅅ시읏 ㅇ이응 ㅈ지읒 ㅊ치읓 ㅋ키

---

13) '국문연구의정안'(1909)에서 이러한 의견을 제시한 사람은 8인 위원 가운데 어윤적, 이능화, 송기용, 지석영, 윤돈구 5인이다. 주시경은 '가, 나, 다...', 권보상은 '그, 느, 드...'와 같은 의견을 제시하였고 이민응은 이에 대해 의견 제시를 하지 않았다. 이에 대해서는 뒤에서 더 자세히 다루도록 한다.

14) 여기서 20세기 초반인 (6), (7)에서도 'ㆍ' 자가 사용되었음을 볼 수 있다. 물론 'ㆍ'는 16세기 후반에 그 음가는 사라졌지만 글자로서는 여전히 사용되어 왔던 것이다. 글자로서 'ㆍ'가 문서적으로 사라진 것은 '한글 마춤법 통일안'(1933)에서였다고 알려져 있다.

으 ㅌ티읕 ㅍ피읖 ㅎ히읗 ㄲ끼윾 ㄸ띠읃 ㅃ삐읍 ㅆ씨읐 ㅉ찌읒

'ㄱ, ㄷ, ㅅ'에 대하여 '기윽, 디읃, 시읏'으로 하자는 견해는 (8)에서도 확인할 수 있다. 남북 분단 이후 북한의 어문 규범 정책을 이끌었던 김두봉은 일찍이 '조선말본'(1916)에서 자음자의 이름을 'ㅣ'와 'ㅡ'를 기준으로 하여 'ㄱ, ㄴ, ㄷ, ㄹ, ㅁ, ㅂ, ㅅ, ㅇ, ㅈ, ㅎ'에 대하여 '기윽, 니은, 디읃, 리을, 미음, 비읍, 시읏, 이응, 지읒, 히읗'으로 제시하였다. 현재 북한에서는 이와 같은 자음자 명명 방식을 따르고 있다. (8ㄴ) '깁더 조선말본'(1922)에서는 이것에 다가 'ㅊ, ㅋ, ㅌ, ㅍ'와 'ㄲ, ㄸ, ㅃ, ㅆ, ㅉ' 등 다른 자음자들의 이름도 제시하고 있는데, 철저하게 'ㅣ', 'ㅡ' 규칙을 따르고 있다.

3. '기니디', '그느드' 및 '가나다' 유형

훈민정음의 초성자 명칭이 '기역, 니은, 디귿…'도 아니고 '기윽, 니은, 디읃…'도 아니고 '기, 니, 디…'라고 하는 의견이 강하게 있어 왔다.

(9) 유희(1824), '언문지'

ㄱ其 ㄴ尼 ㄷ池 ㄹ梨 ㅁ眉 ㅂ非 ㅅ時 ㅇ異 ㅋ箕之俚釋 ㅌ治 ㅍ皮 ㅈ之 ㅊ齒 ㅎ屎
　ㅸ別有吹脣 (訓民正音十五初聲)
ㄱ役 ㄴ隱 ㄷ末之俚釋 ㄹ乙 ㅁ音 ㅂ邑 ㅅ衣之俚釋 ㅇ凝 (正音通釋終聲八韻)

1824년에 나온 유희의 '언문지(諺文志)'는 국어의 문자, 음성을 살핀 연구서

로서 우리말의 소리 및 자모에 대하여 해설하고 있다. (9)를 보면 초성자 'ㄱ, ㄴ, ㄷ, ㄹ, ㅁ, ㅂ, ㅅ, ㅇ, ㅋ, ㅌ, ㅍ, ㅈ, ㅊ, ㆆ, ㅸ'에 대하여 각각 '其, 尼, 池, 梨, 眉, 非, 時, 異, 箕之俚釋, 治, 皮, 之, 齒, 屎, 別有吹脣'라고 적고 있다. 결국 '기, 니, 디, 리, 미, 비, 시, 이, 키, 티, 피, 지, 치, 히, 븨'라고 명명하고 있는 셈이다. 'ㅋ'에 대하여 '箕之俚釋'라고 적고 있는데, '箕'가 '키 기'라 하여 소리는 '기'이고 뜻은 '키'니까 결국 'ㅋ'은 '키'로 명명한다는 것으로 이해할 수 있다. 'ㅸ'은 따로 '別有吹脣'로 적고 있어서 결국 특별히 입술소리임을 보여 주고 있다.

한편 종성자에 대하여 'ㄱ役 ㄴ隱 ㄷ末之俚釋 ㄹ乙 ㅁ音 ㅂ邑 ㅅ衣之俚釋 ㅇ凝'이라고 적고 있는데, 종성의 'ㄱ, ㄴ, ㄷ, ㄹ, ㅁ, ㅂ, ㅅ, ㅇ'에 대하여 각각 '역, 은, 귿, 을, 음, 읍, 옷, 응'이라고 부르는 셈이다. 이것은 앞 (3)의 훈몽자회(1527)에 제시된 것과 동일하다. 다시 말하면 (3)에서 초성종성통용팔자라 하여 제시된 'ㄱ其役 ㄴ尼隱 ㄷ池㊟ ㄹ梨乙 ㅁ眉音 ㅂ非邑 ㅅ時㊂ ㆁ異凝'은 초성자와 종성자를 나타낸 것이라는 말이다.

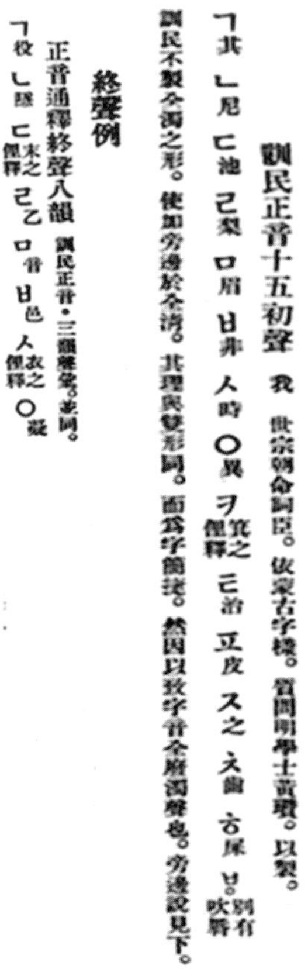
訓民正音十五初聲 我 世宗朝命詞臣。依蒙古字樣。質問明學士黃瓚。以製。
ㄱ其 ㄴ尼 ㄷ池 ㄹ梨 ㅁ眉 ㅂ非 ㅅ時 ㅇ異 ㅋ箕之俚釋 ㅌ治 ㅍ皮 ㅈ之 ㅊ齒 ㆆ屎 ㅸ別有吹脣
訓民不製全濁之形。使加旁邊於全淸。其理與變形同。而爲字簡省。然因以致字音全廢濁聲也。旁邊說見下。
終聲例
正音通釋終聲八韻 訓民正音・三韻聲覺。並同。
ㄱ役 ㄴ隱 ㄷ末之俚釋 ㄹ乙 ㅁ音 ㅂ邑 ㅅ衣之俚釋 ㅇ凝

〈그림 2-4〉 유희(1824), 언문지

결국 (9) '언문지'(1824)에서는 (3) '훈몽자회'(1527)의 명칭을 초성자와 종성자로 나누어서 구분한 셈이 된다. 초성자는 '기, 니, 디 …' 식으로 명명을 한 것을 알 수가 있으나, 종성자는 '역, 은, 귿' 등으로 명명이 된 셈이 된다.[15]

초성자의 이름을 '기, 니, 디…'와 같이 각 자음자 뒤에 'ㅣ'를 붙이는 것으로 봐야 한다는 적극적인 주장은 홍기문(1946), 이기문(1963), 김민수(1973), 박지홍(1981), 홍윤표(2013, 2016) 등에서 제시되고 있다. 이런 주장의 근거는 세 가지이다.

(10) 정인지 외(1446), '훈민정음 해례본'

ㄱ는 엄쏘리니 君ㄷ字 처엄 펴아나는 소리 ㄱ트니
ㄷ는 혀쏘리니 斗ㅸ字 처엄 펴아나는 소리 ㄱ트니
ㅂ는 입시울쏘리니 彆字 처엄 펴아나는 소리 ㄱ트니
ㅅ는 니쏘리니 戌字 처엄 펴아나는 소리 ㄱ트니
ㅋ는 엄쏘리니 快ㆆ字 처엄 펴아나는 소리 ㄱ트니라
ㆍ는 呑ㄷ字 가온딧소리 ㄱ트니라
ㅡ는 即字 가온딧소리 ㄱ트니라
ㅣ는 侵ㅂ字 가온딧소리 ㄱ트니라

(11) 최세진(1527), '훈몽자회', 범례 언문자모 (=3)

ㅋ箕   ㅌ治   ㅍ皮   ㅈ之   ㅊ齒   ㅿ而   ㅇ伊   ㅎ屎   (초성독용팔자)

---

15) (9)에서 초성자나 종성자나 모두 이름이 아니라 그냥 첫소리와 끝소리를 표시한 것일 뿐이라는 해석도 가능하다. 이는 충분히 개연성이 있지만, 그러면 '기, 니, 디' 등에서 사용된 'ㅣ'는 과연 무엇인지, 또 종성자에서 사용된 모음자 'ㅕ, ㅡ'는 또 무엇인지 밝혀져야 될 것이다.

(12) 홍기문(1946), '정음발달사(하)'

애초에는 全部 ㅣ中聲에 그 初聲을 合하야 부른 것이 아닐까고 疑心한다. 그러케
말하는 根據는 첫재 崔世珍의 名稱에도 十七字를 通하야 初聲의 用例에는 ㅣ中聲
으로 되야 잇는 것과 둘째 解例에서 ㅣ中聲은 三才中 人에 該當하야 兩儀에 參讚
한다고 가장 노피 評價한 싸달기다.
初中終聲八字에 限해서만 다시 終聲의 用例를 追加하야 單名을 雙名으로 고친
것은 後日의 變作이다. 그 마치 崔世珍의 任意的 變作일씨는 몰라도 如何튼 諺解
以後의 變作인 것만이 事實이다.

첫째, 'ㄱ'을 '기역'이나 '기윽'으로 발음하게 되면 (10)의 'ㄱ' 뒤에 조사
'는'이 오는 것을 설명하지 못한다는 것이다. 즉 '기역은', '기윽은'처럼 '은'이
와야 하는데, 그렇지 않고 '는'이 오는 것은 앞이 모음이 와야 한다는 것이다.
둘째, 'ㄱ는', 'ㅡ는'에서 보듯이 음성 모음 'ㅡ' 뒤에서 '는'이 왔으니 '는' 앞에
는 양성 모음이 왔어야 한다는 것이다. 그럴 경우 'ㄱ' 뒤에 'ㅏ, ㅑ, ㅗ, ㅛ,
·'와 같은 양성 모음이 오거나 'ㅣ는'에서처럼 중성 모음인 'ㅣ'가 오든지 해
야 할 것이다. 그런데 (11) 훈몽자회에서 'ㅋ箕 ㅌ治 ㅍ皮 ㅈ之 ㅊ齒 ㅿ而 ㅇ伊
ㅎ屎'라고 되어 있어서 'ㅋ, ㅌ, ㅍ, ㅈ, ㅊ, ㅿ, ㅇ, ㅎ'를 'ㅋㅣ, 티, 피, 지, 치,
ㅿㅣ, 이, 히'라고 명명하고 있음을 볼 수가 있다. 이에 따라 'ㄱ, ㄴ, ㄷ, ㄹ,
ㅁ, ㅂ, ㅅ' 등도 'ㅣ'가 붙어서, 결국 이들의 명칭이 '기, 니, 디, 리, 미, 비,
시'라고 주장하는 것이다. 셋째, 더구나 (12)의 홍기문(1946:50)에서는 'ㅣ'
중성이 양의(兩儀), 곧 양(陽)과 음(陰) 두 가지 특성에 함께한다고 하면서 'ㅣ'
중성에 그 초성을 합하여 부른 것으로 추정하고 있다.[16]

---

16) 김민수(1973, 1984:167-168)에서도 이런 입장을 다음과 같이 말하고 있다.
　　"… 이 사실에서도 기본자인 'ㄱ'나 '기'로 불렀으리라 추측되며, 그 중에서도 ㅣ는 '象乎人

이와 같은 주장들이 이론적으로 현재 많이 받아들여지고 있는 실정이다. 그러나 이런 것도 김민수(1973)에서도 밝히고 있듯이 어디까지나 확정적인 것이 아니고 가능성이 높은 주장일 뿐이다. 즉 반드시 그래야 한다는 것은 아니라는 말이다. 실제로 자음자의 이름을 '가, 나, 다, 라…'처럼 'ㅏ'를 붙여서 하자는 의견도 있고 '그, 느, 드, 르…'처럼 'ㅡ'를 붙여서 하자는 의견도 있다. 더구나 후자 의견은 무척 많다.

(13) '가나다…'처럼 'ㅏ'를 붙여 읽자는 의견

ㄱ.정행 편(1869), '일용작법' (僧家日用食時默言作法)[17]

　ㄱ其役 ㄴ尼隱 ㄷ池末 ㄹ而乙 ㅁ眉音 ㅂ非邑 ㅅ示衣 ㅣ而 ㅇ行

　ㄱ可 ㄴ那 ㄷ多 ㄹ羅 ㅁ馬 ㅂ婆 ㅅ沙 ㅇ阿 ㅈ自 ㅊ此 ㅌ他 ㅋ佉 ㅍ波 ㅎ河 (초종성
　　통용팔자)

　과궈놔눠돠둬롸뤄뫄뭐봐붜쇄쉬와워좌줘촤춰톼튀콰쿼퐈풔화훠

ㄴ. 최재학 편(1908), '몽학필독'

　ㄱ加 ㄴ那 ㄷ多 ㄹ羅 ㅁ馬 ㅂ(所) ㅅ沙 ㅇ牙 ㅈ子 ㅊ此 ㅋ 　ㅌ他 ㅍ波 ㅎ何 (자음
　　14자)

　ㄱ其亦 ㄴ尼隱 ㄷ池(末) ㄹ梨乙 ㅁ眉音 ㅂ非邑 ㅅ示(衣) ㅇ伊凝 ㅣ外伊 (초종성통용
　　9자)

也'에 '動者天也 靜者地也 兼乎動靜者人也'란 「訓民正音解例」 制字解의 설명으로 미루어 '기'로 불렀을 가능성이 크다고 하겠다."

17) (13ㄱ)의 책은 흔히 일용작법(日用作法)이라고 불리는 책인데, 사찰에서 발우공양을 할 때 행하는 사용의례를 기록한 불교 의례서로서, 정행 법사가 편찬한 책이라고 전해진다.

ㄷ. 주시경(1909), '국문연구'

1자: ㄱ가 ㄴ나 ㄷ다 ㄹ라 ㅁ마 ㅂ바 ㅅ사 ㅇ아 ㅈ자 ㅎ하 ㅋ카 ㅌ타 ㅍ파 ㅊ차

2자: ㄱ가ㄱ ㄴ나ㄴ ㄷ다ㄷ ㄹ라ㄹ ㅁ마ㅁ ㅂ바ㅂ ㅅ사ㅅ ㅇ아ㅇ ㅈ자ㅅ ㅎ하
ㅇ ㅋ카ㄱ ㅌ타ㄷ ㅍ파ㅂ ㅊ차ㅅ[18]

원문: 一字로 名을 作ᄒ자면 ㄱ字는 가 ㄴ字는 나 ㄷ字는 다 ㄹ字는 라 ㅁ字는
마 ㅂ字는 바 ㅅ字는 사 ㅇ字는 아 此 아의 ㅇ은 地라 ᄒ는 國語따의 終聲과
如ᄒ 音으로 發ᄒᆞᆷ을 謂ᄒᆞᆷ이요 此를 用ᄒᆞᆯ 時에는 終聲이든지 初聲이든지
有ᄒᆞᆫ즉 記ᄒ고 無ᄒᆞᆫ즉 不記ᄒ기로 義ᄒᆞᆷ이라 ㅈ字는 자 ㅎ字는 하 ㅋ字는
카 ㅌ字는 타 ㅍ字는 파 ㅊ字는 차로 作ᄒᆞᆯ 것이요

二字로 名을 作ᄒ자ᄒ면 ㄱ字는 가ㄱ ㄴ字는 나ㄴ ㄷ字는 다ㄷ ㄹ字는
라ㄹ ㅁ字는 마ㅁ ㅂ字는 바ㅂ ㅅ字는 사ㅅ ㅇ 初終에다 땅終聲과 如ᄒᆞᆫ
것 字는 아 아의 ㅇ音은 땅終聲과 如히 發ᄒᆞᆷ ㅇ ㅈ字는 자ㅅ ㅎ字는 하ㅇ
ㅋ字는 카ㄱ ㅌ字는 타ㄷ ㅍ字는 파ㅂ ㅊ字는 차ㅅ으로 作ᄒᆞᆷ이 可ᄒᆞᆫ듸

一字로 作ᄒᆞᆫ 名稱이 稱呼ᄒ기도 簡便ᄒ고 初終聲으로 例를 삼기도 極當ᄒ
니 初聲으로는 本音이 正音으로 發ᄒ매 極當ᄒ고 終聲으로는 그 所屬字下
에 此를 連ᄒ고 讀ᄒ여 ㅏ만 除ᄒ면 自然終聲이 되어 曉得ᄒ기 崔易ᄒ니
極當ᄒ지라 故로 此一字例로 名稱을 定ᄒᆞᆷ이 可ᄒᆞᆷ

(13ㄱ)을 보면 'ㄱ ㄴ ㄷ ㄹ ㅁ ㅂ ㅅ ㅇ ㅈ ㅊ ㅌ ㅋ ㅍ ㅎ'이 각각 '可
那 多 羅 馬 婆 沙 阿 自 此 他 佉 波 河'로 불리지 않았나 하는 생각을 하게
된다. 예컨대 '可'를 제시하고 그 아래 '가 갸 거 겨 고 교 구 규 그 기' 식으로
배열하고 있다. 물론 따로 'ㄱ ㄴ ㄷ ㄹ ㅁ ㅂ ㅅ ㅣ ㅇ'에 대하여 '其役 尼隱

---

18) 'ㄱ, ㄴ, ㄷ …' 등에서 'ㅏ'는 본래 오른쪽이 아니라 중간에 위치한다.

池末 而乙 眉音 非邑 示衣 而 行'이 제시되어 있다. 뒤의 경우를 초종성통용 글자로 해석하게 되면, 앞의 '可 那 多 羅 馬 婆 沙 阿 自 此 他 佉 波 河'는 'ㄱ ㄴ ㄷ ㄹ ㅁ ㅂ ㅅ ㅇ ㅈ ㅊ ㅌ ㅋ ㅍ ㅎ'를 부른 명칭이 아닌가 추정해 보는 것이다.19)

이와 같이 (13ㄱ)을 해석하는 것은 구체적으로 (13ㄴ)을 말미암음이다. (13ㄴ)은 1908년에 천도교에서 사용한 일종의 초등저학년용 교과서라고 할 수 있는데, 여기서 자음 13자, 즉 'ㄱ ㄴ ㄷ ㄹ ㅁ ㅂ ㅅ ㅇ ㅈ ㅊ ㅌ ㅍ ㅎ'에 대하여 각각 '加 那 多 羅 馬 (所) 沙 牙 子 此 他 波 何'로 읽고 있다. 그런데 나머지 하나인 'ㅋ'는 제시된 한자가 안 나타나 있다. 한편 '초종성통용9자'라 하여 'ㄱ ㄴ ㄷ ㄹ ㅁ ㅂ ㅅ ㅇ ㅣ'에 대하여 각각 '其亦 尼隱 池㈜ 梨乙 眉音 非邑 示㐮 伊凝 外伊'라는 이름을 주고 있다. 후자의 경우는 앞 음절은 초성을, 뒤 음절의 끝은 종성을 가리키는 것으로 이해된다. 여기서 'ㅣ'가 종성자처럼 들어가 있는 것이 특이하다.20) 여하튼 (13ㄴ)을 통해 볼 때 (13ㄱ)에서도 'ㄱ ㄴ ㄷ …'은 '가 나 다 …' 식으로 명명되었음을 확인할 수 있다.21)

(13ㄷ)은 개화기 국어 및 한글 연구의 선각자인 주시경이 국문연구(1909)에

---

19) (13ㄱ)에서 초종성자의 이름은 다분히 훈몽자회(1527)의 것과 유사함을 알 수가 있다. 단지 자음자 이름에서 'ㄹ梨乙, ㅅ時衣'를 '而乙, 示衣'으로 한 점, '을'을 잘못 알고서 ㅣ와 ㅇ으로 분석하여 'ㅣ而ㅇ行'으로 한 점, '가나다'의 순서에서 현행의 '카타'가 '타카'로 된 점, 그리고 끝에 '과궈' 행을 둔 점 등이 차이가 있다.

20) (13ㄴ)에서는 'ㄱ'을 '其亦'으로 표기하고 있으며 초종성통용9자 속에 'ㅣ'를 넣고 '外伊'로 표기하고 있는 것이 특이하다. 또한 해당 저서의 57쪽에 보면 '가ㅇ 강, 가ㅣ 개'라고 제시하고 있다. 이로 미루어 보아 이때의 'ㅣ'를 종성의 하나로 보고 있는 듯하다.

21) 석범 조정순의 '언음첩고'(1846)에서는 상권의 '언음첩고목차'를 'ㄱㄴㄷㄹㅁㅂㅅㅇㅈㅊㅋㅌㅍㅎ녀뎌혀니디티히됴듀르'로 제시하고 있고, 하권의 '언음첩고목차'를 '下字類, 上ㅣ類, 냐類, 뎌類, 텨類, 사자차諸音類, 古舌音類, 補類類'로 제시하고 있다. 여기서 'ㆍ'를 붙인 이름자의 가능성을 생각해 볼 수는 있으나 모두 다 그런 것은 아니기 때문에 설정하기 어렵다. '언음첩고'(1846)의 자음자 명명은 이미 (5)에서 제시된 바 있다.

서 자음자의 이름에 대한 자신의 견해를 피력한 것이다. 거기에서 주시경은 1자로 이름을 부를 때는 'ㄱ가 ㄴ나 ㄷ다 ㄹ라 ㅁ마 ㅂ바 ㅅ사 ㅇ아 ㅈ자 ㅎ하 ㅋ카 ㅌ타 ㅍ파 ㅊ차'라 하여 '가 나 다…' 식으로 하자고 말하고 있으며 2자로 부를 경우는 'ㄱ ㄴ ㄷ ㄹ ㅁ ㅂ ㅅ ㅇ ㅈ ㅎ ㅋ ㅌ ㅍ ㅊ'을 각각 '가ㄱ 나ㄴ 다ㄷ 라ㄹ 마ㅁ 바ㅂ 사ㅅ 아ㅇ 자ㅈ 하ㅎ 카ㅋ 타ㅌ 파ㅍ 차ㅊ'으로 부르자고 말하고 있다.22)

(14) '그ㄴ드르…'처럼 'ㅡ'를 붙여 읽자는 의견

ㄱ. 강위(1864), '동문자모분해'
ㅇ으 ㅎ흐 ㄱ그 ㄲ끄 ㅋ크 ㅅ스 ㅆ쓰 ㄴ느 ㄷ드 ㄸ뜨 ㅌ트 ㄹ르 ㅁ므 ㅂ브 ㅃ쁘 ㅍ프 (초성 16자)23)
ㄱ기윽 ㄴ니은 ㄷ디읃 ㄹ리을 ㅁ미음 ㅂ비읍 ㅅ시의 ㅇ이응 (종성 8자)

ㄴ. 리봉운(1897), '국문정리'
ㄱ그 ㅇ응 ㅎ흐 ; ㅅ스 ㅈ즈 ㅊ츠 ; ㅋ크 ; ㄴ느 ㄷ드 ㄹ르 ㅌ트 ; ㅁ므 ㅂ브 ㅍ프 (좌모ㅈ)
ㄱ윽 ㄴ은 ㄷ읃 ㄹ을 ㅁ음 ㅂ읍 ㅅ읏 ㅣ이 ㅇ응 (종셩)

---

22) 이러한 주시경의 견해는 그의 저서 '말의 소리'(1914:28-30)에 나타난 구체적인 사용례를 통해서도 확인할 수 있다. 아래 한 예를 보인다.
"ㅅㄷㅈ가 첫으로 남과 긋으로 남의 다름이 잇으니 첫으로는 저의 소리대로 나되 긋으로는 서로 한가지로 나나니라.
[풀이] ㅅㄷㅈ를 첫소리로 비롯아 사다자라 할 때에는 저마다 저의 소리대로 들어나되 긋소리로 맞히어 ㅅ난 낫이라 할 때에는 서로 한가지니"
23) (14ㄱ) 강위(1864)에서 'ㅈ, ㅊ'에 대하여는 이름자가 제시되어 있지 않다. 또한 'ㅅ'의 이름이 '시웃'이 아니라 '시의'로 나와 있는데, 이것은 '衣'의 뜻이 아닌 한자음을 실수로 그대로 나타낸 듯하다.

ㄱ그윽 ㄴ느은 ㄷ드읏 ㄹ르을 ㅁ므음 ㅂ브읍 ㅅ스읏 ㅣ이 ㅇ으응 (쟝음반졀규식)

ㄷ. 권보상(1909), '국문연구'

慈母의 命名은 單純한 理由 即 必要로 因하야 如左한 統一的 讀法을 用함이 可하니 即
ㄱ그 ㄴ느 ㄷ드 ㄹ르 ㅁ므 ㅂ브 ㅅ스 ㅇ으 ㅈ즈 ㅊ츠 ㅋ크 ㅌ트 ㅍ프 ㅎ흐 (초종성
통용)

ㄹ. 국어사정위원회(2010), '조선말규범집'

제1항. 조선말자모의 차례와 그 이름은 다음과 같다.

ㄱ(기윽) ㄴ(니은) ㄷ(디읃) ㄹ(리을) ㅁ(미음) ㅂ(비읍) ㅅ(시읏) ㅇ(이응) ㅈ
(지읒) ㅊ(치읓) ㅋ(키윽) ㅌ(티읕) ㅍ(피읖) ㄲ(된기윽) ㄸ(된디읃) ㅃ(된비
읍) ㅆ(된시읏) ㅉ(된지읒)

자음자의 이름은 각각 다음과 같이 부를수도 있다.

(그) (느) (드) (르) (므) (브) (스) (으) (즈) (츠) (크) (트) (프) (흐) (끄) (뜨)
(쁘) (쓰) (쯔)

일찍이 방종현(1932:20)에서는 당시 자음을 읽는 방법을 3가지 유형으로
나누어서 보여 주고 있다. 첫째, "그 느 드 르 므" 등과 같이 모음 'ㅡ'를 더하여
발음하는 것, 둘째, "기역 니은 디귿 리을 미음 비읍 시옷" 등과 같이 훈몽자회
의 명칭을 사용하는 것, 셋째, "그윽 느은 드은" 등과 같이 통일된 형식을 취하
는 것 등이 바로 그것들이다. 뒤 둘은 앞서 살펴보았거니와 '그 느 드 르' 방식
을 첫째로 들었다. '그 느 드 르' 방식은 (14ㄱ)의 '동문자모분해'(1864)에 자
세히 제시되어 있다. 'ㅇ ㅎ ㄱ ㄲ ㅋ ㅅ ㅆ ㄴ ㄷ ㄸ ㅌ ㄹ ㅁ ㅂ ㅃ ㅍ'에서
보듯이 초성 16자들 아래에 'ㅡ'를 붙여서 읽는 방식이다. 이러한 입장은 (14
ㄴ) 리봉운의 '국문졍리'(1897)에서도 동일하게 제시되어 있다. 단지 소위 '좌

모즈'라 하여 'ㄱ그 ㅇ응 ㅎ흐
; ㅅ스 ㅈ즈 ㅊ츠 ; ㅋ크 ; ㄴ
느 ㄷ드 ㄹ르 ㅌ트 ; ㅁ므 ㅂ
브 ㅍ프' 순서로 14자 초성에
'ㅡ'를 붙이고 있다.24) 또한
'죵셩'이라 하여 따로 'ㄱㄱ ㄴ
ㄴ ㄷㄷ ㄹㄹ ㅁㅁ ㅂㅂ ㅅㅅ
ㅣ이 ㅇㅇ'라고 나타나고 있
는데, 곧 'ㅡ' 아래에다가 종성
에 오는 것을 제시하고 있다.
그리하여 '쟝음반졀규식'이라
하여 'ㄱ그윽 ㄴ느은 ㄷ드읏
ㄹ르을 ㅁ므음 ㅂ브읍 ㅅ스읏
ㅣ이 ㅇ으응'으로 제시하고
있다.25)

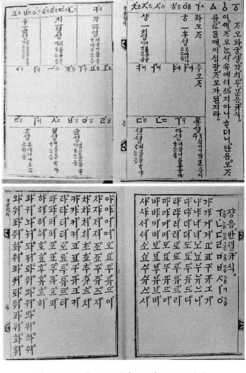

〈그림 2-5〉 리봉운(1897), 국문정리

(14ㄱ)과 (14ㄴ)에서는 모두 종성 8자을 읽는 데에 두 자로 그 명칭을 보여
주고 있는데, '기윽 니은 디읃 리을 미음 비읍 시읏 이응' 앞서 (6), (7)의 방식
과 동일하다.26)

---

24) 'ㅇ'에 대하여 '응'이라고 표기하고 있어서 특이성을 보인다. '좌모즈'라고 하는 것은 '우모
   즈'인 'ㅏ ㅑ ㅓ ㅕ ㅗ ㅛ ㅜ ㅠ ㅡ ㅣ ·'의 왼쪽 혹은 위에 온다는 것을 뜻한다. 종성에
   오는 것은 따로 '죵셩'이라 하여 받침을 나타낸다.
25) (14ㄴ)에서 '죵셩', '쟝음반졀규식' 부분에 'ㅣ이'라고 하는 게 나온다. 모양은 'ㅣ'인데
   종성 자음자 부분에 제시되어 있다. 이를 흔히 '딴이' 혹은 '外伊'라고 부른다. 이에 대해서
   는 다른 곳에서 구체적으로 다루도록 한다.
26) (14ㄱ)에 종성자 이름을 '시의'라고 써져 있는데, 이것은 '시읏'의 오자로 보인다. 또한

이에 비하여 (14ㄷ)에서는 초성이든 종성이든 모두 '그 느 드 르 므 브 스 으 즈 츠 크 트 프 흐'에서 보듯이 자음자에 'ㅡ'를 붙여서 각각을 명명하고 있다. 즉 여기서는 자음자를 1음절로 이름을 짓고 있다. (14ㄷ)은 당시 학부의 국문연구소 위원인 권보상이 밝힌 자음자 이름이다. 한편 현재 북한에서 사용되고 있는 '조선말규범집'(2010)에서는 (14ㄹ)에서 보는 것처럼 '그 느 드 르 므 브 스 으 즈 츠 크 트 프 흐 끄 뜨 쁘 쓰 쯔'로 부르는 것을 허용하고 있다. 본래는 (4)~(8)에서처럼 '기윽 니은 디읃 리을' 식으로 명명하는 것을 원칙으로 하면서도 '그 느 드 르' 식으로 하는 것을 허용하고 있는 것이다. 좀 더 과학적인 근거를 제시해야 하겠지만, 'ㅡ'가 'ㅣ'나 'ㅏ'보다는 개구도도 작고 혀의 움직임도 크지 않아 음성학적 부담감이 적고 이로 인해서 그 앞 혹은 위에 오는 자음의 발음이 도드라지게 하는 효과가 있다고 해서 그런 것이 아닌가 한다.[27]

그러나 '가나다' 식의 명칭과 '그느드' 식의 명칭은 현재 남한 학계에서는 그 주장이 거의 없다. 앞서도 보았듯이 홍기문(1946:50), 이기문(1971:14), 김민수(1973:167), 홍윤표(2016:262) 등에서 '기 니 디 리…' 식의 명명이 훈민정음 창제 당시의 이름이었을 것으로 보고 있다. 훈민정음 해례본에 나타

(14ㄴ)에서는 종성자 'ㅣ'를 제시하고 '이'라는 이름을 제시하고 있는데, 흔히 '딴이'라고 불리던 것이다. 물론 이것은 지금 종성자로 인정되지 않는다. 7장에서 자세히 다루도록 한다.

[27] 전재호(1961:98-100)에서는 '그, 느, 드, 르 …' 방식을 제안하면서 여러 근거를 구체적으로 보이고 있다. 이것을 왕문용(1998:233)에서는 다음 세 가지로 정리하여 제시하고 있다.
 ① 'ㅡ'는 중설고모음으로 개구도도 작고 혀의 운동이 크지 않아 'ㅣ'처럼 긴장하지 않고도 편히 낼 수 있다.
 ② 외래어 표기에서 자음군이나 음절말 자음의 경우 'ㅡ'를 첨가하여 표기한다. 예: hit-히트, school-스쿨
 ③ 국어에서는 어두음으로 '니, 리, 디'를 가진 것이 없다.

난 (10)의 예들을 통해 볼 때 일견 타당한 주장이라고 볼 수 있다.

그런데 2024년 현재는 'ㄱ는 ㄴ는 ㄷ는' 식으로 발음되지는 않는다. '기역은, 니은은, 디귿은', 혹은 '기윽은, 니은은, 디은은' 식으로 읽을 수가 있다는 말이다. 물론 당연히 1음절 표현으로, 흔히 말하는 '가나다' 식으로 발음하는 것이 더욱 효율성이 있을 것 같다. 왜냐하면 '기 니 디 리 미 비 시'보다는 '가 나 다 라 마 바 사'라고 발음하는 것이 훨씬 자연스러울 수 있기 때문이다. 이것은 흔히 말하는 '가 갸 거 겨 고 교 구 규 그 기' 용법, 즉 한글 반절표 같은 데서도 'ㅏ'가 붙은 것이 맨 앞에 오기 때문이기도 하다. 이에 대해서는 3장에서 더 자세히 살피기로 한다.28)29)

---

28) 이것들 외에도 다양한 자음자에 대한 표기 방식이 나타나 있다.
　　이사질(18세기 후반), '훈음종편'
　　　ㄱ初聲구 ㅋ初聲과 ㅇ初聲어 ㄷ初聲두 ㅌ初聲트 ㄴ初聲나 ㅂ初聲벼 ㅍ初聲표 ㅁ初聲
　　　미 ㅈ初聲즈 ㅊ初聲치 ㅅ初聲슈 ㆆㅇㅇ之間 ㅎ히 ㅇ요오之間 ㄹ리 ㅿ야ㅇ之間
　　　ㄱ革 ㆁ凝 ㄷ末 ㄴ那 ㅂ去 ㅁ梵 ㅅ衣 ㄹ列
　　홍계희(1751), '삼운성휘'
　　　ㄱ君初聲役終聲 ㄴ那初聲隱終聲 ㄷ斗初聲(未)終聲 ㄹ閭初聲乙終聲 ㅁ彌初聲音終聲 ㅂ
　　　彆初聲邑終聲 ㅅ戌初聲(衣)終聲 ㆁ業初聲凝終聲 (초종성통용8자)
　　　ㅈ卽初聲 ㅊ侵初聲 ㅌ呑初聲 ㅋ快初聲 ㅍ漂初聲 ㅎ虛初聲 (초성독용6자)
　　이사질의 '훈음종편'에는 '구 콰 어 두 트 나 벼 표 미 즈 치 슈 히'도 나오고 있어서 특이하다. 그러나 이러한 표기는 '君, 業, 斗, 那, 彆, 彌, 戌, 閭'에서 종성을 빼어 버린 것을 표기한 것에 불과하다. '훈음종편'의 다음 기록을 통해서 당시 속음이었던 '기 어 디 니 비 미 시 리'가 더욱 타당한 발음이었던 듯싶다. (홍윤표 2016:267-268)
　　　愚按 ㄱ初聲구 今俗誤讀以기 ㅇ初聲어 今俗誤讀以이 ㄷ初聲두 今俗誤讀以디 ㄴ初聲나
　　　今俗誤讀以니 ㅂ初聲벼 今俗誤讀以비 ㅁ初聲미 則幸不今俗誤讀 ㅅ初聲슈 今俗誤讀以시
　　　ㄹ初聲려 今俗誤讀以리 今去世宗朝不 過二百年 而字音之註誤如此

29) 박창원(2015:49-50)에서는 2음절 자음자 이름으로 '기윽' 류를 제안하고 1음절 자음자 이름으로 특이하게 '게, 데, 세'처럼 'ㅔ'를 붙이는 방식도 제안하고 있다. 이때 'ㄹ'은 '엘'로, 'ㅇ'은 '엥'으로 발음을 고려하여 따로 제시하고 있다. 박창원(2015:50)에서는 이런 방식으로 '가' 류, '기' 류, '그' 류도 가능하다고 말하고 있다.
　　2음절 자모 이름
　　　ㄱ(기윽) ㄴ(니은) ㄷ(디은) ㄹ(리을) ㅁ(미음) ㅂ(비읍) ㅅ(시옷) ㅇ(이응) ㅈ(지읒) ㅊ

4. 자음자의 이름이 하나인가 둘인가?

자음자의 이름은 하나인가 둘인가? 현행 '한글 맞춤법'(1988)에서는 자음자의 이름은 '기역, 니은, 디귿'처럼 하나만 제시하고 있다. 그런데 (3) 최세진의 '훈몽자회'(1527)에서는 초성종성통용8자라 하여 'ㄱㄴㄷㄹㅁㅂㅅㆁ'의 이름이 각각 'ㄱ其役 ㄴ尼隱 ㄷ池(末) ㄹ梨乙 ㅁ眉音 ㅂ非邑 ㅅ時(衣) ㆁ異凝'로 제시되고 또 초성독용8자라 하여 'ㅋ箕 ㅌ治 ㅍ皮 ㅈ之 ㅊ齒 ㅿ而 ㅇ伊 ㅎ屎'처럼 달리 한 가지가 더 나와 있다. 'ㄱ ㄴ ㄷ…' 같은 자음자가 이름을 두 가지 가질 필요가 있는가 하고 강한 의문이 드는 것은 당연하다.

(15) 자음자 이름 한 가지

ㄱ. 조선어학회(1933), '한글 마춤법 통일안'

    ㄱ기역 ㄴ니은 ㄷ디귿 ㄹ리을 ㅁ미음 ㅂ비읍 ㅅ시옷 ㅇ이응 ㅈ지읒

    ㅊ치읒 ㅋ키읔 ㅌ티읕 ㅍ피읖 ㅎ히읗

    ㄲ쌍기역 ㄸ쌍디귿 ㅃ쌍비읍 ㅆ쌍시옷 ㅉ쌍지읒

ㄴ. 조정순(1846), '언음첩고(상)' (=4)

    ㄱ기윽 ㄴ니은 ㄷ디읃 ㄹ리을 ㅁ미음 ㅂ비읍 ㅅ시옷 ㆁ이응 (초성종성통용 8자)

    ㅈ ㅊ ㅋ ㅌ ㅍ ㅎ (초성독용 6자)

     (치읓) ㅋ(키읔) ㅌ(티읕) ㅍ(피읖) ㅎ(히읗)

1음절 자모 이름

   ㄱ(게) ㄴ(네) ㄷ(데) ㄹ(엘) ㅁ(메) ㅂ(베) ㅅ(세) ㅇ(엥) ㅈ(제) ㅊ(체) ㅋ(케) ㅌ(테) ㅍ(페) ㅎ(헤)

   ㄱ(가) ㄴ(나) ㄷ(다) ㄹ(알) ㅁ(마) ㅂ(바) ㅅ(사) ㅇ(앙) ㅈ(자) ㅊ(차) ㅋ(카) ㅌ(타) ㅍ(파) ㅎ(하)

   ㄱ(기) ㄴ(니) ㄷ(디) ㄹ(일) ㅁ(미) ㅂ(비) ㅅ(시) ㅇ(잉) ㅈ(지) ㅊ(치) ㅋ(키) ㅌ(티) ㅍ(피) ㅎ(히)

   ㄱ(그) ㄴ(느) (ㄷ드) ㄹ(늘) ㅁ(므) ㅂ(브) ㅅ(스) ㅇ(응) ㅈ(즈) ㅊ(츠) ㅋ(크) ㅌ(트) ㅍ(프) ㅎ(흐)

ㄷ. 국문연구소(1909), '국문연구의정안' (=6)

　　ㅇ이응 ㄱ기윽 ㄴ니은 ㄷ디읃 ㄹ리을 ㅁ미음 ㅂ비읍 ㅅ시읏 ㅈ지읒 ㅎ히읗
　　ㅋ키읔 ㅌ티읕 ㅍ피읖 ㅊ치읓

ㄹ. 권보상(1909) (=12ㄷ) ; 주시경(1909) (=11ㄷ), '조선말규범집'(2010)

　　ㄱ그 ㄴ느 ㄷ드 ㄹ르 ㅁ므 ㅂ브 ㅅ스 ㅇ으 ㅈ즈 ㅊ츠 ㅋ크 ㅌ트 ㅍ프 ㅎ흐
　　(초종성통용 14자)

ㅁ. 권덕규(1923), '조선어문경위(朝鮮語文經緯)'

　　ㄱ그윽 ㄴ느은 ㄷ드은 ㄹ르을 ㅁ므음 ㅂ브읍 ㅅ스읏 ㆁ으응 ㅈ즈읒 ㅎ흐읗
　　ㅋ크읔 ㅌ트읕 ㅍ프읖 ㅊ츠읓 ㅇ으응 (15자)

ㅂ. 안영중(1906), '한어'

　　ㄱ기윽 ㄴ니은 ㄷ디읃 ㄹ리을 ㅁ미음 ㅂ비읍 ㅅ시읏 ㅣ이 ㅇ행 ㅈ지 ㅊ치 ㅋ키
　　ㅌ티 ㅍ피 ㅎ히 (父音 15자)
　　ㄱ윽 ㄴ은 (ㄷ읃) ㄹ을 ㅁ음 ㅂ읍 ㅅ읏 ㅣ이 ㅇ행 (종성(밧침) 9자)

(15ㄱ~ㅁ)은 초성이든 종성이든 자음자의 이름이 하나만 제시되어 있는 것들이다. (15ㄴ)에서는 따로 'ㅈ, ㅊ, ㅋ, ㅌ, ㅍ, ㅎ'을 초성독용 6자라 하여 구분하고 있는데, 이는 이들이 초성에만 사용된다는 뜻일 뿐, 따로 이름을 부여하고 있는 것은 아니다. 현행 문교부(1988)의 '한글 맞춤법'과 동일한 (15ㄱ)은 물론이고 (15ㄷ~ㅁ)도 모든 자음자가 종성(받침)에도 사용되고 있다. 이런 입장의 근저에 형태주의가 깔려 있는 것은 당연하다.

한편 (15ㅂ)은 모든 자음자에 대하여 동일한 원칙, 즉 'ㅣ' 앞과 'ㅡ' 밑에 해당 자음자를 넣어서 읽는 규칙을 따라서 자음자 명명을 한 것이다. 'ㄱ윽, ㄴ은, ㄹ을' 등은 종성에 올 때의 이름을 따로 적어 놓은 것일 뿐이다. 즉 이미

'ㄱ기윽, ㄴ니은, ㄹ리을' 속에 초성의 해당 자음자, 종성의 해당 자음자 이름이 들어가 있다. (15ㅂ)은 일본인 초급 학습자를 위한 책이라서 '부음(父音)'이라는 초성을 가리키는 용어를 사용하고 있다. 딴이 'ㅣ'의 이름을 '이'로 하고 'ㅇ'을 '행'이라고 명명한 것도 일본인을 위한 배려로 보인다. 특히 후자는 전적으로 그런 것으로 여겨진다.

(16) 자음자 이름 두 가지

ㄱ. 최세진(1527), '훈몽자회' (=3)

   ㄱ其役 ㄴ尼隱 ㄷ池⒲ ㄹ梨乙 ㅁ眉音 ㅂ非邑 ㅅ時⒳ ㆁ異凝 (초성종성통용8자)

   ㅋ⒂ ㅌ治 ㅍ皮 ㅈ之 ㅊ齒 ㅿ而 ㅇ伊 ㅎ屎 (초성독용8자)

ㄴ. 지석영(1905), '신정국문'(=5), 지석영(1909), '국문연구'

   ㄱ기윽 ㄴ니은 ㄷ디은 ㄹ리을 ㅁ미음 ㅂ비읍 ㅅ시읏 ㅇ이응 (초성종성통용8자)

   ㅈ지 ㅊ치 ㅋ키 ㅌ티 ㅍ피 ㅎ히 (초성독용 6자)

ㄷ. 유길준(1909), '대한문전'

   ㄱ극 ㄴ는 ㄷ듣 ㄹ를 ㅁ픔 ㅂ붑 ㅅ슷 ㅇ응 (초종성 8자)

   ㅈ즈 ㅊ츠 ㅋ크 ㅌ트 ㅍ프 ㅎ흐 (ㆆ ㅿ ㆁ)

ㄹ. 정행 편(1869) (=13ㄱ) 최재학 편(1908) (=13ㄴ), 강위(1864) (=14ㄱ),
   리봉운(1897) (=14ㄴ),

ㅁ. 권정선(1906), '음경(音經)'(正音宗訓) 30)

　　ㄱ其 ㅋ器 ㄲ技 ㆁ凝 ㅇㅇ並凝 ㄷ地 ㅌ剔 ㄸ狄 ㄴ尼 ㄶ並尼 ㅈ支 ㅊ侈 ㅉ遲 ㅅ詩

　　ㅆ氏 ㅂ卑 ㅍ披 ㅃ備 ㅁ彌 ㅁㅁ並彌 ㅈ濟 文砒 ㅈㅈ薺 ㅅ西 ㅅㅅ席 ∪斐 工霏

　　ㅆㅆ肥 ㄱ薇 ㄱㄱ匚薇 ㅎ衣 ㆆ屎 ㆅㆅ奚 ㅇ怡 ㅇㅇ並怡 ㄹ离 △而 (초성 37자)

　　ㆁ ㅇ ㄱ ㄴ ㄹ ㅁ ㅂ ㄷ ㅌ ㅅ ㅈ ㅊ (ㅸ) (ㅱ) ㆆ △ (종성 16자)

　　ㄱ그기윽 ㄴ느니은 ㄷ드디읃 ㄹ르리을 ㅁ므미음 ㅂ브비읍 ㅅ스시읏 ㅈ즈지읒 ㅇ

　　으이응 ㆁ으이응 (초종성통용자 반절음 겸 칭호 10자)

　　(16)은 초종성에 사용되는 자음자와 초성에만 사용되는 자음자가 각각 이름
이 다르게 제시된 것들이다. (16ㄱ)에서는 이름을 한자로 표기해서 나타냈기
때문에 'ㄱ其役, ㄷ池㊌, ㅅ時㊑, ㅋ㊑' 같은 표기가 나타났지만, 한글로 그
이름을 적은 (16ㄴ)을 보면 일정한 'ㅣ, ㅡ' 규칙에 따라서 개별 자음자가 명명
되었음을 확인할 수 있다. 즉 초성 자음자 이름은 'ㅣ' 앞, 종성 자음자 이름은
'ㅡ' 밑에 해당 자음을 넣어서 명명한다는 것이다. 그것이 바로 초종성통용8자
의 이름인 'ㄱ기윽 ㄴ니은 ㄷ디은 ㄹ리을 ㅁ미음 ㅂ비읍 ㅅ시읏 ㅇ이응'이다.
초성독용6자라고 하는 'ㅈ ㅊ ㅋ ㅌ ㅍ ㅎ'은 각각 'ㅈ지 ㅊ치 ㅋ키 ㅌ티 ㅍ피
ㅎ히'라 하여 'ㅣ' 앞에 해당 자음자를 놓은 것을 이름으로 정하고 있다.

　　한편 (16ㄷ)에서는 초종성 8자의 이름을 'ㄱ극 ㄴ는 ㄷ든 ㄹ를 ㅁ믐 ㅂ븝
ㅅ슷 ㅇ이응'으로 정하고 있고 초성 6자의 이름은 'ㅈ즈 ㅊ츠 ㅋ크 ㅌ트 ㅍ프
ㅎ흐'로 정하고 있으며, 당시 사용되지 않은 'ㆆ △ ㆁ'도 있기는 하나 구체적인
이름은 제시되어 있지 않다. 모음자 'ㅣ'를 사용하지 않고 '극, 는, 든' 식의

---

30) 여기에 제시된 용례들은 '정음'이라 불렸는데 모두 김민수(1984:701)에서 가져온 것이다.
　　이 책 '음경'의 저자 권정선은 조선시대 마지막 한글학자라고 불리고 있는데, 한글 자체(字
　　體)를 역학 및 운학의 견지에서 풀이하고자 하였으며, 어떤 음이라도 표기할 수 있는 신자
　　모자를 고안하고자 하였다.

이름을 제시한 것은 눈길을 끈다.

(16ㄱ~ㄹ)에 제시된 것들이 초종성통용 자음자와 초성독용 자음자의 이름을 따로 제시한 것은 근본적으로 받침에 'ㅈㅊㅋㅌㅍㅎ'을 허용하느냐 안 하느냐에 달려 있을 뿐, 현행 한글 맞춤법에서처럼 받침자를 확대한 경우에는 근본적으로 자음자의 이름이 하나라고 말할 수 있을 것이다.[31] 그런데 (16

---

31) 대한제국의 학부에서 만든 국문연구소에서 위원으로 참여한 8인 가운데 5인은 'ㅣ'와 'ㅡ'를 활용한 이름을 자음자에 부여했고, 한 명은 의견이 없었고, 나머지 2인은 각각 'ㅡ'와 'ㅏ'를 활용한 자음자를 제안했다. 그 자세한 내역은 아래와 같다. 이들 가운데 6인이 공통적으로 자음자를 1개씩 제시했고, 지석영은 2가지를 제시했다. 주시경은 1자일 경우와 2자일 경우를 각각 제시했는데, 이것도 결국은 자음자는 일관성 있게 하나로 읽는다는 것을 전제한 셈이다. 국문연구의정안에 대한 자세한 연구는 신창순(2001), 한동완(2006)을 참고할 수 있다.

ㄱ. 어윤적(1909), '국문연구'
　ㅇ이웅 ㄱ기윽 ㄴ니은 ㄷ디읃 ㄹ리을 ㅁ미음 ㅂ비읍 ㅅ시읏 ㅈ지읒 ㅎ히읗 ㅋ키윽 ㅌ티읕 ㅍ피읖 ㅊ치읓 (초성 14)
　ㄱ ㄴ ㄹ ㅁ ㅂ ㅅ ㅇ ㄷ ㅈ ㅊ ㅋ ㅌ ㅎ (종성 14)

ㄴ. 이능화(1909), '국문연구'
　ㅇ이응 ㅎ히응 ㄱ기윽 ㄴ니은 ㄷ디은 ㄹ리을 ㅁ미음 ㅂ비읍 ㅅ시웃 ㅈ지웆 ㅊ치웇 ㅋ키윽 ㅌ티읕 ㅍ피읖 ㄲ끼유 ㄸ띠은 ㅆ씨읐 ㅉ찌읐

ㄷ. 宋綺用(1909), '국문연구'
　ㄱ기윽 ㄴ니은 ㄷ디은 ㄹ리을 ㅁ미음 ㅂ비읍 ㅅ시웃 ㅇ이응 ㅈ지읒 ㅊ치옻 ㅋ키윽 ㅌ티읕 ㅍ피읖 ㅎ히읗

ㄹ. 尹敦求(1909), '국문연구'
　ㄱ기윽 ㄴ니은 ㄷ디읏 ㄹ리을 ㅁ미음 ㅂ비읍 ㅅ시웃 ㅈ지웆 ㅇ이응 ㅎ히읗 ㅋ키윽 ㅌ티읕 ㅍ피읖 ㅊ치웇

ㅁ. 지석영(1909), '국문연구'
　ㄱ기윽 ㄴ니은 ㄷ디은 ㄹ리을 ㅁ미음 ㅂ비읍 ㅅ시웃 ㅇ이응
　ㅈ지 ㅊ치 ㅋ키 ㅌ티 ㅍ피 ㅎ히

ㅂ. 이민응(1909) 의견 없음.

ㅅ. 권보상(1909), '국문연구'
　ㄱ그 ㄴ느 ㄷ드 ㄹ르 ㅁ므 ㅂ브 ㅅ스 ㅇ으 ㅈ즈 ㅊ츠 ㅋ크 ㅌ트 ㅍ프 ㅎ흐 (초종성)

ㅇ. 주시경(1909), '국문연구' (=11ㄴ)
　1자: ㄱ가 ㄴ나 ㄷ다 ㄹ라 ㅁ마 ㅂ바 ㅅ사 ㅇ아 ㅈ자 ㅎ하 ㅋ카 ㅌ타 ㅍ파 ㅊ차
　2자: ㄱ각 ㄴ난 ㄷ닫 ㄹ랄 ㅁ맘 ㅂ밥 ㅅ삿 ㅇ앙 ㅈ잦 ㅎ핳

ㅁ)은 두 가지 이름을 지니고 있긴 한데, 다른 것들과는 차이를 보인다. 초성자로 올 때 37가지를 설정하고 있는데, 그 숫자도 그렇지만 당시 현실 자음자인지도 의문이다. 다른 것들과 너무 차이가 있고, 실제로 'ㆅ', 'ㅁ' 같이 실제 사용되지 않는 것들이 너무 많기 때문이다. 또한 (16ㄱ)에서 제시된 자음자들과는 동일한 초성자 하더라도 그 이름이 많이 차이 난다. 'ㄱ其 ㅋ器 ㆁ凝 ㄷ地 ㅌ剔 ㄴ尼 ㅈ支 ㅊ侈 ㅅ詩 ㅂ卑 ㅍ披 ㅁ彌 ㆆ衣 ㅎ屎 ㅇ怡 ㄹ离'라고 제시되어 있는데, 기본적으로 이름자로 제시된 한자가 (16ㄱ) 것들과는 많은 차이가 있다. 사실 (16ㅁ)은 당시 사용되던 한글 자모자가 아니라 외국어를 포함하여 어떤 음이든 한글로 나타낼 수 있다는 것을 염두에 둔 다소 이상적인 의견이다.[32]

또한 '초종성통용자 반절음 겸 칭호'라 하여 10가지 이름을 제시하고 있는데, 특이하게 'ㄱ그기윽 ㄴ느니은 ㄷ드디읃 ㄹ르리을 ㅁ므미음 ㅂ브비읍 ㅅ스시읏 ㅈ즈지읒 ㅇ으이응 ㆁ으이ᇰ'처럼 그 명칭이 제시되어 있다. 기본적으로는 '그 느 드 르…' 형식에다가 '기윽, 니은, 디읃, 리을…' 형식을 추가하여 만든 것으로 보인다. 'ㄱ ㄴ ㄷ ㄹ…'에 대하여 '그 느 드 르…' 같은 것들은 발음을 표시한 것이고, 각각의 이름은 '기윽 니은 디읃 리을…'일 가능성이 크다. 이에 더 나아가서 '그기윽 느니은 드디읃 르리을…' 같은 명칭까지 나왔다. 물론 '극 늑 득 륵…' 같은 (16ㄷ)의 명칭까지 파생되었다고 해석할 수도 있을 것이다.

요컨대 자음자의 이름을 하나로 하느냐 둘로 하느냐는 종성 표기를 제한하

ㅋ카ᄏ ㅌ탙 ㅍ팦 ㅊ차ᇰ

[32] 한편, 여러 문헌에서 제시된 초성자 이름이라고 하는 것은 결국 명칭이라기보다는 발음하는 방식을 제시한 것이 아닌가 생각해 볼 수도 있다. (16ㅁ)에 제시된 것들을 보면 더욱 그렇다. 그러나 소리 내는 방식을 명칭으로 삼는다고 해서 이상한 것은 아니다.

느냐 아니면 제한하지 않느냐의 구분이라고 할 수가 잇다. 전자는 형태주의, 후자는 음소주의 차원의 구분이라고도 볼 수 있다. 현재 한글 맞춤법에서는 초성자를 모두 종성자로 사용할 수 있는 형태주의 입장을 견지하고 있다. 그것은 결국 자음자를 초성자 이름, 곧 한 가지로만 해도 충분하다는 것을 뜻한다.

5. 'ㄲ, ㄸ, ㅃ, ㅆ, ㅉ'은 이름이 무엇인가?

지금까지 'ㄱ, ㄷ, ㅅ'의 이름에 대하여 살펴보았다. 기역류, 기윽류, 기류, 그류, 가류 등이 있었다. 그렇다면 'ㄲ, ㄸ, ㅆ'의 이름은 무엇일까? 각각의 이름자에 '쌍-' 자를 붙여서 '쌍기역, 쌍디귿, 쌍시옷'처럼 부를까 아니면 '된-' 자를 붙여서 '된기윽, 된디읃, 된시읏'처럼 부를까?

(17) 'ㄲ, ㄸ, ㅃ, ㅆ, ㅉ' 자음자의 이름(1)

ㄱ. '한글 마춤법 통일안'(1933), 문교부(1988)
　　ㄲ 쌍기역　ㄸ 쌍디귿　ㅃ 쌍비읍　ㅆ 쌍시옷　ㅉ 쌍지읓
ㄴ. 북한 '조선말규범집'(2010)
　　ㄲ 된기윽　ㄸ 된디읃　ㅃ 된비읍　ㅆ 된시읏　ㅉ 된지읒
ㄷ. ㄲ 쌍기윽　ㄸ 쌍디읃　ㅃ 쌍비읍　ㅆ 쌍시읏　ㅉ 쌍지읒
ㄹ. ㄲ 겹기윽　ㄸ 겹디읃　ㅃ 겹비읍　ㅆ 겹시읏　ㅉ 겹지읒

앞에서 살펴본 연구물 가운데 'ㄲ, ㄸ, ㅆ' 등의 이름을 제시한 것은 그리 많지 않다. 그것도 구체적으로 '쌍-' 자를 붙여서 쌍기역, 쌍디귿, 쌍시옷처럼

이름자를 붙인 것은 (17ㄱ) 정도밖에 없다. 이때의 '쌍(雙)'은 한자어로서 두 개라는 뜻을 지니고 있다. 이에 비해 '된-' 자를 붙인 (17ㄴ)의 '된기윽, 된디 은, 된시웃'처럼 이름자를 정한 것은 (17ㄴ) 정도밖에 없다. 이때의 '된-'은 소리 내는 방식 혹은 소리의 성질을 뜻한다. '쌍-'은 뜻을 나타내고 '된-'은 소리 성질을 나타내는 차이가 있다. 한글이 뜻 문자가 아니라 음소 문자라는 사실을 염두에 둔다면 '된기윽' 류가 나은 것 같기는 하나, 문자의 이름을 정한 다는 면에서 'ㄱ'을 두 번 이어서 적었다는 것을 염두에 두면 '쌍-' 자를 붙인 것이 유용할 것이다. 한자어를 피하고자 한다면 차라리 (17ㄹ)처럼 '겹기윽, 겹디은, 겹비읍, 겹시웃, 겹지읓'도 제시할 수 있을 것이다.

글쓴이는 한글의 과학성을 논하면서 '기역, 디귿, 시옷'보다 '기윽, 디은, 시읏'으로 명명해야 자음자의 체계성을 확보할 수 있다고 본다. 그래야 초성에 는 'ㅣ'를 붙이고 종성은 'ㅡ' 밑에 두어서 해당 자음자의 이름을 부여한다는 것이다. 실제로 앞서 본바, 홍희준(1800), 조정순(1846), 지석영(1909), 국문 연구소(1909), 김두봉(1916), 조선말규범집(2010) 등에서 이런 주장을 펼치 고 있다. 이에 따른다면 'ㄲ, ㄸ, ㅆ' 등은 (17ㄷ)에서처럼 '쌍기윽, 쌍디은, 쌍시웃' 등으로, 혹은 (17ㄹ)에서처럼 '겹기윽, 겹디은, 겹시웃' 등으로 부르는 것이 유용할 것이다.

(18) 'ㄲ, ㄸ, ㅃ, ㅆ, ㅉ' 자음자의 이름(2)

ㄱ. 강위(1864), '동문자모분해'
　 ㄱ ㄲ ㅆ ㅆ ㄸ ㄸ ㅂ ㅃ

ㄴ. 북한 국어사정위원회(2010), '조선말규범집'
 자음자의 이름은 각각 다음과 같이 부를수도 있다.
 그 느 드 르 므 브 스 으 즈 츠 크 트 프 흐 끄 뜨 쁘 쓰 쯔

ㄷ. 이능화(1909), '국문연구'
 ㄲ 끼윾   ㄸ 띠읃   ㅆ 씨읈   ㅉ 찌읈

ㄹ. 김두봉(1922), '깁더 조선말본'
 ㄲ 끼윾   ㄸ 띠읃   ㅃ 삐읍   ㅆ 씨읈   ㅉ 찌읈

ㅁ. 홍희준(1800), '화동음원(華東音源)'
 ㄲ끼윽 (群初聲隱劇切)   ㄸ 띠은 (定初聲銀末切)   ㅃ 삐읍 (並初聲邑)   ㅉ 찌읏 (澄初
    聲銀末切)   ㆅ 혜응 (匣初聲凝)

'ㄲ, ㄸ, ㅆ' 자음자 류의 이름으로 많이 알려진 '쌍기역', '된기윽', 그리고
필자가 제시한 '쌍기윽' 혹은 '겹기윽' 이외에도, (18)에서 보듯이 다양한 의견
이 있어 왔다. (18ㄱ,ㄴ)은 '그, 느, 드, 르…'처럼 자음자에 'ㅡ'를 붙인 방식대
로, 'ㄲ, ㄸ, ㅆ' 등에 'ㅡ'를 붙여서 명명하는 방식이다. (18ㄷ,ㄹ)은 '쌍-' 혹은
'겹-'이나 '된-' 자를 사용하지 않고 겹쳐 쓴 'ㄲ, ㄸ, ㅆ' 그대로를 'ㅣ' 앞,
즉 초성과 'ㅡ' 밑, 즉 종성에다가 두어서 명명하는 방식이다. 이에 비해서 (18
ㅁ)은 초성에는 겹문자 'ㄲ, ㄸ, ㅃ, ㅉ'을 두고 종성에는 그냥 'ㄱ, ㄷ, ㅂ'을
적는 방식이다. '끼윽, 띠은, 삐읍, 찌읏'에서 그것을 알 수가 있다. 이때 받침
'ㅅ'은 18-19세기 소위 7종성법에 따라서 대표음으로 사용된 것으로 보인다.
'ㆅ'은 '혜응'으로 부르고 있는데, 'ㆅ'의 음가 'ㅇ'으로 될 수 있는지는 또 다른
문제이다.

(18)의 여러 방식 가운데 (18ㄷ,ㄹ)에서처럼 '끼윾, 띠읃, 씨읐' 방식으로 이름을 붙이는 것이 유용할 수는 있다. 'ㄱ'과 'ㄲ'을 독립적인 문자로 볼 수 있다는 전제에서 가능할 것이다. 그러나 문자 구성이라는 면에서 볼 때 'ㄲ'은 분명 'ㄱ'이 두 번 적혀서 만들어진 것이다. 따라서 문자론적 차원에서 'ㄲ, ㄸ, ㅃ, ㅆ, ㅉ'은 그냥 '쌍기윾, 쌍디읃, 쌍비읍, 쌍시읏, 쌍지읒'으로 명명하거나 혹은 '겹기윾, 겹드읃, 겹시읏, 겹지읒'으로 부르는 게 좋을 것이다.

6. 맺음말

지금까지 한글 자음자의 이름에 대하여 고찰해 보았다. 15세기 중반에 훈민정음이 창제된 이후로 한글 자음자가 어떻게 불려 왔는지 역사적으로 여러 문헌들을 통해서 구체적으로 검토하였고, 특히 현재의 '기역, 디귿, 시옷'이라는 이름의 한계와 다른 여러 가지 이름에 대하여 살펴보면서, 자음자 이름을 둘러싼 여러 가지 논의점을 제기하여 보았다.

1443년에 창제된 훈민정음의 자모자는 이름이 문헌에서 명확하게 제시되지 않았고, 단지 1527년에 '훈몽자회' 범례에서 구체적인 이름이 한자로 제시되었다. '기윾, 니은, 리을, 미음…'처럼 'ㅣ'와 'ㅡ'를 기준으로 해서 앞과 밑에 해당 자음자를 적어서 부르는 방법이 대부분이었다. 그러나 'ㄱ, ㄷ, ㅅ'은 '其役, 池ⓚ, 時ⓚ'으로 제시되어서 이를 '기역, 디귿, 시옷'으로 읽게 되어 그 사정이 현재 '한글 맞춤법'(1988)으로까지 이어지고 있다. 그러나 여러 문헌에서 단지 '기윾, 디읃, 시읏'을 표기할 해당 한자가 없어서 그리된 것이지 한글로 표기하면 '기윾, 디읃, 시읏'으로 나타낼 수 있음을 보여 주고 있다. 특히 개화기 국문연구소에서 보고한 '국문연구의정안'(1909)에서도 '기윽, 디읃, 시읏' 이름을 제시하였다는 사실은 시사하는 바가 크다.

한편 훈민정음 해례에서 'ㄱᄂᆞᆫ. ㄴᄂᆞᆫ, ㄷᄂᆞᆫ, ㅣᄂᆞᆫ' 같은 예를 근거로 하여 자음자의 이름을 '기, 니, 디, 리…' 등으로 'ㅣ'를 붙여서 명명하는 것이 맞다는 의견이 많이 제시되어 왔다. 그러나 이것은 자음자의 발음에 관한 문제이지 자음자 자체의 이름 문제는 아닐 수가 있다. 실제로 '가, 나, 다…' 혹은 '그, 느, 드…'처럼 각 자음자 뒤에 'ㅏ'나 'ㅡ'를 붙여서 명명하자는 의견도 적지 않다. 이런 의견도 모음 가운데 처음 나오는 'ㅏ'를 붙인다거나 자음 자체를 발음 차원에서 'ㅡ'를 붙이는 경우가 많은데, 이를 반영하는 것이라고 보는 것이 맞다. 즉 각 자음자에 'ㅣ', 'ㅏ', 'ㅡ'를 붙이는 명명 방식은 이름보다는 발음하는 방식을 염두에 둔 것이라 볼 수 있다.

자음자의 이름을 초성에 올 때 다르고 종성에 올 때 다르게 제시하는 경우가 있었다. 초종성 모두에 올 때는 '기윽, 니은, 디읃' 식이고 초성에만 올 때는 '기, 니, 디' 식으로 다르게 불러온 것이다. 훈몽자회에서도 초종성의 자음자에서는 'ㄱ其役, ㄴ尼隱, ㄷ池㭆…'로 제시하고 초성에만 올 때는 'ㅋ箕, ㅌ治, ㅍ皮…'로 제시하였는데, 이를 보고 자음자를 두 가지 방식으로 부르는 게 아니냐 하는 주장을 펼칠 수 있다. 그러나 현재 형태주의 차원에서 자음자의 이름을 염두에 둔다고 하면 군이 자음자의 이름을 둘로 볼 필요는 없다. 실제로 '기윽, 디읃' 자체에서 초성에서 올 때와 종성에서 올 때가 드러나 있다. 자음자의 이름은 두 가지가 아니고 한 가지로 보는 것이 유용할 것이다.

한편, 'ㄲ, ㄸ, ㅆ'의 이름을 남한처럼 쌍기역, 쌍디귿, 쌍시옷처럼 '쌍-' 자를 붙이는 경우와 북한처럼 된기윽, 된디읃, 된시읏처럼 '된-'을 붙이는 경우가 있다. '쌍-'은 뜻을, '된-'은 소리 성질을 나타낸다는 차이가 있다. 문자 차원에서 'ㄱ'을 두 번 쓴다는 점을 드러내서 '쌍기윽, 쌍디읃, 쌍시읏' 등으로 명명하는 게 유용할 것이다. 고유어를 사용한다면 '겹기윽, 겹디읃, 겹시읏' 등으로 부를 수도 있을 것이다.

모음자의 이름이 '아, 야, 어, 여…'니까 자음자의 이름도 1음절로 할 가능성이 있다. 1음절로 한다면 과연 어떤 모음자를 자음자 뒤에 붙이는 것이 좋을까? 글쓴이는 잠정적으로 '가나다' 유형이 더욱 체계적이고 실용적이라고 본다. 모음 중에서 가장 먼저 나오기도 하고 개구도도 가장 커서 상대적으로 자음자 소리도 두렷하기 때문이다. 이에 대해서는 3장에서 구체적으로 논해 보도록 한다. 또한 근본적으로 2음절어로 명칭을 정한다고 할 때 하필이면 'ㅣ'와 'ㅡ'를 사용할까? 이 문제도 짚고 넘어가야 할 것이다.

한글의 자음자 이름을 '가, 나, 다...'로 하면 어떨까?

한글의 자음자 이름을 '가, 나, 다...'로 하면 어떨까[1]

1. 머리말

1.1. 문제 제기

---

1) 제3장은 이관규(2024ㄴ)을 그대로 가져온 것임을 밝힌다. 그림은 내용 이해를 위하여 추가하였다. 제3장 내용은 기존의 견해를 벗어나는 파격적인 내용이라서 먼저 학술적 평가를 받고자 하는 글쓴이의 의도가 있었다.

한글은 한류를 주도하면서 한국을 대표하는 문자로 공히 인정받고 있다. 특히 한글은 학자들에 따르면 세계에서 가장 과학적이고 체계적인 문자라고 한다. 그런데 한글의 '기역, 디귿, 시옷'이라는 'ㄱ, ㄷ, ㅅ' 자음자가 지닌 명칭의 비체계성이 꾸준히 지적되어 왔다. 그리하여 '기윽, 디읃, 시읏'으로 다른 것들과 계열을 맞추자는 의견이 합리적인 대안으로 제시되고 있다(국문연구소 1909). 또 다른 주목할 만한 의견으로 15세기 창제 당시의 자모자에 대한 설명 표현을 들어서 '기, 니, 디, 리, 미, 비, 시, 이'처럼 해당 자음자에 'ㅣ'를 붙여서 명칭을 정하는 것이 맞다는 의견도 꾸준히 제시되어 왔다(홍기문 1946, 이기문 1959, 김민수 1980).

주지의 사실이다시피 조선어학회의 '한글 마춤법 통일안'(1933)에서 제안하고 암묵적으로 쭉 시행되다가 정부 문교부 차원에서 나온 '한글 맞춤법'(1988)에서 'ㄱ, ㄷ, ㅅ'의 자음자 명칭을 '기역, 디귿, 시옷'으로 공인하고 있는 실정이다. 이에 비해 북한에서는 김일성종합대학교 내 조선어문연구회의 '조선어 신철자법'(1948)에서 제시한 '기윽, 디읃, 시읏' 방식의 명칭이 현행 '조선말규범집'(2010) 내 '맞춤법' 규정으로 공인되고 있다. 여기에 북한에서는 '그, 느, 드, 르, 므, 브, 스, 으'처럼 'ㅡ'를 아래에 붙이는 이름도 병용하고 있는 실정이다.

이러한 방식 이외에도 '기ㅜ, 그으윽'처럼 이름을 붙이자는 견해나 '게, 가'처럼 자음 글자에 'ㅔ'나 'ㅏ'를 붙여서 이름을 정하자는 견해도 있다. 이외에도 '엘, 엥' 같은 이름을 붙이자는 견해도 있는 등, 자음자의 명칭을 어떻게 정하는 것이 좋은지 다양한 의견이 있다.[2] 크게 보면 자음자 명칭을 2음절로

---

2) 일찍이 전재호(1961)에서는 여러 문헌에서의 다양한 자음자 명칭을 제시한 바 있다. 최근 주목되는 논의가 박창원(2015)에서 이루어졌는데, 거기서는 특히 음절 자음자 명칭의 다양성을 보여 주고 있다. 기타 여러 의견에 대해서는 뒤에서 자세히 살피도록 한다.

할지 1음절로 할지, 아니면 둘 다 허용할지 하는 논의부터 시작하여, 각각의 경우 어떻게 정하는 것이 과학적, 체계적, 교육적일지 이 글에서 검토해 보도록 한다.

그리하여 최종 글쓴이는 자음 글자에 'ㅏ'를 붙이는 방법이 가장 이상적이면서도 실용성이 있다는 것을 이 글에서 제안하고자 한다. 누구나 관심 있는 것이면서도 아무나 제기하기 어려운, 그렇지만 한글살이를 하는 누구에게나 기초적으로 필요한 것이 바로, 한글 자음자의 명칭이기 때문이다.

1.2. 다른 언어의 알파벳 명칭

여러 언어에서 알파벳 명칭은 다양한 양상을 띤다. 예컨대 영어 알파벳을 예로 들어보면 다음과 같이 명칭과 발음이 비슷한 경우가 많긴 하지만 차이가 있는 경우도 있다. 또 일관성 있는 하나의 기준으로 그 명칭이 제시되어 있지 않은 경우도 있다.

〈표 3-1〉 영어 알파벳의 명칭과 발음[3]

알파벳	알파벳 명칭	발음	알파벳	알파벳 명칭	발음
A	a	/eɪ/	M	emm	/ɛm/
B	bee	/biː/	N	enn	/ɛn/
C	cee	/siː/	O	o	/oʊ/
D	dee	/diː/	P	pee	/piː/
E	ee	/iː/	Q	cue	/kjuː/
F	eff	/ɛf/	R	arr	/ɑr/

---

3) 이 도표는 아래의 위키백과 사이트에서 가져온 것임을 밝힌다.
   https://ko.wikipedia.org/wiki/%EC%98%81%EC%96%B4_%EC%95%8C%ED%8C%8C%EB%B2%B3

알파벳	알파벳 명칭	발음	알파벳	알파벳 명칭	발음
G	gee	/dʒiː/	S	ess	/ɛs/
H	aitch	/eɪtʃ/	T	tee	/tiː/
	haitch (아일랜드 영어)	/heɪtʃ/	U	u	/juː/
	hetch (인도 영어)	/hɛtʃ/	V	vee	/viː/
I	i	/aɪ/	W	double-u	/'dʌbəl juː/
J	jay	/(d)ʒeɪ/	X	ex	/ɛks/
	jy (스코틀랜드 영어)	/dʒaɪ/	Y	wy 또는 wye	/waɪ/
	jod (지브롤터 영어)	/ʒɒd/	Z	zed	/zɛd/
K	kay	/keɪ/		zee (미국 영어)	/ziː/
L	ell	/ɛl/		izzard (잉글랜드 영어의 방언)	/'ɪzəd/

〈표 3-1〉에서 보듯이 음소 문자인 영어 로마자는 기본적으로 'O, U'와 같이 모음자의 소리가 바로 그 명칭이 되곤 한다. 그런데 자음자의 경우는 'B, C, D'에서 보듯이 각 문자에 'ee', 즉 소리로 하면 [ㅣ]를 넣고 있다. 또 특이하게 'F, L, M, N, S, X' 같은 경우는 각 문자 앞에 'e', 즉 소리로 하면 [ㅔ]를 넣고 있다.

이뿐 아니라 'R'은 앞에 'a', 즉 소리로 [ㅏ]를 추가하고 있으며, 'W'는 더욱이 본래 소리는 [ㅜ]인데, 그냥 형태를 따라 'double-u'라고 명명하고 있다. 물론 지역 방언에 따라서 'H, J, Z'는 서로 다른 명칭을 보이고 있다. 더구나 'H' 같은 경우는 'aitch, haitch' 같이 3음절로 된 명칭과 'hetch'와 같은 2음절 명칭이 지역 차이긴 하나 함께 사용되고 있다. 'Z'는 더욱 차이가 큰데, 'zed, zee, izaard'처럼 음절 수도 그렇고 명칭 부여 조건도 차이를 보이고 있다. 이처럼 전반적인 자모자의 다양한 명칭을 볼 때, 결국 하나의 기준으로 명명되지는 않음을 알 수가 있다. 왜 이런 결과가 나올까? 현재로선 관습적인 결과라고밖에 말할 수 없다.

〈표 3-2〉 독일어 알파벳의 명칭과 발음[4]

알파벳		이름	IPA	알파벳		이름	IPA
대문자	소문자			대문자	소문자		
A	a	aː	[ɑ]	O	o	oː	[o], [ɔ]
Ä	ä	A-umlaut	[ɛ]	Ö	ö	O-umlaut	[ø], [œ]
B	b	beː	[b], [b̥](모음 앞), [p] (낱말 끝)	P	p	peː	[p]
C	c	tseː	언제나 다른 자음과 함께	Q	q	kuː	[kv] (언제나 모음과 함께)
D	d	deː	[d], [d̥](모음 앞), [t] (낱말 끝)	R	r	ɛr	[r], [R] ,[ʁ]
E	e	eː	[e]	S	s	ɛs	[s], [z]
F	f	ɛf	[f]	ß	ß	ɛs-tsɛt	[s]
G	g	geː	[g], [ʒ](모음 앞), [k] (낱말 끝)	T	t	teː	[t]
H	h	haː	[h]	U	u	u	[u], [ʊ]
I	i	iː	[i]	Ü	ü	U-umlaut	[y], [ʏ]
J	j	jɔt	[j] (언제나 모음과 함께)	V	v	faʊ	[f]
K	k	kɑː	[k]	W	w	veː	[v]
L	l	ɛl	[l]	X	x	iks	[ks]
M	m	ɛm	[m]	Y	y	ˈypsilɔn	[y]
N	n	ɛn	[n]	Z	z	tsɛt	[d̥z, t̂s]

일반적으로 독일어는 아주 체계적이고 과학적인 언어로 알려져 있다. 그런데 독일어의 알파벳 명칭도 일관된 하나의 기준으로 명명되어 있지는 않다. 모음자, 곧 'A, E, I, O, U'의 다섯 개 모음은 발음대로 이름이 정해져 있다. 그런데 같은 모음자인데도 'V, W, Y'는 그렇지 않다. 'V'는 발음은 [f]인데 이름은 'fao'이고, 'W'는 발음은 [v]인데 이름은 'veː'이고 더욱이 'Y'는 발음은 [y]이지만 이름은 "ypsilɔn'이다. 'V, W'는 명칭과 소리가 약간 유사성이 있으나 'Y'는 완전히 다르다. 한편 같은 모음이지만 소위 움라우트 모음자는 또 사정이 다르다. 소위 움라우트 문자들인 'Ä', 'Ö', 'Ü'은 각각 'A-umlaut',

---

4) 이 도표는 아래의 위키백과 사이트에서 가져온 것임을 밝힌다.
https://ko.wikibooks.org/wiki/%EB%8F%85%EC%9D%BC%EC%96%B4_%EC%9E%85%EB%AC%B8/%EC%95%8C%ED%8C%8C%EB%B2%B3

'O-umlaut', 'U-umlaut'라고 명명하면서, [ɛ], [ø]/[œ], [y]/[ʏ]로 발음하고 있는데, 결국 문자의 형태 그 자체가 이름으로 되어 있는 형국이다.

이에 비하여 자음자는 일정한 규약이 있는 듯하다. 'B, C, D, G, T' 자음자는 각각에 [eː]를 붙여서 명명하고 있다. (엄밀히는 C는 일정한 조건 아래에서 [tseː]로 명명되고 있어서 차이가 있다.) 한편 'F, L, M, N, R, S, T'는 각 자음자 앞에 [ɛ]를 넣어서 명명하고 있다. 특이하게 'H'는 뒤에 'a'를 붙여서 'haː'라고 명명하고 있다.

'ß'는 발음은 [s]이지만 이름은 'ɛs-'tsɛt'로 정해져 있다. 'X'는 'iks', 'Z'는 'tsɛt'로 명명되어 있으나 각각은 [ks], [ʣ]/[ʦ]로 소리 나고 있다. 이런 일련의 비체계성은 역시 관습적인 결과로 보인다.

〈표 3-3〉 일본어 알파벳의 명칭과 발음(히라가나 50음도)[5]

50음도					
	あ단	い단	う단	え단	お단
あ행	あ a 아	い i 이	う u 우	え e 에	お o 오
か행	か ka 카	き ki 키	く ku 쿠	け ke 케	こ ko 코
さ행	さ sa 사	し shi 시	す su 스	せ se 세	そ so 소
た행	た ta 타	ち chi 치	つ tsu 츠	て te 테	と to 토
な행	な na 나	に ni 니	ぬ nu 누	ね ne 네	の no 노
は행	は ha 하	ひ hi 히	ふ fu 후	へ he 헤	ほ ho 호

---

5) 이 도표는 아래의 위키백과 사이트에서 가져온 것이다.
  https://ko.wikipedia.org/wiki/%ED%9E%88%EB%9D%BC%EA%B0%80%EB%82%98

50음도					
	あ단	い단	う단	え단	お단
ま행	ま ma 마	み mi 미	む mu 무	め me 메	も mo 모
や행	や ya 야		ゆ yu 유		よ yo 요
ら행	ら ra 라	り ri 리	る ru 루	れ re 레	ろ ro 로
わ행	わ wa 와	ゐ wi 이		ゑ we 에	を wo 오
					ん n -ㄴ

일본어의 알파벳은 모음자의 경우 5단 구성, 즉 'あ, い, う, え, お'(ㅏ, ㅣ, ㅜ, ㅔ, ㅗ) 단과, 10행 구성, 즉 'あ, か, さ, た, な, は, ま, や, ら, わ'(아, 카, 사, 타, 나, 하, 마, 야, 라, 와) 행으로 이루어져 있다. 모음은 5모음 체계를 이루고 있으며, 자음은 반드시 해당 모음과 결합하여 받침자 없이 실제 사용되고 있다. 이 가운데 'や, わ'는 일종의 반자음 역할을 하는 것으로 이해할 수 있다.

결국 일본어 알파벳의 자음자 명칭은 5단과 10행의 결합에 의해서 받침 없이 하나의 음절로 이루어지는 것을 알 수가 있다. 즉 모음자는 혼자서 사용될 수 있고 이름도 홀로 사용되는 그대로 유지되고 있고, 자음자는 분명 존재하지만 따로 명명되어 있지는 않고 있다. 단지 'ん'(n)은 끄트머리에 울림을 표시하는 역할을 하는 일종의 자음으로 볼 수 있으며, 역시 따로 명명하지는 않지만, 한국어로는 [ㄴ] 정도의 소리를 지닌다고 볼 수 있다.

요컨대, 영어와 독일어의 알파벳 명칭은 오랜 역사 속에서 관습적으로 만들어진 것이며, 약간이나마 'ㅣ'나 'ㅔ'의 도움을 받아서 자음자 명칭이 이루어진다는 것을 확인할 수 있었다. 그런데 일본어 알파벳은 자음자 단독의 명칭은 없으며, 반드시 'ㅏ, ㅣ, ㅜ, ㅔ, ㅗ'라고 하는 단모음자와 각 자음자의 결합으로 불린다는 것을 알 수 있다.

2. 자음자 이름의 설정 기준과 유형

2.1. 자음자 이름의 설정 기준

한글은 과학적이고 체계적인 문자로 알려져 있다. 한글이 자음자와 모음자로 이루어져 있는데, 이것들이 과학적이고 체계적으로 만들어졌다는 것이다. 자음자와 모음자의 형성 원리 차원에서 볼 때, 인간의 발성 기관을 본떴다거나 천지인 삼재(三才)를 본떠서 만들었다거나 하는 말들이 바로 그것이다. 이것들의 이름을 보아도 그런 성격을 엿볼 수 있다. 모음자의 이름을 보면 'ㅏ, ㅑ, ㅓ, ㅕ, ㅗ, ㅛ, ㅜ, ㅠ, ㅡ, ㅣ' 같은 것들의 이름이 '아, 야, 어, 여, 오, 요, 우, 유, 으, 이'라고 하는 데서 그 얼마나 과학적이고 체계적인지 알 수가 있다.

그런데 '한글 맞춤법'(1988)의 현행 자음자들의 이름은 그렇다고만은 말할 수 없다. 'ㄱ, ㄴ, ㄷ, ㄹ, ㅁ, ㅂ, ㅅ, ㅇ, ㅈ, ㅊ, ㅋ, ㅌ, ㅍ, ㅎ' 같은 자음자들의 이름이 '기역, 니은, 디귿, 리을, 미음, 비읍, 시옷, 이응, 지읒, 치읓, 키읔, 티읕, 피읖, 히읗'으로 되어 있다. 이것들은 '기역, 디귿, 시옷'을 제외하고 나머지들은 'ㅣ'와 'ㅡ'를 기준으로 해서 초성과 종성 부분에 해당 자음자를 놓아서 명명하고 있다. 일견 과학적이고 체계적이라고 말할지 모르겠으나, 세 개의 예외적인 것은 설명할 수가 없고, 근본적으로 왜 'ㅣ'와 'ㅡ'를 사용하여 2음절로 명명을 하고 있는지 어디에도 밝혀진 바가 없다. 즉 현행 자음자의 이름은 결코 과학적이지도 체계적이지도 않다는 것이다.

따라서 이 글에서는 한글이 과학적이고 체계적인 문자라는 것을 입증하는 지름길이 자음자의 이름부터 과학적이고 체계적으로 정할 때 시작한다고 보고, 그렇게 하기 위해서는 어떻게 자음자의 이름을 정하는 것이 좋을지 논하고 또 새로운 의견을 제안하고자 한다. 즉 자음자 이름은 과학성과 체계성을 지녀야 하며 한 가지 더 중요한 것으로 교육을 위해서라도 용이성을 기본적으로 갖추어야 한다고 주장할 것이다.

첫째, 한글 자음자 이름은 체계성을 지닐 필요가 있다. 이것은 전술한바 '기역, 디귿, 시옷'과 같은 현행 'ㄱ, ㄷ, ㅅ' 자음자의 이름이 '기윽, 디읃, 시읏'으로 되어야 한다는 것을 염두에 둔 것이다. 물론 이것은 최세진의 훈몽자회(1527)에 나타난 명칭이 완전하다는 전제에서 하는 말이다.6) 이렇게 하면 'ㅣ'와 'ㅡ'를 사용한 자음자 명칭이 일관성이 있어서 체계성을 확보한다는 논리이다. 그리하면 '니은, 리을, 미음, 비읍...' 등처럼 예외 없이 체계성을 확보하게 된다. 그런데 이런 체계성은 해당 자음자에다가 'ㅣ, ㅡ, ㅏ' 같은 모음자를 붙인 '기, 니, 디, 리...', '그, 느, 드, 르...', '가, 나, 다, 라...' 등 명칭에서도 완전히 확보될 수 있다. 사실 'ㅣ'와 'ㅡ'를 갖고 명칭을 붙인다는 것은 왜 그런 것인지 알 수가 없다. 그렇게 하기보다는 모음자 이름처럼 그냥 각 자음자에 모음 하나를 붙이면 더 과학적이고 체계적이지 않을까?

둘째, 자음자 이름은 과학성을 갖출 필요가 있다. 이것은 단순히 'ㅣ'와 'ㅡ'를 사용하여 자음자 이름을 정하는 것이 어떤 근거에 의한 것이냐는 문제를 제기하는 것이다. 최세진의 훈몽자회(1527) 표기에 따른 '기역, 디귿, 시옷'은

---

6) 한글 자음자의 명칭을 논할 때 훈몽자회(1927)의 언문자모 내용을 갖고 하는 것이 일반적이다. 방종현(1932), 최현배(1961), 도수희(1971), 국어연구소(1985), 왕문용(1998), 채완(1999), 리의도(2003), 김슬옹(2012), 홍윤표(2013), 김유범(2023) 등 모두 그렇다.

'으, 은, 읏'에 대응하는 한자가 없었기 때문이지 본래 이름이 그랬었다는 과학적인 근거가 부족하다. 물론 'ㅣ'는 15세기 종성 자음자를 설명할 때 사용되었다. 이에 근거하여 초성 자음자를 설명할 때도 'ㅣ'가 사용되었다고 추정하곤 한다(홍기문 1946, 김민수 1983 등). 그렇지만 두 번째 음절에서 'ㅡ'가 왜 사용되었는지는 어떠한 과학적인 근거도 찾을 수가 없다.

셋째, 자음자 이름은 용이성이 꼭 필요하다. 용이성이란 말 그대로 어렵지 아니하고 매우 쉬운 성질을 말한다. 한글을 배울 때 아주 쉬워야 하는 것은 당연하다. 사실 '기역, 디귿, 시옷'은 물론이고 '기윽, 디은, 시읏'이라는 것도 그리 쉽지는 않다. 앞서도 보았지만 왜 'ㅣ'와 'ㅡ'를 사용하는지 납득이 되지 않기 때문이다.

이와 같은 체계성, 과학성, 용이성 외에 전통성, 실용성, 교수학습성 같은 것도 설정 기준으로 생각해 볼 수 있다. 전통성이란 과거에 사용되었던 것을 계승한다는 특성으로, 동일한 조건이라면 가능한 한 과거의 것을 따른다는 의미다. 실용성과 교수학습성은 앞서 용이성과 일맥상통하는 특성이다. 쉬우니까 실제적으로 많이 사용될 수 있고 또 교육 현장에서도 유용할 수 있는 것이다. 이외에도 무표성, 보편성, 유기성을 들기도 한다(박창원, 2015 참조). 무표성은 예컨대 발음의 편의와 음운 인지의 조화를 염두에 둔 것이며, 보편성은 다른 언어의 일반 문자들에서도 많이 사용되는 것을 택한다는 것이며, 유기성은 자음자와 모음자 이름이 서로 유기적으로 관련된 것이 좋다는 것이다.[7]

---

7) 박창원(2015)에서는 자음자 이름을 설정할 때 기준으로 전통성, 체계성, 무표성, 보편성, 유기성을 제시한 바 있다. 전통성은 훈몽자회(1527) 이래로 내려온 자음자 이름의 전통을 잇는 게 좋다는 것으로 최소 변화와 합리성의 조화를 추구한 것이고, 체계성은 공시적으로 일관된 체계여야 한다는 것이다. 결국 통시적인 면과 공시적인 면을 두루 균형을 맞춘다는 것이다. 어차피 자음자는 홀로 이름이 정해질 수 없는 것이니 함께 사용되는 모음자는 "모음 중에서 가장 무표적이어서 조음하기 편이고, 두루 사용되는 보편성을 가지고 있고, 자주

2.2. 자음자 이름의 유형

여기서는 자음자의 이름으로 논의되어 왔던 것들을 간략히 유형별로 제시해 보면서, 자음자 이름을 설정할 때 고려해야 할 점들을 살펴보도록 한다. 그동안 자음자의 이름으로 거론되어 온 것들은 크게 '기역, 기윽, 기, 그, 가' 유형이라고 할 수 있다. 거기에다가 종성 받침에 나타나는 것을 따로 이름 붙일 것인지 아니면 초종성 위치의 것을 구분하지 않고 하나로 할 것인지로 나뉘기도 한다.

(1) '기역, (키)'

ㄱ. 최세진(1527), '훈몽자회', 범례 언문자모 – 기역, (키)
　ㄱ其役 ㄴ尼隱 ㄷ池(末) ㄹ梨乙 ㅁ眉音 ㅂ非邑 ㅅ時(衣) ㆁ異凝 (초성종성통용팔자)
　ㅋ(箕) ㅌ治 ㅍ皮 ㅈ之 ㅊ齒 ㅿ而 ㅇ伊 ㅎ屎 (초성독용팔자)

ㄴ. 조선어학회(1933), '한글 마춤법 통일안' – 기역
　ㄱ 기역　ㄴ 니은　ㄷ 디귿　ㄹ 리을　ㅁ 미음　ㅂ 비읍　ㅅ 시옷
　ㅇ 이응　ㅈ 지읒　ㅊ 치읓　ㅋ 키읔　ㅌ 티읕　ㅍ 피읖　ㅎ 히읗
　ㄲ 쌍기역　ㄸ 쌍디귿　ㅃ 쌍비읍　ㅆ 쌍시옷　ㅉ 쌍지읒

(1)은 현행 '기역, 니은, 디귿, 리을, 미음, 비읍, 시옷, 이응' 명칭의 근거를

사용되는 기능성을 가지고 있는 것으로 선택해야"(박창원, 2015:38) 한다고 무표성을 제시하면서, 발음 편의와 음운 인지의 조화가 필요함을 말하고 있다. 더불어 자음과 모음 이름의 유기적인 성격을 보이는 유기성과 다른 언어에서도 일반적으로 많이 발견할 수 있는 모음을 선택하여 범어적인 보편성을 가져야 한다고 말하고 있다.

제공한 규정의 내용이다. (1ㄱ)에서 다른 것들은 'ㅣ'와 'ㅡ'를 이용하여 이름을 부여하고 있는데 'ㄱ, ㄷ, ㅅ'은 해당 '기윽, 디은, 시읏'을 나타내는 한자가 없어서 각각 '其役, 池⑧, 時⑧'으로 그 이름을 제시하고 있다. (1ㄴ)은 이에 근거하여 각각 '기역, 디귿, 시옷'으로 이름을 정하고 있다. 현재 남한에서 사용되는 문교부(1988)의 자음자 명칭은 이렇게 정해져 있다. 결과적으로 현행 자음자 명칭은 체계적이지도 않고 과학적이지도 않다. 물론 한글 학습자들이 배울 때 너무 많은 어려움이 있다.8)

(2) '기, (역), 극'

ㄱ. 유희(1824), '언문지'

ㄱ其 ㄴ尼 ㄷ池 ㄹ梨 ㅁ眉 ㅂ非 ㅅ時 ㅇ異 ㅋ箕之俚釋 ㅌ治 ㅍ皮 ㅈ之 ㅊ齒 ㅎ屎
ㅸ別有吹脣 (訓民正音十五初聲)

ㄱ役 ㄴ隱 ㄷ末之俚釋 ㄹ乙 ㅁ音 ㅂ邑 ㅅ衣之俚釋 ㅇ凝 (正音通釋終聲八韻)

ㄴ. 유길준(1908), '대한문전'

父音 17자: ㄱ극 ㄴ는 ㄷ들 ㄹ를 ㅁ믐 ㅂ븝 ㅅ슷 ㅇ응 ㅈ즛 ㅊ츷 ㅋ큭 ㅌ틑 ㅍ픞
ㅎ흫 ㆆ ㅿ

ㆁ (주의: 最下三者는近時에使用치아니ㅎ는者이라)

이에 비하여 자음자 이름을 해당 자음자에다가 'ㅣ'를 붙이는 논의들이 있

---

8) 정인호가 편술한 '최신 초등소학'(1908)에서는 아래와 같이 자음자의 이름을 보이고 있다. 'ㄱ기역'이라고 한 것이 특이하며 'ㄷ디읏', 'ㅅ시읏'이라고 하여 'ㅣ', 'ㅡ' 역할과 종성에서의 'ㅅ' 역할을 보이고 있다. '기역'이라고 'ㄱ' 이름을 붙인 것은 복합 모음자를 피하고자 한 의도로 보인다. 거기에서 보인 자음자 이름은 아래와 같다.
   ㄱ 기역 ㄴ 니은 ㄷ 디읏 ㄹ 리을 ㅁ 미음 ㅂ 비읍 ㅅ 시읏 ㅇ 이응

다. (2ㄱ)에서는 'ㄱ, ㄴ, ㄷ, ㄹ, ㅁ, ㅂ, ㅅ, ㅇ'을 각각 '其, 尼, 池, 梨, 眉, 非, 時, 異'로 표시하고 있다. 이는 결국 자음자의 이름을 '기, 니, 디, 리, 미, 비, 시, 이'로 설정한다는 것을 말한다. 사실 앞의 (1ㄱ)에서는 초성에만 쓰이는 8자라 하여 'ㅋ(箕), ㅌ治, ㅍ皮, ㅈ之, ㅊ齒, ㅿ而, ㅇ伊, ㅎ屎'를 제시하고 있는데, 이것이 바로 '키, 티, 피, 치, ㅿ], 이, 히'로 이름을 정한다는 뜻을 포함하고 있다. 실제로 홍기문(1946), 김민수(1980), 홍윤표(2013) 등에서는 15세기 자음자의 이름은 '기, 니, 디, 리, 미, 비, 시, 이 ; 키, 티, 피, 지, 치, ㅿ], 이, 히' 등이라고 말하고 있기도 하다.9)

그렇다면 (2ㄱ)에 있는 다른 예들은 어떻게 설명할 수 있는가? 종성에 나타나는 'ㄱ, ㄴ, ㄷ'에 대하여 'ㄱ役, ㄴ隱, ㄷ末之俚釋'라고 되어 있는데, 그럼 'ㄱ'은 '역', 'ㄴ'은 '은'이 이름이고 'ㄷ'은 '末'의 속음 뜻인 '귿'(끝)이 이름이라는 말인가? 이 표현들은 'ㄱ, ㄴ, ㄷ, ㄹ, ㅁ, ㅂ, ㅅ, ㅇ'이 종성에서 나올 때 어떤 식으로 나오는지 보인 용례라고 보는 것이 맞을 듯하다. 그 어떤 자료에서도 이것들의 이름이 '역, 은, 귿' 등으로 제시된 것은 찾아볼 수 없기 때문이다.

한편 (2ㄴ)에서는 자음자를 부음(父音)이라 하여 17자를 제시하고 있는데 뒤의 'ㆆ, ㅿ, ㆁ'은 사용하지 않는다고 했으니, 결국 14자이다. 이때 이것들의 이름이 '극, 는, 듣' 식으로 해서 초성과 종성의 중간에 'ㅡ'에 해당 자음자를 놓고서 명명한 것이 눈에 띈다. 그러면서 뒤의 'ㆆ, ㅿ, ㆁ'은 명명을 하지 않고

---

9) 물론 홍기문(1946) 등에서는 (1ㄱ)의 근거뿐이 아니라 구체적으로 아래 예를 들어서 '자음자 +]'를 이름으로 봐야 한다고 말하고 있다. 조사로 'ㄱ' 다음에 조사 '는'이 온 것은 '기' 뒤에 중성 모음 ']'나 양성 모음이 와야 하는데, 'ㅋ(箕) ㅌ治 ㅍ皮 ㅈ之 ㅊ齒 ㅿ而 ㅇ伊 ㅎ屎' 용례를 볼 때 ']'가 오는 것이 맞다고 보는 것이다.
　ㄱ는 엄쏘리니 君ㄷ字 처섬 펴아나는 소리 ㄱ트니
　ㆍ는 呑ㄷ字 가온딧소리 ㄱ트니라
　ㅡ는 即字 가온딧소리 ㄱ트니라

있다(이기문, 1963:140-141).

(3) '기윽, (그)'

ㄱ. 국문연구소(1909), '국문연구의정안' - 기윽

ㅇ이응 ㄱ기윽 ㄴ니은 ㄷ디읃 ㄹ리을 ㅁ미음 ㅂ비읍 ㅅ시읏

ㅈ지읒 ㅎ히읗 ㅋ키읔 ㅌ티읕[10] ㅍ피읖 ㅊ치읓

ㄴ. 북한 '조선말규범집'(2010)의 '맞춤법' - 기윽, 그

ㄱ(기윽) ㄴ(니은) ㄷ(디읃) ㄹ(리을) ㅁ(미음) ㅂ(비읍) ㅅ(시읏) ㅇ(이응) ㅈ(지읒) ㅊ(치읓) ㅋ(키읔) ㅌ(티읕) ㅍ(피읖) ㄲ(된기윽) ㄸ(된디읃) ㅃ(된비읍) ㅆ(된시읏) ㅉ(된지읒)

자음자의 이름은 각각 다음과 같이 부를수도 있다.

(그) (느) (드) (르) (므) (브) (스) (으) (즈) (츠) (크) (트) (프) (흐) (끄) (뜨) (쁘) (쓰) (쯔)

가장 주목받고 있는 자음자 이름은 (3)에 있는 '기윽, 디읃, 시읏' 유형이다. 개화기 학부에 설치된 국문연구소에서 8명의 당시 대표적인 연구가들이 23차례에 걸쳐 회의를 한 결과물 가운데 하나가 바로 (3ㄱ)이다. (1ㄱ)에서도 보았지만 16세기 최세진이 판단할 때 '기윽, 디읃, 시읏'을 표기할 한자가 없어서 부득불 '其役, ㄷ池㊄, ㅅ時㊂'으로 나타낸 것이며, 한글로 명칭을 표기할 때는 전혀 문제가 없다는 것이다.

여기서 알 수 있는 또 한 가지 중요한 사실은 초성자와 종성자 이름을 따로

10) 원문에는 '키읕'으로 되어 있으나 '티읕'의 오자로 판단된다.

나누지 않았다는 점이다. 즉 자음자의 이름은 실현 위치의 문제가 아니라 자음자 그 자체라는 것이다. 초성자와 종성자를 모두 함께 사용한다는 받침 글자의 다양화를 인정한 결과가 바로 (3ㄱ)이다.11) 종성에 초성의 모든 자음자를 사용한다는 이러한 입장은 현재 남한이나 북한이나 동일하다. '기윽, 디은, 시읏' 유형을 받아들인 북한의 현행 규정 내용은 (6ㄴ)에서 볼 수 있다. 그런데 특이하게 (3ㄴ)에서는 '그 느 드 르 므 브 스 으'와 같이 자음자에 'ㅡ'를 붙인 이름도 함께 받아들이고 있다. 하나의 자음자에 두 개의 이름을 부여한 셈이다.

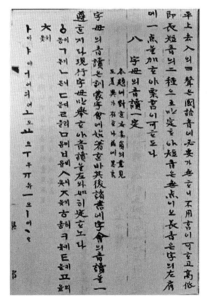

〈그림 3-1〉 국문연구소(1909),
국문연구의정안

---

11) 일찍이 홍희준(1800)의 '화동음원(華東音源)'에서도 이런 입장을 받아들이고 있다. 그런데 거기서는 '끼윽, 삐읍, 찌읏, 치읏, 키윽, 티은, 피읍, 히응' 등도 제시하고 있어서 현재와는 차이를 보인다.

ㄱ 기윽 (岐銀劇切) ㄲ 끼윽 (群初聲隱劇切) ㄴ 니은 (尼隱) ㄴ 니은 (孃初聲銀) ㄷ 디은 (地銀末切) ㄸ 띠은 (定初聲銀末切) ㄹ 리을 (離乙) ㅁ 미음 (麼音) ㅂ 비읍 (卑邑) ㅃ 삐읍 (並初聲邑) ㅅ 시읏 (詩銀末切) ᄼ 시읏 (審初聲銀末切) ㅇ 이응 (伊凝) ㅈ 지읏 (支銀末切) ᅎ 지읏 (知初聲銀末切) ᅐ 지읏 (照初聲銀末切) ㅉ 찌읏 (澄初聲銀末切) ᅏ 찌읏 (從初聲銀末切) ᅑ 찌읏 (牀初聲銀末切) ㅊ 치읏 (鴟末切) ᅔ 치읏 (徹初聲銀末切) ᅕ 치읏 (穿初聲銀末切) ㅋ 키윽 (溪初聲銀劇切) ㅌ 티은 (透初聲銀末切) ㅍ 피읍 (誠邑) ㅎ 히응 (屎凝) ㆅ 혜응 (匣初聲凝) ㆁ 이응 (疑初聲凝) ㆆ 히응 (影初聲凝) ㅿ 싀응 (日初聲凝) ㅱ 미응 (微初聲凝) ㅸ 비응 (非初聲凝) ㅹ 삐응 (奉初聲凝) ㆄ 피응 (敷初聲凝)

77

(4) ‘그, 기윽, 그윽’

ㄱ. 권보상(1909), ‘국문연구’ – ‘그’

ㄱ그 ㄴ느 ㄷ드 ㄹ르 ㅁ므 ㅂ브 ㅅ스 ㅇ으 ㅈ즈 ㅊ츠 ㅋ크 ㅌ트 ㅍ프 ㅎ흐 (초종성통용)

ㄴ. 강위(1864), ‘동문자모분해’ – ‘그, 기윽’

ㆁᅌᅳ ㅎ흐 ㄱ그 ㄲ끄 ㅋ크 ㅅ스 ㅆ쓰 ㄴ느 ㄷ드 ㄸ뜨 ㅌ트 ㄹ르 ㅁ므 ㅂ브 ㅃ쁘 ㅍ프 (초성 16자)[12)]

ㄱ기윽 ㄴ니은 ㄷ디읃 ㄹ리을 ㅁ미음 ㅂ비읍 ㅅ시읫 ㆁ이ᅌᅳᆼ (종성 8자)

ㄷ. 리봉운(1897), ‘국문졍리’ – ‘그, 그윽’

ㄱ그 ㅇ응 ㅎ흐 ; ㅅ스 ㅈ즈 ㅊ츠 ; ㅋ크 ; ㄴ느 ㄷ드 ㄹ르 ㅌ트 ; ㅁ므 ㅂ브 ㅍ프 (좌모ᄌᆞ)

ㄱ ᅟᅳᆨ ㄴ ᅟᅳᆫ ㄷ ᅟᅳᆮ ㄹ ᅟᅳᆯ ㅁ ᅟᅳᆷ ㅂ ᅟᅳᆸ ㅅ ᅟᅳᆺ ㅣ이 ㅇ ᅟᅳᆼ (죵셩)

ㄱ그윽 ㄴ느은 ㄷ드읏 ㄹ르을 ㅁ므음 ㅂ브읍 ㅅ스읏 ㅣ이 ㅇ으응 (쟝음반절규식)

‘기역, 기윽’이 두 음절 이름임에 비해서 ‘기, 그’는 한 음절로 된 이름이다. 모음자 이름이 ‘아, 이, 우, 에, 오’처럼 한 음절로 되어 있음을 볼 때 이들 ‘기, 그’ 이름은 주목된다. 특히 ‘그’는 앞서 (3ㄴ)에서 보듯이 현재 북한에서 자음자 이름으로 사용되고 있기도 하다. (4ㄱ)에서 보듯이 개화기 국문연구소 위원이었던 권보상(1909)은 초종성통용 자음자의 이름으로 ‘그, 느, 드...’ 유형을 제안했다. 이런 의견은 일찍이 (4ㄴ)에서 보듯이 강위(1864)에서 제시된 바 있었다. 단 여기서는 종성자에 한해서 ‘기윽, 니은, 디읃’ 유형을 제시하였

12) (4ㄴ) 강위(1864)에서 ‘ㅈ, ㅊ’에 대하여는 이름자가 제시되어 있지 않다. 또한 ‘ㅅ’의 이름이 ‘시읏’이 아니라 ‘시의’로 나와 있는데, 이것은 ‘衣’의 뜻이 아닌 한자음을 실수로 그대로 둔 듯하다.

다.13) (4ㄷ)의 리봉운(1897)에서는 초성자에는 '그, 느, 드, 르' 형을 제시하고 종성자에는 'ㄱ 윽, ㄴ 은 ㄷ 읃 ㄹ 을' 형을 제시하였는데, 결국 묶어서 'ㄱ그윽 ㄴ느은 ㄷ드읏 ㄹ르을 ㅁ므음 ㅂ브읍 ㅅ스웃 ㅣ이 ㅇ으응'을 제시하고 있다. 여기서 'ㅣ이'는 소위 '딴이'라고 하는 것을 지칭한다.14) 첫 음절자에서도 'ㅡ'를 사용하고 둘째 음절자에도 'ㅡ'를 사용하고 있어서, 종래의 'ㅣ', 'ㅡ' 사용과는 차이를 보인다.

(5) '가, (기역), 각' 15)

ㄱ. 정행 편(1869), '일용작법'(僧家日用食時默言作法)

　ㄱ其役 ㄴ尼隱 ㄷ池末 ㄹ而乙 ㅁ眉音 ㅂ非邑 ㅅ示衣 ㅣ而 ㅇ行 (초종성통용팔자)

　ㄱ可 ㄴ那 ㄷ多 ㄹ羅 ㅁ馬 ㅂ婆 ㅅ沙 ㅇ阿 ㅈ自 ㅊ此 ㅌ他 ㅋ佉 ㅍ波 ㅎ河

ㄴ. 주시경(1909), '국문연구' - '가, 각'

　1자: ㄱ가 ㄴ나 ㄷ다 ㄹ라 ㅁ마 ㅂ바 ㅅ사 ㅇ아 ㅈ자 ㅎ하 ㅋ카 ㅌ타 ㅍ파 ㅊ차

　2자: ㄱ각 ㄴ난 ㄷ닫 ㄹ랄 ㅁ맘 ㅂ밥 ㅅ삿 ㅇ앙 ㅈ잦

　　　ㅎ핳 ㅋ캌 ㅌ탙 ㅍ팦 ㅊ찿16)

---

13) 강위(1864)의 '동문자모분해'에 대한 자세한 분석 및 설명은 권재선(1986), 김민수(1981)를 참고할 수 있다.

14) '딴이'의 성격에 대해서는 논란이 많다. 이에 대해서는 7장에서 자세히 살피고자 한다.

15) 석범 조정순의 '언음첩고'(1846)에서는 상권의 '언음첩고목차'를 'ㄱㄴㄷㄹㅁㅂㅅㅇㅈㅊㅋㅌㅍㅎ녀뎌혀니디티히됴듀르'로 제시하고 있고, 하권의 '언음첩고목차'를 '下字類, 上ㅣ類, 냐類, 뎌類, 텨類, 사자차諸音類, 古舌音類, 補류類'로 제시하고 있다. 여기서 'ㆍ'를 붙인 이름자의 가능성을 생각해 볼 수는 있으나 모두 다 그런 것은 아니기 때문에 설정하기 어렵다. '언음첩고'(1846)의 자음자 명칭은 'ㄱ기윽 ㄴ니은 ㄷ디읃 ㄹ리을 ㅁ미음 ㅂ비읍 ㅅ시읏 ㅇ이응' 방식으로 따로 제시되고 있다. '언음첩고'(1864)에 대한 분석 및 설명은 이경기(1940), 정우택(2004)을 참조할 수 있다.

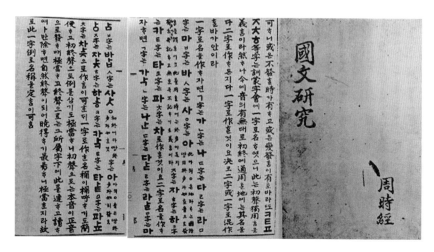

〈그림 3-2〉 주시경(1909), 국문연구

　자음자 명칭을 '기역, 니은, 디귿' 등으로 한다는 (1ㄱ) 훈몽자회의 의견이
꽤 오랫동안 사용되어 왔는데, (5ㄱ)에서도 그런 모습이 보이고 있다. 그런데
(5ㄱ)에서는 색다르게 '가, 나, 다...' 식으로 자음자에 'ㅏ'를 붙인 모습이 또한
등장하고 있다. 즉 'ㄱ可 ㄴ那 ㄷ多 ㄹ羅 ㅁ馬 ㅂ婆 ㅅ沙 ㅇ阿 ㅈ自 ㅊ此 ㅌ他
ㅋ佉 ㅍ波 ㅎ河'와 같은 예가 등장하고 있는 점이 주목된다.17) 그런데 (5ㄱ)의
'ㄱ ㄴ ㄷ ㄹ ㅁ ㅂ ㅅ ㅣ ㅇ'을 초종성통용팔자라 하여 반절표에서 밝히고
있다. 이에 대해서 이기문(1963:138)에서는 'ㅇ'을 'ㅣ而 ㅇ行'으로 표시한 것

---

16) 'ㅓ, ㅗ, ㅛ...' 등에서 'ㅏ'는 본래 오른쪽이 아니라 중간에 위치한다. 컴퓨터 자판 때문에
　　이리 표기한다.

17) 최재학의 '몽학필독(蒙學必讀)'(1908:3, 4, 55)에서는 아래와 같은 예를 보여 주고 있는데,
　　약간의 차이를 보이고 있다. '가나다' 식이면서 초성과 종성에 통용될 경우는 '기역, 니은,
　　디귿' 방식을 보여 주고 있다. 특히 'ㅣ外伊'를 제시한 것이 특이하다. 역시 7장에서 논하도
　　록 한다.
　　　ㄱ加 ㄴ那 ㄷ多 ㄹ羅 ㅁ馬 ㅂ(所) ㅅ沙 ㅇ牙 ㅈ子 ㅊ此 ㅋ ㅌ他 ㅍ波 ㅎ何 (자음 14자)
　　　ㄱ其亦 ㄴ尼隱 ㄷ池㐱 ㄹ梨乙 ㅁ眉音 ㅂ非邑 ㅅ示㕦 ㅇ伊凝 ㅣ外伊 (초종성통용9자)

이며, 이는 훈몽자회 당시의 ‘異凝’을 여기서 ‘이행’으로 변한 것을 합리화한 것으로 보고 있다. 과연 이때 사용된 ‘ㅣ’의 성격이 무엇인지 밀도 있는 논의가 필요하다.

한편 개화기 국문연구소 위원으로서 개인적 견해를 밝힌 주시경(1909)에서는 (5ㄴ)에서 보듯이 1자로 ‘ㄱ가 ㄴ나 ㄷ다 ㄹ라 ㅁ마 ㅂ바 ㅅ사 ㅇ아 ㅈ자 ㅎ하 ㅋ카 ㅌ타 ㅍ파 ㅊ차’를 명칭으로 제시하고 있다. 또한 2자로 ‘ㄱ가ᅟᅳᆨ ㄴ나ᅟᅳᆫ ㄷ다ᅟᅳᆮ ㄹ라ᅟᅳᆯ ㅁ마ᅟᅳᆷ ㅂ바ᅟᅳᆸ ㅅ사ᅟᅳᆺ ㅇ아ᅟᅳᆼ ㅈᅟᅳᆽ ㅎ하ᅟᅳᇂ ㅋ카ᅟᅳᆿ ㅌ타ᅟᅳᇀ ㅍ파ᅟᅳᇁ ㅊ차ᅟᅳᆾ’도 제시하고 있는데, 이는 받침에 나오는 자모자를 염두에 둔 의견이다. 2자로 ‘가ᅟᅳᆨ’ 등을 ‘ㄱ’ 자음자의 이름으로 하기에는 문제가 있어 보인다. 곧 실제 사용 예가 아닌 ‘가ᅟᅳᆨ’ 등을 이름으로 붙이는 것이 현실적이지 않다는 것이다.

이상 살펴본바, ‘기역, 기윽, 그윽’, ‘기, 그, 가’, ‘ᅟᅳᆨ, 가ᅟᅳᆨ’, ‘역, 은’ 같은 자음자 이름이 제시되어 왔다. 초성자와 종성자의 이름이 같아야 하는지 달라야 하는지 등도 다양한 의견이 있을 수 있다. 자음자 명칭을 정할 때 과학성, 체계성, 용이성 등 설정 기준에 부합하는 이름은 과연 무엇일지 심도 있는 논의가 더 필요하다.

3. 자음자 이름의 논의 사항

한글 자음자의 명칭은 그 자체가 상징성을 지니고 있어야 한다. 과학적이고 체계적인 한글의 특성을 잘 드러내는 이름이 필요하다는 것이다. 이를 위해서는 논의할 사항이 많다. 초성 자음자와 종성 자음자가 이름이 동일해야 할지,

2음절자와 1음절자 어느 것으로 해야 할지, 동시에 두 가지 이름을 부여해도 괜찮을지, 1음절자일 경우 어떤 모음자를 덧붙일지 등등이 바로 그것들이다.

첫째, 초성 자음자와 종성 자음자는 이름이 같아야 할지 아니면 달라야 할지의 문제를 살피도록 한다. 앞서 (1ㄴ) '한글 마춤법 통일안'(1933)에서는 '기역, 니은, 디귿'과 같은 하나의 명칭만 존재한다. 그런데 (1ㄱ) 훈몽자회(1527)에서는 이것 외에 초성독용팔자라 하여 'ㅋ箕 ㅌ治 ㅍ皮 ㅈ之 ㅊ齒 ㅿ而 ㅇ伊 ㅎ屎'와 같은 것이 더 나와 있다. 초성에만 쓰이는 'ㅋ, ㅌ, ㅍ, ㅈ, ㅊ, ㅿ, ㅇ, ㅎ'은 이름이 '키, 티, 피, 지, 치, ᅀᅵ, 이, 히'라는 것이다. 사실 이것은 소위 팔종성가족용이라 하여 'ㄱ, ㄴ, ㄷ, ㄹ, ㅁ, ㅂ, ㅅ, ㆁ' 여덟 자만이 종성에서 나타난다고 하는 규정 때문에 나온 것이다. 종성에 'ㅋ, ㅌ, ㅍ, ㅎ' 등을 자유롭게 허용하는 (3ㄱ,ㄴ) 국문연구소의 '국문연구의정안'(1909), 북한의 '조선말규범집'(2010)에서는 굳이 따로 초성과 종성에 오는 자음자를 명칭 구분하지 않는다.[18] 지금 남한에서 사용하고 있는 문교부의 '한글 맞춤법'(1988)에서도 마찬가지다. 결국 종성 받침으로 다양한 자음자를 허용하는 형태주의 입장의 현행 맞춤법에서는 하나의 자모자 명칭으로 충분하다는 것이다. 발음 명칭이 아니라 자음자, 즉 글자의 명칭을 논하는 것이기 때문이다.

둘째, 자음자의 이름으로 '기역, 니은, 디귿, 리을'과 같은 2음절로 된 것과 '기, 니, 디, 리'와 같은 1음절로 된 것 가운데 어느 것이 나은지 하는 문제를 검토해 보자. 과학성, 체계성, 용이성을 염두에 둔다면 말할 것도 없이 한 음절로 된 자음자 이름이 선호된다. 그렇다면 왜 훈몽자회(1527)에서도 그렇고 조선어학회(1933)에서도 '기역, 니은, 디귿, 리을' 류의 2음절 명칭을 제시하

---

18) (3ㄴ) 북한의 '조선말규범집'(2010)에서는 '기윽, 니은, 디읃'과 같은 유형과 '그, 느, 드'와 같은 유형을 모두 인정하고 있다. 그것은 둘 중 한 유형으로만 쓰면 된다는 것이지 초성과 종성의 자음자 이름을 구분한다는 것은 아니다.

고 있을까? 그것은 앞서도 말한바 초성에서 쓰이는 자음자와 종성에서 쓰이는 자음자를 구별했기 때문이다. 그 두 가지, 곧 '기역, 니은'에서처럼 첫 번째 음절의 초성 자음자와 두 번째 음절의 종성 자음자를 모두 드러내기 위해서 2음절 자음자를 제시한 것이다. 이런 점을 더 강조하여 본래 15세기 자음자의 이름은 '기, 니, 디, 리... 키, 티...'와 같은 1음절이었으며, '기역, 니은'과 같은 표현은 이름이라기보다는 그냥 용례를 보여 준 것일 뿐이라는 주장을 펼칠 수도 있다.

한편, (5ㄴ) 주시경(1909)에서는 1자로는 '가, 나', 2자로는 '가ㄱ, 나ㄴ' 유형을 제안하고 있다. 이것은 자음자의 이름을 1음절로 해도 되고 2음절로 해도 된다는 것인데, 후자의 '가ㄱ, 나ㄴ'은 현실성이 떨어진다. (4ㄱ,ㄴ,ㄷ)에 서는 명칭으로 '그, 느'를 공통적으로 제시하고 있는데, 이와 함께 (4ㄴ)과 (4 ㄷ)에서 각각 '기윽, 니은', '그윽, 느은'도 함께 제시하고 있다. (2) 유희의 언 문지(1824)에서는 '기, 니' 유형으로 'ㄱ其, ㄴ尼'와 함께 종성 표시로 'ㄱ役, ㄴ隱' 같은 것을 제시하고 있는데, 후자의 경우 종성 자음자를 나타낸 것일 뿐이다. 결국 2음절로 제시된 자음자는 초성에 오는 자음자와 종성에 오는 자음자를 나타낸 것이라 볼 수 있다.

셋째, (1)~(5)의 논의를 보면 두 가지 명칭을 제시하고 있는 것들을 많이 본다. (3ㄴ)에 제시된 북한의 '조선말규범집'(2010)에서는 "자음자의 이름은 각각 다음과 같이 부를수도 있다. 그 느 드 르 므 브 스 으 즈 츠 크 트 프 흐 ㄲ 뜨 쁘 쓰 쯔"라고까지 하면서 '기윽, 니은' 유형의 명칭과 함께 '그, 느' 류의 명칭을 허용하고 있다. 이것은 다른 것들이 초성 자음자와 종성 자음자를 구분하려고 2가지 이름을 제시한 것과는 또 다른 입장이라고 말할 수 있다. 과연 그렇게 할 필요가 있을까? 아니 그렇게 해도 되는가? 필자는 과학성, 체계성, 용이성 측면에서 자음자 이름을 굳이 복수로 설정할 필요는 없다고 본다. 한글 교수학습을 할 때 복수로 명칭을 제시해서 학습자로 하여금 혼란을 부추길 수 있기 때문이다. 가장 과학적이고 체계적인 방안을 제시하는 것이 교수학습의 용이성에서도 필수적이기 때문이다. 특히 누구나 예상하겠지만 2음절 이름보다는 1음절 이름이 더욱 좋다. 2음절 이름에서 사용된 'ㅣ'와 'ㅡ' 모음의 타당성도 입증된 바 없으며, 초성자와 종성자를 그 명칭에서 구분해야 할 필연성이 있는 것도 아니기 때문이다.

넷째, 결국 가장 필요한 것은 1음절 자음자 가운데 어느 것을 선택할지가 중요한 문제이다. 일반적으로 1음절 자음자로 가장 많이 언급되는 것은 '기' 형이고, '그' 형이 두 번째이다. 소수이긴 하지만 '가' 형도 있으며, 최근에는 '게' 형과 '구' 형도 제기되었다(박창원 2015). 흔히 5개 기본 모음을 말하는데, 그렇다면 '고' 형도 상정해 볼 수 있을 듯하다. 필자는 이들 가운데 '가' 형이 과학성, 체계성, 용이성 측면에서 가장 이상적이라는 것을 다음 절에서 주장하고자 한다.[19]

---

19) 한편 이사질(1705~1776)의 '훈음종편(訓音宗編)'에서는 다음과 같이 다양한 형태의 자음자 이름을 제시하고 있기도 하다. 그런데 이것들은 일정한 규식을 찾기가 쉽지가 않다. 여기서는 논외로 하기로 한다.
"㉠ 속간에서 자모를 기·니·디·리·미·비……와 같이 읽고 있으나, 훈민정음이 보여주는 자모의 음가에 따라 ㄱ→구(君), ㅋ→쾌(快), ㅃ→어(業), ㄷ→두(斗), ㅌ→ᄐ(呑), ㄴ→나(那), ㅂ→벼(幣), ㅍ→표(漂), ㅁ→며(彌), ㅈ→즈(卽), ㅊ→치(侵), ㅅ→슈(戌), ㅎ→허(虛), ㄹ→려(閭)와 같이 바꾸는 것이 좋다고 하였다." ('한국민족문화대백과사전' 참고)

4. 자음자 이름에 사용되는 모음들: '가, 나, 다...'의 실용성

4.1. 'ㅣ, ㅡ'의 문제

자음자의 이름을 지으려면 기본적으로 해당 자음이 들어가고 성절성을 띤 모음이 덧붙어야 한다. 여기서 어떤 모음이 사용될 것인지에 따라서 자음자의 이름이 정해질 것이다. 흔히 불리는 '기윽, 니은, 디읃' 같은 것을 보면 해당 자음 'ㄱ, ㄴ, ㄷ'에다가 모음 'ㅣ'가 붙고, 이어서 'ㅡ'를 놓고 그 아래에 해당 자음을 붙인 형국이다. 전자는 초성에 해당 자음 'ㄱ, ㄴ, ㄷ'이 오고 이어 모음 'ㅣ'를 붙여서 자음이 초성으로 나타날 때를 상정하고, 이어서 'ㅡ'를 먼저 놓고 그 아래 종성으로 자음이 오는 경우를 상정해서, 결국 '기윽, 니은, 디읃'으로 명명하는 것이다.[20]

이때 첫음절에 오는 'ㅣ'는 중성 모음으로 15세기 때 한글 창제에서 하늘을 상징하는 양성 모음 'ㆍ'와 땅을 상징하는 음성의 'ㅡ'의 중간에 선, 즉 중성 모음으로 설정된 것이다. 따라서 첫음절에서 중성 모음 'ㅣ'가 등장했던 것이다. 이에 비해 둘째 음절에서는 자음은 받침으로 해서 종성 자리로 가고 그 위에 음성 모음 'ㅡ'를 놓은 형국이다. 즉 아래 받침을 나타내기 위해서는 땅을 상징하는 'ㅡ'가 적격이었던 것이다. 초성에 붙는 모음이 하늘을 뜻하는 아래 아 'ㆍ'일 수는 없었을까? 가능성까지 완전히 없었던 것은 아니겠지만, 그보다는 사람을 뜻하는 중성 모음 'ㅣ'가 선호되었던 것 같다. 그것은 훈민정음 해례 에서 나타난 'ㅋ𡽫 ㅌ治 ㅍ皮 ㅈ之 ㅊ齒 ㅿ而 ㅇ伊 ㅎ屎' 같은 예를 통해서도

---

20) 이때 두 번째 음절에 사용된 'ㅇ'의 정체가 밝혀질 필요가 있다. 많은 자음자 가운데 왜 'ㅇ'이 사용되었냐는 것이다. 이에 대해서는 5장에서 살피도록 한다.

알 수가 있다. 문제는 왜 '키, 티, 피' 식으로 나와야 하는 것인지 그 정확한 이유를 확언할 수 없다는 점이다. 단지 'ㅣ'가 중성 모음이어서 대표성을 띤 게 아닌가 하는 추측성 논리만 있을 뿐이다.

이런 점에서도 훈몽자회(1527)의 '기역, 디귿, 시옷' 명명은 부인될 수밖에 없다. 모음 'ㅕ, ㅡ, ㅗ'의 사용이 설득력이 없으며, 또 '디귿'에서 왜 'ㄱ'이 사용되었는지 전혀 설명할 수 없기도 하다. 하긴 주지의 사실이다시피 '其役, 池⒀, 時⒀'으로 '기윽, 디읃, 시읏'을 대신해 둔 것은 '윽, 읃, 읏'에 대응하는 한자가 없기 때문이다. 따라서 2음절 자음자 이름을 선택한다고 하면 '기윽, 니은, 디읃, 리을, 미음, 비읍, 시읏, 이응'처럼 'ㅣ'와 'ㅡ'를 사용한다고 하는 것이 타당할 것이다.

한편 15세기 때 자음자 이름으로 '기, 니, 디, 리' 유형을 상정하는 것이 완전히 타당한 것이냐 하면 꼭 그렇지도 않다. "ㄱ는, ·는, ㅡ는, ㅣ는" 같은 용례를 통해서 '는' 앞에는 'ㄱ' 혹은 '기'로 읽힐 가능성이 있기는 하지만 그것이 '기'라고 단정할 수는 없다는 것이다. 더욱이 그렇게 읽을 가능성과 가능한 그것이 자음자 이름이라고 확언할 근거도 없다. 어쩌면 '기, 니, 디, 리...' 같은 것은 이름이 아니라 단순히 소리를 표시한 것이라고 말할 수도 있다.

자음자 명칭에 대한 연구물들을 보면 '그, 느, 드, 르'처럼 'ㅡ'를 붙인 것이 많이 나온다. 현재도 북한에서는 '기윽, 니은, 디읃' 식의 2음절 명칭과 함께, '그, 느, 드' 식의 1음절 명칭을 허용하고 있다. 종성을 나타내기 위한 것도 아닌데, 어째서 'ㅡ'를 사용하고 있을까? 대개 자음의 음가를 드러낼 때 우리는 해당 자음 밑에 'ㅡ'를 넣어서 발음하곤 한다. 예컨대 'ㄱ, ㄴ, ㄷ'의 음가를 드러낼 때 '그, 느, 드' 하면서 소리를 낸다. 'ㅡ'를 사용하게 되면 해당 자음의 소리를 잘 드러낼 수 있기 때문이다. 'ㅡ'는 모음 삼각도에서 중설 모음으로서 위쪽에 위치하여 혀의 움직임에 큰 영향을 주지 않는다고 한다.[21] 그리하여 선행하는 자음에 영향을 거의 주지 않는다는 것이다. 이런 이유로 해서 '_'를 사용하여 자음자 이름을 정하는 경우가 많았다고 이해해 볼 수 있다.

앞서도 말했지만, '기윽, 디읃, 시읏'에 사용된 '_'는 발음 차원보다는 사람을 뜻하는 'ㅣ'에 비하여 땅을 뜻하는 '_'를 지칭한다고 보는 게 맞을 것 같다. 즉 'ㅣ'와 '_'를 함께 사용한 '기윽, 니은, 디읃'에서는 'ㅣ'도 그렇고 '_'도 그렇고 단순한 소리의 차원으로만 보기에는 개연성이 떨어진다.

요컨대 '기윽' 등에 사용된 'ㅣ'와 '_'는 소리의 차원이 아니라 천지인과 같은 인식의 문제라고 이해할 수 있다. 사람을 나타내는 중성 모음 'ㅣ'를 선택했고, 또한 종성에 위치한 받침자를 나타내려고 땅을 뜻하는 음성 모음 '_'를 사용했던 것이다. 근본적으로 초성과 종성에 오는 자음자를 구분할 필요성에 따라서 나왔던, '기윽, 디읃, 시읏'은 굳이 그리해야만 하는 필연성이 있는 것은 아니라는 말이다.

4.2. 'ㅏ, ㅔ'의 문제

자음자의 이름을 정할 때에 모음자를 붙여서 해야 한다. 모음 가운데서도 단모음을 사용해야 할 터이고 그중에서도 대부분의 언어에서 보편적으로 사용되고 있는 'ㅏ, ㅣ, ㅜ, ㅔ, ㅗ'의 5모음을 상정하는 것은 당연해 보인다. 이 가운데 'ㅗ'와 'ㅜ'는 원순모음으로서, 무표적인 평순모음에 비하여 대표성을 띠기는 어렵다고 보곤 한다(박창원, 2015:45). 'ㅏ'와 'ㅣ'는 앞에서 언급된

---

21) 김미미(2012:130)에서 이런 의견을 제시하고 있다. 그런데 사실 '_'보다 'ㅣ'가 혀의 높이가 더 높으며, 'ㅜ'도 '_'와 비슷한 혀의 높이를 갖고 있다. 따라서 반드시 '_'를 사용해야만 할 필연성은 없다는 것이다.

바가 있거니와 'ㅔ'는 대부분의 언어에서 보편성을 띤 발음으로 알려져 있다.

이에 박창원(2015)에서는 1음절 자음자 이름으로 앞서의 'ㅣ, ㅡ' 유형은 물론이고, 'ㅏ, ㅔ' 유형도 제시하고 있다. 'ㅏ' 유형은 (8)에서도 있었으나 'ㅔ' 유형은 여기서 처음 등장한다.

(6) '가, 게'

ㄱ. ㄱ가 ㄴ나 ㄷ다 ㄹ알 ㅁ마 ㅂ바 ㅅ사 ㅇ앙 ㅈ자 ㅊ차 ㅋ카 ㅌ타 ㅍ파 ㅎ하
ㄴ. ㄱ게 ㄴ네 ㄷ데 ㄹ엘 ㅁ메 ㅂ베 ㅅ세 ㅇ엥 ㅈ제 ㅊ체 ㅋ케 ㅌ테 ㅍ페 ㅎ헤

(6ㄱ)은 'ㄱ, ㄴ, ㄷ, ㄹ, ㅁ, ㅂ, ㅅ, ㅇ, ㅈ, ㅊ, ㅋ, ㅌ, ㅍ, ㅎ' 14자음자에다가 'ㅏ'를 붙여서 명명한 것인데, 특이하게 'ㄹ, ㅇ'의 이름은 각각 '알', '앙'으로 제시하고 있다. '알'은 'ㄹ'이 두음에 올 때 나타나는 두음법칙의 혼란상을 피하기 위해서, 그리고 '앙'은 'ㅇ'이 초성에서는 발음이 안 되고 종성에서만 발음된다는 점을 고려하여 그리 정했다고 말하고 있다(박창원, 2015:48). 그런데 두음법칙은 모든 한국어에서 적용되는 현상도 아니고 근본적으로는 자음자 이름이 발음의 이름을 얘기하는 것이 아니라는 점에서, 굳이 또 다른 비과학성, 비체계성을 야기하는 '알, 앙' 이름을 정할 필요가 있는지는 의문이다. 즉 우리는 지금 자음자의 발음을 얘기하는 것이 아니라 자음자라는 문자의 이름을 논하고 있다는 말이다. 글쓴이는 과학성과 체계성을 훼손하는 '알, 앙'보다 그냥 '라, 아'라고 명명하는 것이 더욱 타당하다고 본다.

마찬가지로 (6ㄴ)의 '게, 네, 데' 유형에서도 특이하게 제시된 'ㄹ엘', 'ㅇ엥' 이름은 불필요하다고 본다. 즉 '게, 네, 데, 레, 메, 베, 세, 에, 제, 체, 케, 테, 페, 헤'로 완전히 과학적이고 체계적인 이름이 어울린다는 말이다. 문제는

전통적으로 이전 연구에서 등장하지 않았던 'ㅔ' 유형이 한국어 자음자 이름으로 얼마나 인식적으로 받아들여질 수 있느냐는 점이다. 박창원(2015:49)에서는 세계 일부 언어에서 보이는 "l[엘], m[엠], n[엔], r[에르], s[에스] 등" 종성 위치에 해당 음가를 놓는 명명 방식을 제시하면서 한국어에서도 '엘, 엥'으로 명명할 것을 제안하고 있다. 그러면 'ㄴ, ㅁ'의 경우도 '나, 마'가 아니라 '엔, 엠'이라고 명명해야 하는 건 아닌지 모르겠다. 여하튼 필자로서는 자음자의 이름은 소리가 아닌 문자를 명명하는 것이니, 'ㅔ' 유형을 설정할 경우 통일적으로 '네, 메'처럼 '레, 에'라고 이름을 붙이는 게 낫다고 본다.

'ㅔ'를 사용하여 자음자의 이름을 붙이는 것이 얼마나 타당성이 있는지 한국어에 대한 한국인의 인식에서 의심을 드러낼 수도 있다. 전통적으로 이렇게 주장하는 연구를 찾아보기 어려웠고, 과연 'ㅔ'가 'ㅣ', 'ㅡ', 'ㅏ'에 비해서 우월한 명명 방식이라는 객관적 증거가 부족하다는 것이다. 앞서도 말했듯이 '엘, 엥' 이름자의 논란점이나 만약 그리한다면 '엔, 엠' 같은 것은 왜 안 되는지 타당한 설명을 하기도 어렵다는 것이다.

(7) 자음자의 이름

ㄱ가, ㄴ나, ㄷ다, ㄹ라, ㅁ마, ㅂ바, ㅅ사, ㅇ아, ㅈ자, ㅊ차, ㅋ카, ㅌ타, ㅍ파, ㅎ하

필자는 (7)과 같이 자음자의 이름을 'ㅏ'를 사용하여 명명하는 것이 유용하다고 본다. 종성자의 이름을 따로 설정할 필요가 없으며, 이는 자음자 이름은 초성 위치와 종성 위치를 구분할 필요가 없음을 전제하는 것이다. 'ㅏ'를 사용한 '가, 나, 다, 라' 식으로 명명할 필요성은 다음 몇 가지 근거를 제시할 수 있다.

첫째, 'ㅏ'는 발음할 때 개구도가 가장 크다. 이 말은 자음자의 특성을 가장 잘 드러내 줄 수 있다는 뜻이다. 모음 삼각도를 염두에 두고서 자음자에다가 'ㅣ, ㅜ, ㅔ, ㅗ' 그리고 'ㅡ'를 발음해 보면 'ㅏ'가 자음자의 특성을 가장 잘 드러내고 있음을 확인할 수 있다. 입을 가장 크게 발음하다 보니 상대적으로 자음자가 크게 들린다. 즉 음성학적으로 'ㅏ'는 다른 모음에 비해서 동반하는 자음자를 잘 드러내는 효과가 있다. 'ㅡ'가 소리가 약해서 자음자가 돋보인다고 해서 'ㅡ'를 선택하여 '그느드'를 말하는 경우가 있기는 하지만, 그것보다는 개구도가 가장 큰 'ㅏ'를 선택할 경우 덩달아 자음자도 크게 들리기 때문에 문제가 되지 않는다, 도리어 자음자 교육에서 모음자는 인식의 대상이 아니기 때문에 크게 들리는 '해당 자음자가 주목된다는 것이다.

둘째, 'ㅏ'는 모든 모음자의 첫 번째라는 상징성이 있다. 그렇기 때문에 각 자음자에 'ㅏ'를 붙여서 이름으로 삼는다면 아주 자연스럽게 느껴진다. 실제로 과거 15세기 때는 'ㆍ'가 하늘을 나타내고 'ㅣ'가 사람을 나타내고 'ㅡ'가 땅을 나타낸다는 상징성이 있었다. 이 가운데 'ㅣ'가 음성과 양성의 중간적 성격을 띤 중성 모음이었으나, 지금은 'ㅣ'가 음성화되었다. 'ㆍ'는 본래 양성 모음의 대표적인 것이었으나, 지금은 음가나 문자나 사라져 버리고 'ㅏ'가 양성 모음의 대표자가 되어 있다. 비록 현재 다양한 음성 모음이 있긴 하지만 양성 모음으로서 가치를 인정하여 모음자의 이름으로 'ㅏ, ㅑ, ㅓ, ㅕ, ㅗ, ㅛ, ㅜ, ㅠ, ㅡ, ㅣ' 등으로 순서화되어 있다. 요컨대 'ㅏ'는 현재 모음자의 대표적인 것으로 인정받고 있다.

셋째, 자음자를 '가, 나, 다, 라, 마, 바, 사, 아, 자, 차, 카, 타, 파, 하'라고 부르게 되면 대중성과 실용성 차원에서도 높은 점수를 받을 수 있다. 일반적으로 한글 가나다 노래를 비롯하여 거의 모든 한글 알파벳 문자의 순서로 '가나다라' 식이 알려져 있다. 어릴 적 한글을 처음 배울 때 가나다 음절표는 일반화되어 있다.

넷째, 당연한 말이겠으나, 'ㅏ'를 붙여서 자음자 이름을 정하게 되면 'ㅏ, ㅑ, ㅓ, ㅕ' 등 모음자 이름과 동궤로 짝을 이룰 수 있는 이점이 있다. 같은 1음절 이름자인 것은 물론이고 보편적으로 사용되고 있다는 점이 체계성, 과학성, 용이성을 두루 갖춘 방식의 자음자 명명이 될 것이다.

5. 맺음말

지금까지 한글 자음자의 명칭으로 무엇이 있었는지, 그것들의 특징은 무엇이었는지 살펴보고, 이들 가운데 '가, 나, 다' 유형의 이름이 좋다고 제안하였다. 그 기준으로 체계성, 과학성, 용이성을 들었으며 그에 따라 실용성, 교수 학습성도 확보할 수 있었다. 그 내용을 정리해 보면 다음과 같다.

첫째, 자음자는 흔히 'ㅣ'와 'ㅡ'를 사용한 방식으로 이름자가 붙여져 왔다. 그런데 '기역, 디귿, 시옷'이라는 비체계적이고 비과학적인 이름으로 말미암아 논란이 많이 되어 왔다. 이것은 훈몽자회(1527)의 이름자를 계승한 것이라 하지만 그보다는 '기윽, 디은, 시읏'으로 해야 될 것이다. 한 음절로 자모자 이름을 나타낼 수 없었던 한계를 극복하는 길일 것이다. 그러나 여기에도 하필 왜 'ㅣ'와 'ㅡ'를 사용하는지 필연성이 발견되지 않는다. 사람을 나타내는 'ㅣ'와 땅을 나타내는 'ㅡ'를 인식 및 확인할 수 있을 뿐이다.

둘째, 자음자의 이름을 '기윽, 니은, 디은' 식으로 하는 것은 초성자와 종성자를 모두 나타내고자 한 까닭이다. 초성자와 종성자를 따로 구분했던 15세기의 표기 방식이 수세기 동안 계속 이어져 왔기 때문이다. 즉 오랫동안 'ㅈ, ㅊ, ㅋ, ㅌ, ㅍ, ㅎ' 같은 것은 종성자에 올 수 없다는 팔종성가족용의 인식 속에서 초성자와 종성자는 이름이 달라야 한다는 견해가 있었던 것이다. 그러나 현재 초성자와 종성자는 따로 구분이 필요 없다. 지금 맞춤법은 형태주의를 따르고 있기 때문이다. 초성자는 종성자로 사용될 수 있기 때문이다. 따라서 두 음절이든 한 음절이든 자음자의 이름은 하나만 있으면 족하다.

셋째, 한 음절 자음자 이름으로 전통적으로 '기니디' 유형과 '그느드' 유형이 있어 왔다. 15세기 용례로 인한 귀납적 이유로 해서 자음자에 'ㅣ'를 붙이는 것을 추정한 것이고, 자음자에 'ㅡ'를 붙인 이유는 근거 자료를 발견하기 어렵다. 발음할 때 혀의 위치를 갖고 논하기는 하나 'ㅣ'와 'ㅜ'를 염두에 두면 꼭 그리해야 할 필연성이 찾아지지 않는다. 차라리 땅을 나타내는 'ㅡ'를 기준으로 삼았다고 말하는 편이 나아 보인다. 'ㅔ'를 자음자에 붙이자는 견해도 있었으나, '엘, 엥'과 같은 특이한 이름을 붙인 것이 기본적으로 체계성이나 과학성에 어긋나 보인다. 문자로서의 자음자 이름을 논해야 할 것이다.

넷째, 글쓴이는 '가나다' 유형을 제안하였다. 'ㅏ'가 개구도가 가장 넓어서 대상인 자음자의 특성을 가장 잘 드러내 준다는 점과, 전통적으로뿐만 아니라 현재도 'ㅏ, ㅑ, ㅓ, ㅕ' 등 순서에서 가장 앞자리에 위치한다는 점에서 'ㅏ'를 자음자에 붙여서 이름을 정하는 것이 좋다고 주장하였다. 물론 이리하면 '아, 야, 어, 여'과 같은 모음자의 한 음절 이름과도 궤를 같이 한다는 점을 염두에 둔 것이기도 하다. '가나다라마바사...' 등 노래가사는 한국인에게는 아주 일반화되어 있고 실제 한글을 처음 접하는 외국인들에게 한글 자모자를 교육하는 데도 훨씬 효과적이다.

제4장

한글 자음자의
종류와 배열 순서

한글 자음자의 종류와 배열 순서

1. 머리말

한글 자음자 19개는 어떤 원리에 의해서 배열되는가? 여기서는 한글 자음자가 역사적으로 어떤 원리에 의해서 어떻게 배열되어 왔는지 검토해 보도록 한다. 대개 한글 맞춤법에 제시되어 있는 자음자의 배열 순서를 떠올리지만,

95

실제로는 국어사전에서 자음자를 어떻게 배열하고 있는지가 더욱 실제적이다. 이와 함께 교육 현장에서는 어떻게 자음자 순서가 정해져 있는지도 살펴서, 그 원리와 실제 상황을 알아보도록 한다.

자음자는 물론이고 모음자의 배열 순서가 본격적으로 학계의 주목을 끌게 된 것은 2005년부터 겨레말큰사전 남북공동편찬사업회가 활동하면서부터이다. 남북공동 겨레말큰사전을 만들려고 하니까 기본적으로 자모음자의 배열 순서가 남북의 합의가 필요하게 되었다. 이에 여기서는 남북한의 현행 자음자의 종류와 배열 순서를 맞춤법 규정과 구체적인 남북한 국어사전에 나타난 것을 먼저 살펴보도록 한다. 이어서 남북한 겨레말큰사전 발간을 위해 남북이 합의한 자음자 종류와 배열 순서도 검토해 보도록 한다.

이와 관련하여 오늘날 자음자의 배열 순서가 형성되게 된 것을 역사적 문헌들을 통해서 살피도록 하고, 또한 과학적이고 체계적이고 무엇보다 실용성 있는 자음자 배열 순서는 무엇일지 모색해 보도록 한다.

2. 한글 맞춤법과 국어사전의 자모자 배열 순서

한글을 나라 글자로 인정하고 있는 곳은 남한과 북한이다. 주지하다시피 남북한의 한글 맞춤법은 일제강점기에 나온 조선어학회의 '한글 마춤법 통일안'(1933)에 근간을 두고 있다. 실제로 1946년에는 남북한 공히 '한글 맞춤법 통일안'(1946)을 공통적으로 맞춤법 규정으로 사용하기도 했다(이관규, 2021). 남한에서는 물론이고, 북한에서도 조선어학회와 관련이 있는 사람들이 맞춤법 정책을 이끌었다. 따라서 (1)의 '한글 마춤법 통일안'(1933)에서 자음자의 배열 순서가 어떠했는지 먼저 알아볼 필요가 있다.

(1) 조선어학회(1933)의 '한글 마춤법 통일안'

제1항 한글의 자모의 수는 24자로 하고, 그 순서는 다음과 같이 정한다.
　　　ㄱ ㄴ ㄷ ㄹ ㅁ ㅂ ㅅ ㅇ ㅈ ㅊ ㅋ ㅌ ㅍ ㅎ [자음자 14]
[부기] 전기의 자모로써 적을수가 없는 소리는 두개 이상의 자모를 어울러서
　　　적기로 한다. 적기로 한다.
　　　ㄲ ㄸ ㅃ ㅆ ㅉ [자음자 5]

　현행 한글 맞춤법의 근간 문건이라고 할 수 있는 (1)에서는 자음자의 배열 순서를 위와 같이 규정하고 있다. 현재 남한에서 사용하고 있는 'ㄱ, ㄴ, ㄷ, ㄹ, ㅁ, ㅂ, ㅅ, ㅇ, ㅈ, ㅊ, ㅋ, ㅌ, ㅍ, ㅎ'의 14자가 순서대로 제시되어 있다. 여기다가 [부기]로 'ㄲ, ㄸ, ㅃ, ㅆ, ㅉ'의 5자가 순서대로 제시되어 있다. 그러나 이들 19자가 섞여 있는 배열 순서는 (1)에서는 알 길이 없다. 더군다나 받침으로 쓰이는 자음자군, 예컨대 'ㄳ, ㄺ, ㅄ' 등 많은 표기들에 관한 규정은 보이지 않는다.

(2) 문교부(1988), '한글 맞춤법'

제4항 한글 자모의 수는 스물넉 자로 하고, 그 순서와 이름은 다음과 같이 정한다.
　　　ㄱ(기역) ㄴ(니은) ㄷ(디귿) ㄹ(리을) ㅁ(미음) ㅂ(비읍) ㅅ(시옷) ㅇ(이응) ㅈ(지읒)
　　　ㅊ(치읓) ㅋ(키읔) ㅌ(티읕) ㅍ(피읖) ㅎ(히읗) [자음자 14]

[붙임 1] 위의 자모로써 적을 수 없는 소리는 두 개 이상의 자모를 어울러서 적되, 그 순서와 이름은 다음과 같이 정한다.

ㄲ(쌍기역) ㄸ(쌍디귿) ㅃ(쌍비읍) ㅆ(쌍시옷) ㅉ(쌍지읒) [자음자 5]

[붙임 2] 사전에 올릴 적의 자모 순서는 다음과 같이 정한다.

ㄱ ㄲ ㄴ ㄷ ㄸ ㄹ ㅁ ㅂ ㅃ ㅅ ㅆ ㅇ ㅈ ㅉ ㅊ ㅋ ㅌ ㅍ ㅎ

(3) 문화관광체육부(2018), '한글 맞춤법, 표준어 규정 해설'

[붙임 2] 사전에 올릴 적의 순서를 명확하게 하려고 제시한 것이다. 한편 받침 글자의 순서는 아래와 같다.

ㄱ ㄲ ㄳ ㄴ ㄵ ㄶ ㄷ ㄹ ㄺ ㄻ ㄼ ㄽ ㄾ ㄿ ㅀ ㅁ ㅂ ㅄ ㅅ ㅆ ㅇ ㅈ ㅊ ㅋ ㅌ ㅍ ㅎ

(4) 표준국어대사전(1999, 2024), '일러두기'의 배열 순서(1)

표제어는 가나다순으로 배열하였으며, 자모의 순서는 다음과 같다.

① 초성

ㄱ ㄲ ㄴ ㄷ ㄸ ㄹ ㅁ ㅂ ㅃ ㅅ ㅆ ㅇ ㅈ ㅉ ㅊ ㅋ ㅌ ㅍ ㅎ [19]

③ 종성

ㄱ ㄲ ㄳ ㄴ ㄵ ㄶ ㄷ ㄹ ㄺ ㄻ ㄼ ㄽ ㄾ ㄿ ㅀ ㅁ ㅂ ㅄ ㅅ ㅆ ㅇ ㅈ ㅊ ㅋ ㅌ ㅍ ㅎ [27]

(2)는 현행 남한에서 사용되고 있는 '한글 맞춤법'(1988)에서 자음자의 종류와 그 배열 순서를 보인 것이다. (1)과 마찬가지로 'ㄱ, ㄴ, ㄷ, ㄹ, ㅁ, ㅂ,

ㅅ, ㅇ, ㅈ, ㅊ, ㅋ, ㅌ, ㅍ, ㅎ'의 14자가 순서대로 제시되어 있고, 'ㄲ, ㄸ, ㅃ, ㅆ, ㅉ'의 5자도 순서대로 제시되어 있다. 여기에다 (1)에서는 발견할 수 없는, 사전에 올릴 적에 적용되는 19자의 자음자 순서를 'ㄱ ㄲ ㄴ ㄷ ㄸ ㄹ ㅁ ㅂ ㅃ ㅅ ㅆ ㅇ ㅈ ㅉ ㅊ ㅋ ㅌ ㅍ ㅎ'처럼 규정하고 있다(붙임2). 'ㄲ, ㄸ, ㅃ, ㅆ, ㅉ'과 같은 겹자음자를 각각의 홑자음자인 'ㄱ, ㄷ, ㅂ, ㅅ, ㅈ'의 바로 뒤에 놓아서 그 배열 순서를 나열하고 있다. 그러나 (2)에서도 받침 자음자를 종류도 그렇고 배열 순서도 제시하고는 있지 않다.

이후 '한글 맞춤법'을 해설한 책이 나오는데, 여기에서 [붙임 2]를 통하여 사전에 올릴 적의 자음자 종류와 순서를 (3)에서와 같이 'ㄱ ㄲ ㄳ ㄴ ㄵ ㄶ ㄷ ㄹ ㄺ ㄻ ㄼ ㄽ ㄾ ㄿ ㅀ ㅁ ㅂ ㅄ ㅅ ㅆ ㅇ ㅈ ㅊ ㅋ ㅌ ㅍ ㅎ'의 27자를 제시하고 있다. 이것들은 (2)에는 없는 'ㄳ, ㄵ, ㄶ, ㄺ, ㄻ, ㄼ, ㄽ, ㄾ, ㄿ, ㅀ, ㅄ'과 같은 11개의 자음자군을 추가한 것이다. 자세히 보면 (2)의 'ㄸ, ㅃ, ㅉ'은 받침 자음자로는 존재하지 않는다. '표준국어대사전'(2024)의 (4③) 배열 순서는 글자의 형태에 따라서 순서대로 제시되어 있다. (2)와 (3)의 배열 순서는 (4)에 그대로 나타나 있다.

요컨대 한글 맞춤법에 제시된 자음자의 배열 순서는 근본적으로 원리가 동일하다. 'ㄱ ㄴ ㄷ ㄹ ㅁ ㅂ ㅅ ㅇ ㅈ ㅊ ㅋ ㅌ ㅍ ㅎ' 순서를 원칙으로 하며 겹자음자가 올 경우 선행 자음자 순서를 기준으로 하고 이어서 후행 자음자도 동일한 순서로 제시하고 있다. 이러한 원칙은 국어사전의 자음자 배열 순서로 이어진다.

(5) 북한 '조선말규범집'(2010)의 '맞춤법'

제1항. 조선말자모의 차례와 그 이름은 다음과 같다.

ㄱ(기윽) ㄴ(니은) ㄷ(디읃) ㄹ(리을) ㅁ(미음) ㅂ(비읍) ㅅ(시읏) ㅇ(이응)
ㅈ(지읒) ㅊ(치읒) ㅋ(키윽) ㅌ(티읕) ㅍ(피읖) ㅎ(히읗) ㄲ(된기윽) ㄸ(된
디읃) ㅃ(된비읍) ㅆ(된시읏) ㅉ(된지읒)　[자음자 19]

자음자의 이름은 각각 다음과 같이 부를수도 있다.

(ㄱ) (ㄴ) (ㄷ) (ㄹ) (ㅁ) (ㅂ) (ㅅ) (ㅇ) (ㅈ) (ㅊ) (ㅋ) (ㅌ) (ㅍ) (ㅎ) (ㄲ)
(ㄸ) (ㅃ) (ㅆ) (ㅉ) [자음자 19]

(6) 북한 '조선말대사전'(2017) '일러두기'의 '자모의 차례'

자음: ㄱ, ㄴ, ㄷ, ㄹ, ㅁ, ㅂ, ㅅ, (ㅇ), ㅈ, ㅊ, ㅋ, ㅌ, ㅍ, ㅎ, ㄲ, ㄸ, ㅃ, ㅆ,
ㅉ (19)

받침: ㄱ, ㄳ, ㄴ, ㄵ, ㄶ, ㄷ, ㄹ, ㄺ, ㄻ, ㄼ, ㄽ, ㄾ, ㄿ, ㅀ, ㅁ, ㅂ, ㅄ, ㅅ,
ㅇ, ㅈ, ㅊ, ㅋ, ㅌ, ㅍ, ㅎ, ㄲ, ㅆ (27)

(5)는 현행 북한의 '조선말규범집'(2010)의 '맞춤법'에 제시된 자음자의 종류와 배열 순서를 보여 주고 있다. 자음자로 'ㄱ, ㄴ, ㄷ, ㄹ, ㅁ, ㅂ, ㅅ, ㅇ, ㅈ, ㅊ, ㅋ, ㅌ, ㅍ, ㅎ, ㄲ, ㄸ, ㅃ, ㅆ, ㅉ'의 19개를 순서대로 제시하고 있는데, 'ㄲ, ㄸ, ㅃ, ㅆ, ㅉ'을 맨 뒤로 배치한 것이 남한과 차이점이다. 그런데 (6)에서는 자음자 가운데 'ㅇ'을 괄호를 쳐서 '(ㅇ)'으로 표시하고 있는데, 이는 초성 자리에 글자는 나타날 수 있으나 발음은 [ŋ]이 나지 않는다는 것을 뜻한다. 즉 (6)에서의 자음자 배열은 음가를 염두에 두고 있음을 알 수 있다. 이에 비해 (5) '맞춤법' 규정에서는 종성 자리에서 사용되는 자음자를 따로 제시하지 않

고 있고 그냥 초종성 모두 'ㅇ'으로 나타내고 있다.

한편 (6) '조선말대사전'(2017)의 일러두기에서 사전의 받침 글자로 'ㄱ, ㄳ, ㄴ, ㄵ, ㄶ, ㄷ, ㄹ, ㄺ, ㄻ, ㄼ, ㄽ, ㄾ, ㄿ, ㅀ, ㅁ, ㅂ, ㅄ, ㅅ, ㅇ, ㅈ, ㅊ, ㅋ, ㅌ, ㅍ, ㅎ, ㄲ, ㅆ'의 27자를 순서대로 제시하고 있는데, 역시 남한에서와 같이 'ㄸ, ㅃ, ㅉ' 받침은 빠져 있는 상태이다. 비록 (5) 맞춤법 규정에는 없지만 (6) 조선말큰사전에서 일러두기를 통하여 초성에 오는 자음자와 종성, 받침에 오는 자음자 및 자음자군을 제시하고 있는 것을 볼 수 있다.

자음자 글자 차원에서 볼 때 남한이나 북한이나 모두 초성자에 19개, 중성자에 21개, 종성자에 27개가 동일하게 설정되어 있음을 볼 수 있다. 남북한이 모두 종성 받침에 'ㄸ, ㅃ, ㅉ'이 사용되지 않고 있는 것도 동일하다. 단지 배열 순서에서 차이가 나는데, 북한에서는 'ㄲ, ㄸ, ㅃ, ㅆ, ㅉ'과 같은 겹자음자가 맨 뒤로 순서화되어 있는 것을 확인할 수 있다.

〈표 4-1〉 남북한 겨레말큰사전 편찬사업 자음자 합의안

	남한	북한	합의안
초성	ㄱㄲㄴㄷㄸㄹㅁㅂㅃㅅㅆㅇㅈㅉㅊㅋㅌㅍㅎ (19)	ㄱㄴㄷㄹㅁㅂㅅㅈㅊㅋㅌㅍㅎㄲㄸㅃㅆㅉㅇ[1] (19)	ㄱㄴㄷㄹㅁㅂㅅㅇㅈㅊㅋㅌㅍㅎㄲㄸㅃㅆㅉ (19)
종성	ㄱㄲㄳㄴㄵㄶㄷㄹㄺㄻㄼㄽㄾㄿㅀㅁㅂㅄㅅㅆㅇㅈㅊㅋㅌㅍㅎ (27)	ㄱㄳㄴㄵㄶㄷㄹㄺㄻㄼㄽㄾㅀㅁㅂㅄㅅㅇㅈㅊㅋㅌㅍㅎㄲㅆ (27)	ㄱㄴㄷㄹㅁㅂㅅㅇㅈㅊㅋㅌㅍㅎㄲㄳㄵㄶㄺㄻㄼㄽㄾㄿ, ㅀㅄㅆ (27)

---

1) 조선말대사전(2017)의 일러두기에 있는 자음의 차례에서 제시된 '(ㅇ)'은 본래 초성이 아닌 종성에 나타났을 경우를 의미한다. 이를 염두에 두어서 홍윤표(2016:200)에서는 북한의 초성 자음자의 배열 순서를 'ㄱ, ㄴ, ㄷ, ㄹ, ㅁ, ㅂ, ㅅ, ㅈ, ㅊ, ㅋ, ㅌ, ㅍ, ㅎ, ㄲ, ㄸ, ㅃ, ㅆ, ㅉ, ㅇ'으로 제시하고 있다. 실제 조선말대사전에서 이런 배열 순서를 보이고 있다. 이 도표에서는 이를 그대로 따르도록 한다.

2005년부터 시작된 남북한 겨레말대사전 편찬을 위한 편찬회의를 통하여 남북한 학자들은 자음자 종류와 배열 순서를 합의하였다. 〈표4-1〉은 바로 그 합의안을 제시한 것인데, 초성에 오는 자음자의 경우 'ㄱ ㄴ ㄷ ㄹ ㅁ ㅂ ㅅ ㅇ' 순으로 하여 남한의 방법을 수용하고, 나머지는 북한의 방법인 'ㄱ, ㄴ, ㄷ, ㄹ, ㅁ, ㅂ, ㅅ, ㅇ, ㅈ, ㅊ, ㅋ, ㅌ, ㅍ, ㅎ, ㄲ ㄸ ㅃ ㅆ ㅉ' 순서를 거의 그대로 수용하고 있는 것을 알 수 있다. 단 'ㅇ'의 경우 발음보다는 문자에 주목하여서 남한의 방안을 수용하고 있다. 종성에 오는 자음자의 경우는 약간 성격이 다른데, 먼저 'ㄱ, ㄴ, ㄷ, ㄹ, ㅁ, ㅂ, ㅅ, ㅇ, ㅈ, ㅊ, ㅋ, ㅌ, ㅍ, ㅎ'을 초성 순서처럼 그대로 배열 순서화하고, 그 이후 겹자음자의 경우 앞에 오는 것은 그 순서대로 하면서 뒤에 붙는 것을 역시 그 순서대로 제시하고 있다. 나름대로 일정한 기준을 정해서 제시한 것이라 할 수 있다.

3. 15~16세기 자음자의 종류와 배열은 어떠했는가?

앞절에서는 남한의 '한글 맞춤법'(1988)과 북한의 '조선말규범집' 맞춤법 (2010)에 제시된 자음자의 종류와 배열 순서를 살펴보았고, 이와 함께 남한의 표준국어대사전(2024)과 북한의 조선말대사전(2017) 일러두기에서 제시하고 있는 자음자(초성 및 종성)의 종류와 배열 순서를 검토하여 보았다. 나아가 2008년에 합의한 남북한 통일 자음자 종류 및 배열 순서까지 알아보았다. 그렇다면 본래 한글 자음자는 어떤 것들이 있었고 또 어떤 배열 순서를 지니고 있었을까? 전자에 대해서 다른 논문에서 자세히 살펴보았으니, 여기서는 배열 순서에 대하여 한글이 창제된 15세기부터 시작하여 어떠한 변천 과정이 있었는지 그리고 왜 그렇게 변천하게 되었는지 자세히 고찰해 보도록 하자.

(7) 정인지 외(1446), '훈민정음 해례본'

ㄱ. 예의

  초성: ㄱ(ㄲ)ㅋㆁ ㄷ(ㄸ)ㅌㄴ ㅂ(ㅃ)ㅍㅁ ㅈ(ㅉ)ㅊㅅ(ㅆ) ㆆㅎ(ㆅ)ㅇ ㄹ △

  (17+6=23)

ㄴ. 해례: 제자해

  초성: ㉠ ㄱㄴㅁㅅㅇ ㅋ ㄷㅌ ㅂㅍ ㅈㅊ ㆆㅎㅇ ㄹ △(17)

     ㉡ ㄱㄷㅂㅈㅅㆆ ㅋㅌㅍㅊㅎ ㄲㄸㅃㅉㅆㆅ (17)

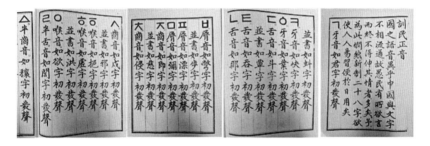

〈그림 4-1〉 정인지 외(1446), 훈민정음 해례본

한글, 즉 훈민정음은 1443년에 창제되었고 1446년에 공포되었다. 훈민정음 해례본은 예의, 해례, 정인지서로 이루어져 있는데, 예의를 통해서 자음자의 배열 순서를 짐작해 볼 수가 있다. 배열 순서라고 했지만, 단지 설명을 한 순서를 확인할 수 있을 뿐이다. (7ㄱ) 예의 부분에서 확인할 수 있듯이, 초성자를 하나하나 설명하는데, 아음, 설음, 순음, 치음, 후음, 반설음, 반치음 순서대로 'ㄱㅋㆁ ㄷㅌㄴ ㅂㅍㅁ ㅈㅊㅅ ㆆㅎㅇ ㄹ △'의 17자를 나열하고 있으며,

각자병서 표기인 'ㄲ, ㄸ, ㅃ, ㅉ, ㅆ, ㆅ'의 6자를 해당 홑자음 바로 다음에 추가하여 제시하고 있다. 괄호 안에 적은 것이 바로 그것들이다. 그리하여 (7 ㄱ)에 제시된 자음자는 17자에다가 6자를 더한 23자가 된다. 이들 23자 자음 자는 각각의 조음위치에 따라서 전청, (전탁), 차청, 불청불탁의 순서대로 설명 되어 있다.[2]

좀 더 자세히 들여다보면 그 안에서도 일정한 배열 순서가 있다는 것을 알게 된다. 아설순치음 각각 맨 처음에 'ㄱ, ㄷ, ㅂ, ㅈ, ㅅ'을 놓고 두 번째로 'ㄲ, ㄸ, ㅃ, ㅉ, ㅆ'을 놓고, 세 번째로 'ㅋ, ㅌ, ㅍ, ㅊ'을 놓고, 네 번째로 불청불탁 의 'ㆁ, ㄴ, ㅁ'을 두고 있다. 즉 전청, 전탁, 차청, 불청불탁 순서를 유지하고 있다는 것이다. 후음은 'ㆆ'을 기본으로 하고 'ㅎ', 'ㆅ', 'ㅇ' 순서를 유지하고 있는데, 사실 'ㆆ'은 문헌에서 소위 이영보래(以影補來)라 하여 특별한 경우에 만 사용되었고 실제음을 나타내는 것은 아닌데도 맨 앞에 나와 있어서 특이성 을 보인다. 두 번째 나오는 'ㅎ'도 차청음이 아니고 'ㆅ'도 전탁음이라고 하기 도 쉽지 않다. 마지막의 'ㅇ'은 문자일 뿐 일정한 음가를 지니지는 않는다. 후 음이 지니는 특이성과 특히 'ㅇ'이 지니는 논란점을 의식해 볼 수가 있다. 이체 형이라고 일컬어지는 'ㄹ'과 'ㅿ'의 특이성도 볼 수가 있다.[3]

(7ㄴ㉠) '해례' 부분의 자음자 배열 순서는 (7ㄱ) '예의' 부분과 차이를 보인

---

2) 정광(2020:71)에서는 "범자와 실담, 그리고 西藏문자, 파스파 문자가 모두 /k, kh, g, ng/의 순서로 글자를 배열"하고 있다고 하면서 훈민정음이 이에 유래했다고 주장하고 있다. 그러 나 김유범(2018)에서는 그러한 사례가 극히 일부만이기 때문에 일반화하기 어렵다고 말하 고 있다.

3) 'ㅇ'에 대해서는 보다 자세한 논의가 필요하다. 한 가지 예를 들자면 모음자 'ㅏ, ㅑ, ㅓ, ㅕ' 등의 이름이 왜 '아, 야, 어, 여' 등인지, 즉 왜 'ㅇ' 자를 붙여서 이름이 지어지는지 등 근본적인 논의가 'ㅇ'의 성격과 더불어 이루어질 필요가 있다. 5장에서 자세히 검토하기 로 한다.

다. 그것은 이 부분이 제자해이기 때문에 기본자 'ㄱ, ㄴ, ㅁ, ㅅ, ㅇ' 5개를 먼저 보여야 했기 때문이다. 결국 기본자 5개를 제외하면 다른 것들은 (7ㄱ) '예의' 부분과 같다고 할 수 있다. (7ㄴㄷ)은 전청 'ㄱㄷㅂㅅㅈㆆ', 차청 'ㅋㅌㅍ ㅊㅎ', 전탁 'ㄲㄸㅃㅉㅆㆅ' 순서를 보이는데, 이는 자음자 전체 배열 순서가 아니라 단지 부류로 구분한 것일 뿐이다.

(8) '훈민정음 언해본'(1459)

초성: ㄱ(ㄲ)ㅋㆁ ㄷ(ㄸ)ㅌㄴ ㅂ(ㅃ)ㅍㅁ ㅈ(ㅉ)ㅊㅅ(ㅆ) ㆆㅎ(ㆅ)ㅇ ㄹ ㅿ
　　　ㅈ ㅊ ㅉ ㅅ ㅆ ㅈ ㅊ ㅉ ㅅ ㅆ (17+6+10=33)

언해본이라고 알려져 있는 (8)에서는 홑자음자 17개와 이를 겹쳐 쓴 각자병 서 6자가 (7)에서처럼 배열되어 있고, 거기에다가 중국 한자음 발음, 즉 치두 음과 정치음을 표기하기 위하여 'ㅈ ㅊ ㅉ ㅅ ㅆ; ㅈ ㅊ ㅉ ㅅ ㅆ' 10개를 추가로 보여 주고 있다. 그러나 이들 10자는 조선 한자음을 나타내는 표기가 아니기 때문에 우리말의 자음자라고 하기 어렵다. 결국 이때도 (7)에서의 자음 자가 그대로 인정되고 있다고 말할 수 있다.

(9) 최세진(1527), '훈몽자회', 범례 '언문자모'(16자)

ㄱ. 초성종성통용팔자(8자)
　ㄱ ㄴ ㄷ ㄹ ㅁ ㅂ ㅅ ㆁ

ㄴ. 초성독용팔자(8자)
　ㅋ ㅌ ㅍ ㅈ ㅊ ㅿ ㅇ ㅎ

한글 자음자의 배열 순서에서 큰 전환점
을 준 것은 최세진의 훈몽자회 범례이다.
거기에 '언문자모' 부분이 있는데, 초성종성
통용팔자라 하여 'ㄱ ㄴ ㄷ ㄹ ㅁ ㅂ ㅅ ㆁ'
이 순서대로 제시되어 있고 또 초성독용팔
자라 해서 'ㅋ ㅌ ㅍ ㅈ ㅊ ㅿ ㅇ ㅎ'이 순서
대로 제시되어 있다. 전자에서는 아음으로
'ㄱ', 설음으로 'ㄴ, ㄷ, ㄹ', 순음으로 'ㅁ,
ㅂ', 치음으로 'ㅅ', 후음으로 'ㆁ'이 순서대
로 제시되어 있어서 결국 아설순치후의 배
열 순서를 유지하고 있는 셈이다. 후자에서

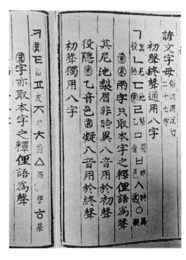

〈그림 4-2〉 최세진(1527), 훈몽자회

도 마찬가지인데, 아음으로 'ㅋ', 설음으로 'ㅌ', 순음으로 'ㅍ', 치음으로 'ㅈ,
ㅊ, ㅿ', 후음으로 'ㅇ, ㅎ'이 역시 순서대로 제시되어 있다.4)

(9ㄱ)의 'ㄱ ㄴ ㄷ ㄹ ㅁ ㅂ ㅅ ㆁ'은 현행 한글 맞춤법(1988)의 자음 순서
'ㄱ ㄴ ㄷ ㄹ ㅁ ㅂ ㅅ ㅇ'에 직접적으로 연결되어 있다. 16세기 때는 'ㆁ'이었
지만 지금은 'ㅇ'으로 자음자가 바뀐 차이만 있을 뿐 그 배열 순서가 정확히
일치한다. '훈몽자회'(1527) 범례가 현행 자모자 배열 순서에 절대적 영향을
끼친 것이다. 현행 자음자에서도 아설순치후의 배열 원리가 살아있다고 해도

---

4) 본래 'ㆁ'은 15세기 때 아음에 속해 있었다. 그런데 16세기에는 위치가 초성종성통용팔자에
  서 후음 위치에 가 있다. 왜 그랬을까? 'ㄱ'과 'ㆁ'은 아음에 속해 있으나 (10ㄱ)을 보면
  'ㆁ'이 아음과는 상관없이 배열된 것을 보게 된다. 이는 'ㆁ'과 'ㅇ'이 15세기 때는 각각
  아음과 후음으로 구분되었으나 16세기에 와서 이 두 문자가 혼용되어서 굳이 그런 구분을
  하지 않게 되지 않았나 싶다. 현행 'ㄱ ㄴ ㄷ ㄹ ㅁ ㅂ ㅅ ㅇ' 배열 순서가 굳어지면서 지금은
  아설순치후 배열이라는 말을 하지 않게 된 것이라 추측해 본다. 일찍이 남광우
  (1956:111-112)에서는 16세기에는 물론이고 이미 15세기에도 'ㆁ'과 'ㅇ'이 혼용되었음을
  보여 주고 있다.

과언이 아니다. 아음, 치음, 후음은 각각 'ㄱ', 'ㅅ', 'ㆁ'[사실은 'ㅇ'] 하나씩만 있는데, 설음은 'ㄴ, ㄷ, ㄹ' 3개가 제시된 이유는 무엇일까? 가획의 원리 차원에서 'ㄴ'을 먼저 두고 1차 가획을 해서 'ㄷ'이 만들어진다. 이곳의 'ㄹ'은 흔히 이체자라고 부르는데, 'ㄷ'과 'ㄹ'의 모양이 전혀 관련이 없다고 하기는 어렵고 'ㄹ'을 반설음이라 하여 결국 설음의 한 유형으로 볼 수 있다. 또 순음은 'ㅁ, ㅂ' 2개인데, 먼저 'ㅁ'이 있고 여기에 가획을 해서 'ㅂ'이 만들어진 것이다.

초성독용팔자 역시 아음 'ㅋ', 설음 'ㅌ', 순음 'ㅍ'이 순서대로 하나씩 설정되고, 이어서 치음 'ㅈ, ㅊ, ㅿ', 후음 'ㅇ, ㅎ'이 각각 설정된다. 치음 같은 경우 'ㅈ'이 먼저 선택되고 이어서 가획한 'ㅊ'이 만들어진다. 역시 후음은 'ㅇ'이 먼저 선택되고 이어서 가획한 'ㅎ'이 만들어진다.[5] 결국 (9)에서는 초종성통용팔자가 앞에 오고 초성독용팔자가 뒤에 배열되는 형국을 보이고 있다.

(10) '진언집'(1569): 언본(諺本)

ㄱ. 초성종성통용팔자
　ㄱ 其役 ㄴ 尼隱 ㄷ 池(末) ㄹ 梨乙 ㅁ 眉音 ㅂ 非邑 ㅅ 時(衣) ㆁ 異凝

ㄴ. 초성독용팔자
　ㅋ 箕 ㅌ 治 ㅍ 皮 ㅈ 之 ㅊ 齒 ㅿ 而 ㅇ 伊 ㅎ 屎

(10)의 진언집(1569)은 (10) 이후 4~50년 지난 이후에 나온 불교의 언본 책자이다. 거기에 초성종성통용팔자 'ㄱ ㄴ ㄷ ㄹ ㅁ ㅂ ㅅ ㆁ'과 초성독용팔자 'ㅋ ㅌ ㅍ ㅈ ㅊ ㅿ ㅇ ㅎ'이 순서대로 나온다. 이러한 자음자와 배열 순서는

---

5) 'ㅎ'은 15세기에 음가와 문자가 사라졌기 때문에 훈몽자회에 등장하지 않은 것이다.

훈몽자회(1527)의 것과 완전히 일치한다. 즉 16세기에 현행의 'ㄱ ㄴ ㄷ ㄹ ㅁ ㅂ ㅅ ㅇ'의 배열 순서가 확정되었다고 단언할 수 있다.

4. 17~19세기 자음자 배열은 어떠했는가?

(9) 최세진의 훈몽자회(1527)에서 보여준 자음자의 배열 순서는 그 이후에 지속적으로 영향을 끼쳐 온 것으로 알려져 있다. 17세기 자료는 최석정(1675)가 있고, 18세기 자료는 신경준(1750), 홍계희(1751) 등 몇 가지 기록이 남아 있다.

(11) 17세기의 자음자 배열: 최석정(1678), '경세정운'

初聲(23): ㄱㄲㅋㆁ ㄷㄸㅌㄴ ㅂㅃㅍㅁ ㅈㅉㅊ ㅎㆅㆆㅇ ㅅㅆㄹㅿ

終聲(16): ㆁㄱ ㄴㄹㄷ ㅁㅂ ㅿㅅㅈ ㅇㅎ

二合: ㄺ ㄻ ㄽ ㅀ

(11) '경세정운'은 17세기 문헌인데 훈민정음의 기원에 대하여 논술한 운서이다. 여기서는 초성 자음자로 23개를 설정하고 있는데, 그 종류나 배열 순서가 (7) 훈민정음 해례와 동일하다. 즉 아설순치우 순서로 되어 있는데, 단지 각자병서인 'ㄲ ㄸ ㅃ ㅉ ㆅ ㅆ'을 'ㄱ ㄷ ㅂ ㅈ ㅎ ㅅ' 각각 바로 뒤에 위치해 두고 있는 차이가 있을 뿐이다. 따로 종성 자음자로 16개를 소개하고 있는데, 앞 부분 10개를 각 아음, 설음, 순음, 치음, 후음으로 순서대로 제시하고 있고, 또한 이합(二合) 글자라 하여 'ㄺ, ㄻ, ㄽ, ㅀ'의 4개를 각각 설아(舌牙), 설순

(舌脣), 설치(舌齒), 설후(舌喉)라
고 표시하고 있다.6) 겹자음자가
이렇게 소개된 것은 특이성을
보인다.

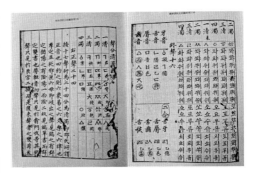

(12) 18세기 문헌의 자음자 배열

〈그림 4-3〉 최석정(1678), 경세정운

ㄱ. 장응두(1719), '조선언문' (14+1)

　　ㄱ ㄴ ㄷ ㄹ ㅁ ㅂ ㅅ ㅇ ㅣ

　　ㅋ ㅌ ㅍ ㅈ ㅊ ㅎ

　　ㄱ億 ㄴ脈 ㄷ極 ㄹ乙 ㅁ音 ㅂ邑 ㅅ玉 ㅇ襄 ㅣ伊

ㄴ. 박성원(1747), '화동정음통석운고' (16)

　　초성종성통용팔자　ㄱ ㄴ ㄷ ㄹ ㅁ ㅂ ㅅ ㅇ (8)

　　초성독용팔자　　　ㅋ ㅌ ㅍ ㅈ ㅊ ㅿ ㆁ ㅎ (8)

ㄷ. 홍계희(1751), '삼운성휘' (14)

　　초종성통용팔자　ㄱ ㄴ ㄷ ㄹ ㅁ ㅂ ㅅ ㆁ (8)

　　초성독용육자　　　ㅈ ㅊ ㅌ ㅋ ㅍ ㅎ (6)

(12ㄱ)의 '조선언문'(1719)에서는 익히 알려진 'ㄱ ㄴ ㄷ ㄹ ㅁ ㅂ ㅅ ㅇ'에다
가 'ㅣ'를 더하고 있어서 특이함을 보인다. 이것에 대하여 'ㄱ億 ㄴ脈 ㄷ極 ㄹ乙

6) 종성 16자는 'ㆁ凝ㄱ億　ㄴ隱ㄹ乙ㄷ得　ㅁ音ㅂ邑　ㅿ而ㅅ思ㅈ叱　ㅇ矣ㆆㅎ盒' 19개와 이합(二
　合)으로 'ㄹㄱ億　ㄹㅂ邑　ㄹㅿ思　ㄹㆆ乙盒'처럼　제시되어　있다.　최석정·김지용
　(2011:199-214)를 참고할 수 있다.

ㅁ音 ㅂ邑 ㅅ玉 ㅇ襄 ㅣ伊'라고 표시가
되어 있어서 그 정체가 더욱 안개 속
에 갇혀 있다. 다른 것들은 종성에 나
타나는 것을 염두에 두었다고 보이기
때문이다. 뒤에서도 살펴보겠으나
'ㅣ'가 자음자 위치에서 나타나는 것
이 특이하다. 흔히 '딴이'라고 명명하
는 것인데, 아직 그 정체가 정확히 밝
혀졌다고 말하기 어렵다.7) 한편 실제
용례를 보면 이것들 뒤에 'ㅋ ㅌ ㅍ ㅈ

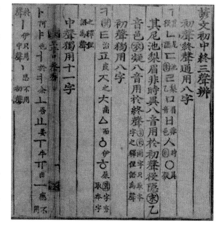

〈그림 4-4〉 박성원(1747), 화동정음통석운고

ㅊ ㅎ'를 계속 사용하고 있다. 이러한 배열 순서는 (9)의 훈몽자회에서부터 이어
진 것이다.

　(12ㄴ) 박성원(1747)의 '화동정음통석운고'는 본래 '삼운통고'와 '사성통해'
에 의거하여 조선 한자음과 중국 한자음을 함께 표기한 운서이다. (12ㄴ)의
초종성 8팔와 초성독용의 8자는 최세진(1927)의 '훈몽자회'와 종류도 배열
순서도 일치한다. 단지 초종성통용팔자의 'ㅇ'과 초성독용팔자에서 'ㆁ'이 서
로 바뀌어 있을 뿐이다.8) 자음자의 배열도 'ㄱ ㄴ ㄷ ㄹ ㅁ ㅂ ㅅ ㅇ' 및 'ㅋ
ㅌ ㅍ ㅈ ㅊ ㅿ ㆁ ㅎ'으로 제시되어 있다.

---

7) 개화기 교과서인 현채(1909)의 '신찬초등소학'에서는 '개'에 쓰인 용례를 보여주고 있는데,
　이에 따른다면 '가'에 붙은 'ㅣ'를 종성자로 본 게 아닌가 추정할 뿐이다. 이에 대해서는 7장에
　서 자세히 다루도록 한다.

8) 'ㅇ'과 'ㆁ'의 혼용 혹은 혼란은 15세기에 이미 존재했었다. (9ㄱ) 훈몽자회에서의 제시 방식
　이 일반적으로 알려져 있다. (12ㄴ)에서 초성독용으로 'ㆁ'을 넣고, 종성에서 'ㅇ'을 넣은
　것이 보편적인 것이 아니다. 여하튼 18세기인데도 (9ㄱ) 훈몽자회의 영향력이 그대로 남아
　있음을 확인할 수 있다.

(12ㄷ) 홍계희(1751)의 '삼운성휘'에서
는 자음자의 배열 순서가 'ㄱ ㄴ ㄷ ㄹ ㅁ
ㅂ ㅅ ㆁ ㅈ ㅊ ㅌ ㅋ ㅍ ㅎ'의 14자가 제시
되어 있다.9) (12ㄱ)의 'ㅣ'를 빼면 14자로
동수인데, 그 배열 순서는 차이를 보인다.
보통 앞의 8자는 순서가 같은데, (12ㄷ)의
'ㅈ ㅊ ㅌ ㅋ ㅍ ㅎ'은 (12ㄱ,ㄴ)의 'ㅋ ㅌ
ㅍ ㅈ ㅊ ㅎ'과 순서가 차이가 난다.10) 아
설순치후음의 순서나 차청 순서나 일관성
을 찾기 어렵다. 'ㅈ, ㅊ'이 앞으로 온 것은

〈그림 4-5〉 홍계희(1751), 삼운성휘

이것들의 음변화와 관련되어 있는데, 곧 본
래 치음에 속해 있던 'ㅈ, ㅊ'이 구개음으로 변하게 되면서 본래 치음이었던
'ㅌ'과 함께 앞에 두게 된 듯하다고 알려져 있다.(홍윤표, 2013:56-57). 그러나
'ㅈ, ㅊ'은 음변화로 설명할 수 있다고 해도 'ㅌ'까지 함께 이동된 것은 설명하기
어렵다.11)

---

9) 이기문(1963:138)에서는 이때의 'ㆁ'은 잘못된 것으로 'ㅇ'이 맞다고 하였다. 훈민정음의
'業初聲'이라고 하면서도 'ㆁ'이라 적어 둔 것은 명백한 오류라는 것이며, 실제 18세기 중반
당시 종성 글자의 모양은 'ㅇ'이었다고 말한다.

10) '삼운성휘'(1751)에는 '언자초중종성지도(諺字初中終聲之圖)'를 제시하면서 자모자의 종류와
배열 순서를 제시하고 있다. 거기에서 '此圖不因訓民正音本次 而用俗所謂反切之次者 欲使人易
曉也'라 하여 그 도표가 훈민정음 차례에 따른 것이 아니며, 세상에서 일컫는 '반절'의 차례에
따른 것이라고 밝히고 있는데 이는 곧 사람들이 쉽게 알게 하려는 것이라고 말하고 있다.

11) 신경준(1750)의 '훈민정음운해'에서는 초성도라 하여 조음기관에 따라 'ㅇㆆㅎㆅ ㆁㄱㄲ
ㄴㄷㅌ(ㄸ ㅃ)ㄹ ㅅㅈㅊㅆㅉ(ᄼᄌᄎᄽᄿ)ㅿ ㅁㅂㅍㅃ ㅱㅸㆄㅹ'의 36자를 제시하고 있다(강신
항, 1959). 그러나 이것들은 중국 한자음을 기준으로 한 것으로 당시 현실음과는 차이가
있다. 거기서는 종성도라 하여 'ㆁ ㄴ ㅁ'만을 제시하고 있는데, 이는 극히 일부에 불과하다.

(13) 19세기 전반기 문헌의 자음자 배열

ㄱ. 홍희준(훈곡, 1800), '화동음원(華東音源)'

ㄱ ㄲ ㄴ ㄷ ㄸ ㄹ ㅁ ㅂ ㅽ ㅅ ᄼ ㅇ ㅈ ᅎ ᅐ ㅉ ᅏ ᅑ ㅊ ᅔ ᅕ ㅋ ㅌ ㅍ
ㅎ ㆅ ㆁ ㅇ ㅿ ㅁ ㅸ ㅃ ㆄ (33)

ㄴ. 유희(1824), '언문지'

초성 25母   ㄱ ㅋ ㄲ ㆁ   ㄷ ㅌ ㄸ ㄴ   ㅂ ㅍ ㅃ ㅁ ㅸ ㅃ   ㅈ ㅊ ㅉ ㅿ ㅅ ㅆ   ㅇ ㅎ ㆅ   ㄹ ㆁ

종성 定例 6韻   ㄱ ㄷ ㅂ ㆁ ㄴ ㅁ

     變例 1韻   ㄹ

ㄷ. 클라프로트(1832), '삼국통람도설'의 배열 순서

초성자: ㄱ ㄴ ㄷ ㄹ ㅁ ㅂ ㅅ ㅇ ㅈ ㅊ ㅋ ㅌ ㅍ ㅎ (14)

ㄹ. 조정순(石帆, 1846), '언음첩고(상)'

초성종성통용팔자 ㄱ기윽 ㄴ니은 ㄷ디읃 ㄹ리을 ㅁ미음 ㅂ비읍 ㅅ시읏 ㆁ이응
초성독용육자 ㅈ ㅊ ㅋ ㅌ ㅍ ㅎ

(13ㄱ)은 중국음을 나타내는 자음자 33개를 제시하고 있다. 치두음·정치음 표기(ㅅ ᄼ ᅎ ᅐ ㅉ ᅏ ᅑ ㅊ ᅔ ᅕ)나 역시 한국어와는 차이가 있는 순경음 표기(ㅁ ㅸ ㆄ)를 제외하면 23개의 자음자가 남는다, 이것들 가운데도 'ㆅ, ㆁ, ㅿ, ㅸ'과 같은 당시 비현실음 표기를 빼면 19개가 남는다. 더불어서 초성의 'ㅇ'과 종성의 'ㆁ'을 구분하여 제시하고 있는데, 이것도 'ㅇ' 하나로 통일해서 계산해 보면 얼추 현대국어의 자음자 18개가 되는데 이는 현대국어의 'ㅆ'이 빠진 것이다. 어쨌든 자음자의 배열 순서라는 측면에서 볼 때 그 배열 원리가 아설순치후음 순서와 각 음을 다시 전청, 전탁, 차청, 불청불탁의 순서로 배열한

것임을 알 수가 있다. (7)의 훈민정음 해례본과 (9)의 훈몽자회의 자음자 배열 원리와 순서가 적절히 결합된 결과임을 알 수 있다.12)

(13ㄴ)에서는 25개 초성 자음자와 7개 종성 자음자를 제시한 것인데 기실 후자는 전자에 모두 포함되어 있으므로 25개 초성자만 설명해도 되겠다. 'ㄱ ㅋㄲㆁ, ㄷㅌㄸㄴ, ㅂㅍㅃㅁㅸㆄ, ㅈㅊㅉㅿㅅㅆ, ㅇㅎㆅ'의 순서는 아설순치후 음 순서이며 여기에 'ㄹ, ㆆ'이 추가로 되어 있다. 이것들은 다시 '전청, 차청, 전탁, 불청불탁' 순으로 제시되었다. 당시 현실음 표기가 아닌 'ㅸ, ㆄ, ㅿ, ㆅ, ㆆ' 5자를 제외하면 현용 19자가 된다.

(13ㄷ)에서는 초성 자음자의 배열 순서를 제시하고 있는데, 'ㄱ ㄴ ㄷ ㄹ ㅁ ㅂ ㅅ ㅇ ㅈ ㅊ ㅋ ㅌ ㅍ ㅎ'의 14자로 현행 자음자 순서와 일치되는 것을 보이고 있다. 즉 'ㅈ ㅊ'이 'ㅋ ㅌ ㅍ'보다 앞서 제시되고 있다. (13ㄹ)도 마찬가 지이다. 초성종성통용 8자 'ㄱ ㄴ ㄷ ㄹ ㅁ ㅂ ㅅ ㆁ'와 초성독용 6자 'ㅈ ㅊ ㅋ ㅌ ㅍ ㅎ'를 순서대로 보이고 있다. 19세기에 들어서면서 'ㄱ ㄴ ㄷ ㄹ ㅁ ㅂ ㅅ ㅇ ㅈ ㅊ ㅋ ㅌ ㅍ ㅎ'과 같은 21세기 현행의 자음자 배열 순서가 정해지 게 되었다고 해석된다.13)

---

12) 김양진(2008:60)에서는 홍희준(1800)에 나타난 '언서훈의설'을 통하여 현재의 자음자 순 서가 최초로 정해졌다고 주장하고 있다. 즉 아래에서처럼 괄호를 뺀 상태로 보면 자음자 순서가 여기서 정해졌다는 것이다.

ㄱ (ㄲ) ㄴ (ㄴ) ㄷ (ㄸ) ㄹ ㅁ ㅂ (ㅃ ㅸ ㆄ) ㅅ (ㅅ ㅅ ㅆ) ㅇ ㅈ (ㅉ ㅈㅉ ㅈ ㅉ) ㅊ (ㅊ ㅊ) ㅋ ㅌ ㅍ ㅎ ㆁ ㆆ ㅿ

13) (13ㄷ)의 '삼국통람도설'은 독도를 한국의 지명으로 다룬 책으로 1832년에 파리에서 초판 이 나왔다. 이 책은 특히 독도를 한국의 지명으로 다루고 이를 설명한 자료로 유명한데, 본래 일본의 실학자였던 헤아시(林子平)가 1785년 일본어로 출판했던 삼국통람도설을 독 일인 동양학자였던 클라프로트(KLAPROTH)가 1832년 파리에서 프랑스어로 출판한 초판 으로, 당시 일본과 인접에 있던 조선, 북해도, 유구(琉球)의 지명과 언어에 대한 연구서이 다. 이 책에서는 조선의 지리와 언어를 소개하고 있는데, 약 500여 개 단어를 볼 수가 있어서 주목된다.

(14) 19세기 후반기 문헌의 자음자 배열

ㄱ. 강위(1864), '동문자모분해'

초성18자: ㅇㅇ ㅎㅎ ㄱㄱ ㄲㄲ ㅋㅋ ㅅㅅ ㅆㅆ ㅈㅈ ㅊㅊ ㄴㄴ ㄷㄷ ㄸㄸ ㅌㅌ

　　　　ㄹㄹ ㅁㅁ ㅂㅂ ㅃㅃ ㅍㅍ 14)

종성8자: ㄱ기윽 ㄴ니은 ㄷ디읃 ㄹ리을 ㅁ미음 ㅂ비읍 ㅅ시의 ㅇ이응

ㄴ. 정행 편(1869), '일용작법'15)

　ㄱ其役 ㄴ尼隱 ㄷ池末 ㄹ梨乙 ㅁ眉音 ㅂ非邑 ㅅ示衣 ㅣ而 ㅇ行 (초성종성통용팔자)

　ㄱ可 ㄴ那 ㄷ多 ㄹ羅 ㅁ馬 ㅂ婆 ㅅ沙 ㅇ阿 ㅈ自 ㅊ此 ㅌ他 ㅋ佉 ㅍ波 ㅎ河

　과 궈 놔 눠 돠 둬 롸 뤄 뫄 뭐 봐 붜 솨 쉬 와 워 좌 줘 촤 춰 톼 퉈 콰 쿼

　퐈 풔 화 훠

ㄷ. '기축신간반절표(己丑新刊反切表)'(1889)16)

　ㄱ ㄴ ㄷ ㄹ ㅁ ㅂ ㅅ ㅣ ㅇ

ㄹ. 리봉운(1897), '국문졍리'

　ㄱㄱ ㅇ응 ㅎㅎ ; ㅅㅅ ㅈㅈ ㅊㅊ ; ㅋㅋ ; ㄴㄴ ㄷㄷ ㄹㄹ ㅌㅌ ; ㅁㅁ ㅂㅂ ㅍㅍ

　(좌모ㅈ)

　ㄱ ㅋ ㄴ ㄷ ㄷ ㄹ ㄹ ㄹ ㅁ ㅁ ㅂ ㅂ ㅅ ㅈ ㅣ 이 ㅇ ㅎ (종셩)

---

14) (14ㄱ) 강위(1864)에서 'ㅅ'의 이름이 '시읏'이 아니라 '시의'로 나와 있는데, 이것은 '衣'의 뜻이 아닌 한자음을 실수로 그대로 나타낸 듯하다.

15) '일용작법'은 '僧家日用食時默言作法'을 약칭한 것인데, 1869년에 정행 스님이 편찬하여 내고, 1882년에 속간되었다고 알려져 있다.

16) 이 시기 한글의 28자 중 'ㆆ, ㆁ, ㅿ'이 탈락하여 25자(현재 쓰이는 24자 + ·)만 남아 있는 것이 그대로 반영되었다. 아래 '기축신간반절표'(1889)에서 위 그림은 각각 '자음+ㅏ'로 시작하는 단어들이다. 'ㄱ 개, ㄴ 나비, ㄷ 닭, ㄹ 라팔(나팔), ㅁ 말, ㅂ 배, ㅅ 사슴, ㅇ 아이, ㅈ 자, ㅊ 채, ㅋ 칼, ㅌ 탑, ㅍ 파, ㅎ 해'를 나타내고 있다.

ㄱ그윽 ㄴ느은 ㄷ드읏 ㄹ르을 ㅁ므음 ㅂ브읍 ㅅ스읏 ㅣ이 ㅇ으응 (쟝음반졀규식)

(14ㄱ)은 초성 18자가 'ㆁㅎㄱㄲㅋ ㅅㅆㅈㅊ ㄴㄷㄸㅌㄹ ㅁㅂㅃㅍ' 순서대로 배열되어 있다. 후음과 아음이 섞인 'ㆁㅎㄱㄲㅋ', 치음인 'ㅅㅆㅈㅊ', 설음인 'ㄴㄷㅌㄹ', 마지막으로 순음인 'ㅁㅂㅃㅍ'이 제시되어 있다. 특이한 것은 여기서 'ㆁ'은 후음 'ㅇ' 대신 쓰인 것일 테고 이어서 역시 후음인 'ㅎ'이 바로 옆에 나왔다. 'ㆁ'과 'ㅇ'이 혼동되어 사용되고 있음을 볼 수 있고, 치음 'ㅅㅆ'이 일반적인 설음에 앞서 나왔다는 것도 특이한 모습이다.

(14ㄴ)에서는 자음자의 배열 순서가 'ㄱ ㄴ ㄷ ㄹ ㅁ ㅂ ㅅ ㅣ ㆁ'로 되어 있는데, 앞서 (12ㄱ)에서 언급한 소위 딴이라고 하는 'ㅣ'가 'ㅅ'과 'ㆁ' 사이에 등장하고 있다.[17] 그리고 초성 14자가 'ㄱ ㄴ ㄷ ㄹ ㅁ ㅂ ㅅ ㅇ ㅈ ㅊ ㅌ ㅋ ㅍ ㅎ' 순서로 제시되어 있다. 보통은 'ㅋ ㅌ' 순서인데 여기서는 반대로 나와 있다. (14ㄷ)에서도 'ㅣ'가 그 위치에 제시되어 있다. 그런데 실제 사용례에서는 'ㅣ'가 드러나지 않는다.[18]

(14ㄹ) 리봉운의 '국문정리'(1897)에서도 'ㄱ ㄴ ㄷ ㄹ ㅁ ㅂ ㅅ ㅣ ㅇ'의 배열 순서가 나와 있다. 이것은 근본적으로 (14ㄷ)의 배열 방식과 동일하다. 역시 소위 '딴이'라고 하는 것의 존재가 드러나 있다. 그런데 '좌모ㅈ'라 하여 'ㄱ ㅇ ㅎ ㅅ ㅈ ㅊ ㅋ ㄴ ㄷ ㄹ ㅌ ㅁ ㅂ ㅍ'라는 배열 순서를 제시하고도 있는데, 아음(ㄱ), 후음(ㅇ, ㅎ), 치음(ㅅ, ㅈ, ㅊ), 아음(ㅋ), 설음(ㄴ, ㄷ, ㄹ, ㅌ), 순음(ㅁ, ㅂ, ㅍ) 순서로 나와 있어서 그 배열의 원리를 일반화하기 어렵다. 단지 'ㄱ,

---

17) 이기문(1963:140)에서는 'ㅣ而 ㆁ行'에 대하여 'ㆁ'을 나타낸 것으로 보았다. 이는 훈몽자회 당시의 '異凝'이 '이행'으로 변한 것으로 본 소이이다.

18) 사실 딴이는 자음자인지 모음자인지도 그 정체성이 모호하다. 딴이 'ㅣ'에 대해서는 7장에서 자세히 다루도록 한다.

ㅅ, ㄴ, ㅁ'의 전청이 각각에서 앞에 나오고 'ㅎ, ㅊ, ㅋ, ㅌ, ㅍ'의 차청이 각각
의 마지막에 나오는 원리 정도는 추정할 수가 있다.

5. 20세기 자음자의 종류와 배열은 어떠한가?

　앞서도 보았지만 자음자를 설정할 때에 초성에 오는 것과 종성에 오는 것을
구분하는 것이 일반적이었다. 그렇지만 초성자를 종성자에 다시 사용한다는
소위 종성부용초성 원칙 차원에서 본다면 그것은 굳이 구분할 필요가 없는
논의였다. 하지만 계속 이어온 전통(혹은 인습) 때문인지는 모르겠으나 초성과
종성에서 사용되는 자음자를 구분하는 논의는 20세기 들어서도 대체로 지속
되었다.

(15) 1900년대 초반(1): 초성자와 종성자를 구분한 논의

ㄱ. 지석영(1905), '신정국문'
　초종성통용팔자　ㄱ기윽 ㄴ니은 ㄷ디읃 ㄹ리을 ㅁ미음 ㅂ비읍 ㅅ시읏 ㅇ이응
　　　　ㄱㄴㄷㄹㅁㅂㅅㅇ 八字난 用於初聲
　　　　윽은읃을음읍읏응 八字난 用於終聲
　초성독용육자　ㅈ지 ㅊ치 ㅋ키 ㅌ티 ㅍ피 ㅎ히

ㄴ. 정인호 편(1908), '최신초등소학'
　ㄱ기억 ㄴ니은 ㄷ디읏 ㄹ리을 ㅁ미음 ㅂ비읍 ㅅ시읏 ㅇ이응 (8자)
　　기 니 디 리 미 비 시 이　(八音은 分行初聲)

억 은 읏 을 음 읍 읒 응 (八音은 分行終聲)

ㅈ지 ㅊ치 ㅋ키 ㅌ티 ㅍ피 ㅎ히 (六音은 單行初聲) (6자)

ㄷ. 최재학 편(1908), '몽학필독'

ㄱ加 ㄴ那 ㄷ多 ㄹ羅 ㅁ馬 ㅂ(所) ㅅ沙 ㅇ牙 ㅈ子 ㅊ此 ㅋ ㅌ他 ㅍ波 ㅎ何 (자음 14자)

ㄱ其亦 ㄴ尼隱 ㄷ池(末) ㄹ梨乙 ㅁ眉音 ㅂ非邑 ㅅ示(衣) ㅇ伊凝 ㅣ外伊 (초종성통용9자)

(15)에서는 초성과 종성에 나타나는 자음자를 구분하여 제시하고 있다. (15 ㄱ)은 당시 관보에 등장한 지석영의 '신정국문'(1905)의 것인데, 'ㄱ ㄴ ㄷ ㄹ ㅁ ㅂ ㅅ ㅇ'이 모음자 앞에서 초성으로도 쓰이고 모음자 밑에서 종성으로도 쓰인다고 말하고 있으며, 'ㅈ ㅊ ㅋ ㅌ ㅍ ㅎ'은 초성에서만 쓰인다는 것을 말하고 있다. 결국 'ㄱ ㄴ ㄷ ㄹ ㅁ ㅂ ㅅ ㅇ' 8개의 자음자가 초종성에 모두 나타나고, 'ㅈ ㅊ ㅋ ㅌ ㅍ ㅎ' 6개는 초성에만 나타난다고 명시하고 있다.

(15ㄴ)은 교사를 위한 소학교용 교과서 독본이다. 여기서도 'ㄱ ㄴ ㄷ ㄹ ㅁ ㅂ ㅅ ㅇ' 8개 자음자가 초성에 쓰이고, 종성에서는 'ㄷ' 대신에 'ㅅ'이 쓰인다고 구분하고 있다. 그리고 'ㅈ ㅊ ㅋ ㅌ ㅍ ㅎ' 6개는 초성에만 쓰인다고 제시하고 있다.[19]

(15ㄷ)은 우리 고전을 담은 일종의 교과서인데, 'ㄱ ㄴ ㄷ ㄹ ㅁ ㅂ ㅅ ㅇ

---

[19] 일본인 초학자들을 위한 '한어(韓語)'라고 하는 책이 안영중(安泳中)에 의해서 1906년에 나왔다. 거기서 부음(父音) 15자와 종성(밧침) 9자를 설정하고 있는데, 부음, 곧 초성과 종성에 모두 딴이 'ㅣ'를 설정하고 있는 것이 특이하다. 자음자의 명칭이 모두 일본어로 되어 있는데, 편의상 여기에는 한글로 적어 둔다.
○ 安泳中(1906), 韓語, 일본: 虎與號書店.
　父音: ㄱ기윽 ㄴ니은 ㄷ디읃 ㄹ리을 ㅁ미음 ㅂ비읍 ㅅ시읏 ㅣ이 ㅇ행 ㅈ지 ㅊ치 ㅋ키 ㅌ티 ㅍ피 ㅎ히 (15자)
　終聲(밧침): ㄱ윽 ㄴ은 ㄷ읃 ㄹ을 ㅁ음 ㅂ읍 ㅅ읏 ㅣ이 ㅇ행 (9자)

ㅈ ㅊ ㅋ ㅌ ㅍ ㅎ'의 14개 자음자를 먼저 제시하고 이어서 'ㄱ ㄴ ㄷ ㄹ ㅁ ㅂ ㅅ ㅇ ㅣ'의 9개를 초종성통용구자라 하여 제시하고 있다. 특이하게 'ㅣ外伊'라고 표시되어 있는데 이는 흔히 '딴이'라고 부르는 바로 그 'ㅣ'로서, 특이하게 초종성통용자에 숫자로까지 포함되어 있다. 소위 딴이라고 하는 'ㅣ'의 성격이 무엇인지 자세히 밝혀져야 할 것이다. 7장에서 자세히 살펴보도록 한다.[20]

---

20) 권정선(1906)의 '音經'에서는 아래와 같이 매우 복합한 자음자를 제시하고 있다. 국어 차원보다는 중국 한자음과 관련하여 제시하고 있어서 당시 국어의 실태를 반영한 것이라 보기 쉽지 않다. 한편 권정선은 조선 헌종 때의 국어학자이고 그의 '음경'은 한글의 자체(字體)를 역학 및 운학 차원에서 풀이해서 저술한 책이다. 이 책은 본래 '정음종훈(正音宗訓)'이라는 이름으로 저술되었으나 이후 '정음경'으로 수정되었고 최종 '음경'으로 나왔다(김민수(1984:701).

○ 권정선(1906)의 '音經'에 제시된 자음자

   초성 37자: ㄱ其기 ㅋ器키 ㄲ技끼 ㆁ擬이 ㆁㆁ並凝ㆁ이 ㄷ地디 ㅌ剔티 ㄸ狄띠 ㄴ尼니 ㄸ並尼ㄸ ㅈ支지 ㅊ侈치 ㅉ遲찌 ㅅ詩시 ㅆ氏씨 ㅂ卑비 ㅍ披피 ㅃ備삐 ㅁ彌미 ㅁㅁ並彌ㅁ미 又濟又ㅣ 文砒文ㅣ 又又薺又又ㅣ ×西시 ××席×× ㅣ ㅸ ㄴ裵ㄴㅣ ㅍ工霏工ㅣ ㅹㄴㄴ肥ㄴㄴㅣ ㅱㄱ薇ㄱㅣ ㅁㅱㄱㄱ並薇ㄱㄱㅣ ㆆ衣히 ㅎ屎히 ㆅ奚헤 ㅇ怡이 ㅇㅇ並怡ㅇㅣ ㄹ离리 ㅿ而ㅅ

중성 11자+合重12聲:

   中聲 11자: ·如兒ㅇ字中聲 ㅡ應으去終 ㅣ怡이 ㅗ敖오 ㅏ衙아 ㅜ虞우 ㅓ魚어 ㅛ遙요 ㅑ夜야 ㅠ愈유 ㅕ餘여

   合中聲 8자: ㅘ 오아瓦韻 ㅝ 우어戈韻 ㅑ 오야 ㅞ 우여 ㅘ 요아 ㅠ 유어 ㅑ 요야 ㅞ 유여涓韻 (25쪽)

   重中聲 4자: ㅣ嵬외 該개 ㅡ重應으 ㅗ敖앗 高갓 ㅜ九읏 (25-26쪽)

종성 16자: ㆁ웅 ㅇ앙 ㄱ국 ㄴ닌 ㄹ렬 ㅁ남 ㅂ법 ㄷ닫 ㅌ돋 ㅅ솟 ㅈ젖 ㅊ좇 (ㅸㄴ)야ㄴ (ㅁㄱ)빠ㄱ ㆆ틀 ㅿ짓 (종성 16)

초종성통용자 반절음 겸 칭호 10:

   ㄱ그기윽 ㄴ느니은 ㄷ드디읃 ㄹ르리을 ㅁ므미음 ㅂ브비읍 ㅅ스시웃 ㅈ즈지읒 ㅇ으이응 ㆁ으이응

                                      -청구대학국어국문학회 엮음(1957:36)

(16) 1900년대 초반(2): 초성자와 종성자를 구분하지 않은 논의

ㄱ. 국문연구소(1909), '국문연구의정안'

ㅇ이응 ㄱ기윽 ㄴ니은 ㄷ디읃 ㄹ리을 ㅁ미음 ㅂ비읍 ㅅ시읏 ㅈ지읒 ㅎ히읗 ㅋ키읔 ㅌ티읕[21] ㅍ피읖 ㅊ치읓

ㄴ. 주시경(1909), '국문연구'

1자: ㄱ가 ㄴ나 ㄷ다 ㄹ라 ㅁ마 ㅂ바 ㅅ사 ㅇ아 ㅈ자 ㅎ하 ㅋ카 ㅌ타 ㅍ파 ㅊ차 (14자)

2자: ㄱ가ᅟᅡᆨ ㄴ나ᅟᅡᆫ ㄷ다ᅟᅡᆮ ㄹ라ᅟᅡᆯ ㅁ마ᅟᅡᆷ ㅂ바ᅟᅡᆸ ㅅ사ᅟᅡᆺ ㅇ아ᅟᅡᆼ ㅈ자ᅟᅡᆽ ㅎ하ᅟᅡᇂ ㅋ카ᅟᅡᆿ ㅌ타ᅟᅡᇀ ㅍ파ᅟᅡᇁ ㅊ차ᅟᅡᆾ[22]

ㄷ. 김두봉(1922), '깁더 조선말본'

홑소리: ㄱ기윽 ㄴ니은 ㄷ디읃 ㄹ리을 ㅁ미음 ㅂ비읍 ㅅ시읏 ㅇ이응 ㅈ지읒 ㅎ히읗 (10자)

겹소리: ㅊ치읓 ㅋ키읔 ㅌ티읕 ㅍ피읖 ㄲ끼윾 ㄸ띠으ㄸ ㅃ삐으ㅃ ㅆ씨읐 ㅉ찌으ㅉ (9자)

ㄹ. 권덕규(1923), '조선어문경위(朝鮮語文經緯)', 정음(26자)

ㄱ그윽 ㄴ느은 ㄷ드읃 ㄹ르을 ㅁ므음 ㅂ브읍 ㅅ스읏 ㆁ으ᇰ ㅈ즈읒 ㅎ흐읗 ㅋ크읔 ㅌ트읕 ㅍ프읖 ㅊ츠읓 ㅇ으응 (15자)

(16)은 초성과 종성을 구분하지 않고 자음자를 제시하고 있는 논의들이다. (16ㄱ)은 개화기 국어학을 총정리했다고 해도 되는 9인의 대표적인 전문가들

---

21) 원문에는 '키읕'으로 되어 있으나 '티읕'의 오자로 판단된다.

22) 'ᅟᅡᆨ, ᅟᅡᆫ, ᅟᅡᆮ...' 등에서 'ㅏ'는 본래 오른쪽이 아니라 중간에 위치한다.

이 도출한 '국문연구의정안'(1909)에서 제시하고 있는 자음자이다. 'ㅇ ㄱ ㄴ ㄷ ㄹ ㅁ ㅂ ㅅ ㅈ ㅎ ㅋ ㅌ ㅍ ㅊ'과 같은 14개의 자음자를 순서대로 제시하고 있는데, 'ㅇ'을 맨 처음에 제시한 것이 특이하다. 아마도 모음자를 소리 낼 때 필수적으로 들어간다고 해서 형식적인 것이지만 자음자로서 앞에 둔 듯하다. 또 하나는 'ㅊ'을 맨 뒤에다가 위치한 것이다. 대개는 'ㅈ'과 붙어서 'ㅊ'을 제시하는데, 이리 맨 끝에 둔 이유는 밝혀져 있지 않다. (16ㄴ)은 9인 가운데 1인인 주시경이 밝힌 개인안이다. 여기서는 'ㅇ'이 일반적인 위치, 즉 'ㅅ' 다음에 가 있으며, 'ㅊ'은 역시 맨 뒤에 위치해 있다.

(16ㄷ)은 이후 북한 어문 규범 정책에 영향을 끼쳤던 김두봉이 지은 '깁더 조선말본'(1922)의 내용이다. 그는 자음자를 홑소리와 겹소리로 나누어 'ㄱ ㄴ ㄷ ㄹ ㅁ ㅂ ㅅ ㅇ ㅈ ㅎ'은 홑소리 10자로, 나머지 'ㅊ ㅋ ㅌ ㅍ ㄲ ㄸ ㅃ ㅆ ㅉ'은 겹소리 9자로 해서 도합 19개 자음자를 제시하고 있다. 'ㄲ ㄸ ㅃ ㅆ ㅉ'과 같은 소위 겹자음자를 자음자 목록에 올린 것은 주목된다. 사실 이전 시기 논의에서는 이것들이 거의 자음자 목록으로 다루어지지 않았었다.[23] 국어 문법서인 (16ㄹ)에서는 'ㄱ ㄴ ㄷ ㄹ ㅁ ㅂ ㅅ ㆁ ㅈ ㅎ ㅋ ㅌ ㅍ ㅊ ㅇ'의 15개 자음자를 제시하고 있다. 종성 'ㆁ'과 초성 'ㅇ'을 구분하여 제시하고 있으며 'ㅊ'의 위치를 뒤로 뺀 것도 특이한 점이다.

지금까지 15세기부터 19세기까지도 그렇고 비교적 가까웠던 20세기에도 자음자의 종류며 그 배열 순서가 논의들마다 차이가 있었음을 확인할 수 있었다. (1)에서 제시했던 조선어학회의 '한글 마춤법 통일안'(1933)에서 'ㄱ ㄴ

---

23) 본래 김두봉은 1916년에 '조선말본'을 집필했었는데, 거기서는 아래와 같이 자음자의 종류와 배열 순서를 제시했었다.
　　ㄱ기윽 ㄴ니은 ㄷ디읃 ㄹ리을 ㅁ미음 ㅂ비읍 ㅅ시읏 ㅇ이응 ㅈ지읒 ㅎ히읗 (10자)

ㄷㄹㅁㅂㅅㅇㅈㅊㅋㅌㅍㅎ'의 자음자 배열 순서를 제시했고, (2)에서 본 현행 문교부의 '한글 맞춤법'(1988)에서야 비로소 부록에다가 'ㄱ ㄲ ㄴ ㄷ ㄸ ㄹ ㅁ ㅂ ㅃ ㅅ ㅆ ㅇ ㅈ ㅉ ㅊ ㅋ ㅌ ㅍ ㅎ'의 종류와 순서를 제시한 것을 보면 자음자를 둘러싼 논란점들이 끝이 없다는 것을 알 수가 있다.

2~4장에서 살핀 자음자들의 종류는 거의 모두 초성과 종성의 자음자들이었다. 국어사전에서 쓰이는 받침의 'ㄸ, ㄿ' 등과 같은 복합 자음자에 대해서는 구체적인 내용을 찾아볼 수 없었다. 그렇다고 해서 받침으로 쓰이는 복합 자음자들이 존재하지 않았다는 것은 아니다. 그것들에 대해서는 구체적인 국어사전이 등장하면서 논의가 이루어지게 된다. 다음 장에서는 역대 자음자의 종류와 배열 순서를 둘러싼 여러 가지 논의점들을 하나하나 짚어보도록 한다.

6. 자음자의 종류와 배열 순서를 둘러싼 논의점

앞 장에서 살펴본바 15세기 한글 창제 이후 지금까지 한글의 자음자를 서술한 연구들은 여러 가지 양상을 띠어 왔음을 확인할 수 있다. 현행 남한의 '한글 맞춤법'(1988)과 북한의 '조선말규범집'(2010) 내 '맞춤법'과도 차이를 보이고 있고 국어사전에서의 처리 등과도 현격한 차이를 보이는 등 다양한 논의점들이 발견되었다. 이것들을 하나하나 지적해 보려고 한다.

첫째, 15세기 이후 20세기 초반부까지 논의들을 보면 자음자의 배열 순서를 국어사전에서 어떻게 할 것인지가 전혀 고려되지 않았었다. 물론 문세영(1938) 등과 같은 현대적 의미에서의 국어사전 작업에서는 당연히 고려가 되었겠지만 일반 한글 관련 연구물에서는 그런 고려가 되지 않았었다.[24] 앞의 여러 논저에 제시된 자음자의 설명 혹은 기술 순서가 그대로 자음자의 배열인지 정확하다는 보장이 없다는 말과도 상통한다. 이런 말을 하는 근거는 과거의 논저를 보면, 'ㄱ'에서 시작하는 것도 있고, 'ㅇ'에서 시작하는 것도 있고, 또어떤 것은 'ㅎ'으로 시작하는 것도 있기 때문이다.

둘째, 15세기 이후 나온 논저에서는 반드시는 아니지만 주로 아설순치후라는 순서에 따라서 자음자가 배열 혹은 나타나는 경향이 있다. 그런데 이런 원리가 현행 맞춤법의 자음자 배열 순서에 그대로 적용되는 것은 아니다. 'ㄱ'은 아음, 'ㄴㄷㄹ'은 설음, 'ㅁㅂ'은 순음, 'ㅅ'은 치음, 'ㆁ'은 아음, 'ㅈㅊ'은 치음, 'ㅋ'은 아음, 'ㅌ'은 설음, 'ㅍ'은 순음, 'ㅇ', 'ㅎ'은 후음이다. 또 'ㄲㄸㅃㅆㅉ'과 같은 겹자음자의 배열 위치는 지금도 남북한이 차이가 있다. 다시 말하면 창제시에 제시됐던 자음자 배열 순서가 21세기 지금까지 적용되지는 않고 있다는 것이다. 아설순치후라는 표현을 현재는 사용하고 있지 않기도 하다.

셋째, 자음자의 종류와 배열 순서를 정하는 데 있어서 주목되는 점 하나는 초성자와 종성자를 구분한 논의가 많았다는 것이다. 초종성통용자와 초성독용자를 구분하는 논의들이 주를 이루고 있는 데서 그런 경향을 찾아볼 수 있다. 훈민정음 해례본에서만 보더라도 종성부용초성 및 팔종성가족용 원칙들이 있었고, 훈몽자회(1527)에서도 초성종성통용팔자 및 초성독용육자의 원칙이 있었다. 이것들은 후대에도 초성자와 종성자를 구분하는 연구 결과를 나오게 된 근거가 된다. '삼운성휘'(1751), '화동음원'(1800), '언문지'(1824), '국문연구의정안'(1909) 등에서는 초성자와 종성자를 특별히 구분하지 않고 있다. 이

---

24) 현대적 의미의 조선어사전인 문세형(1938)에서는 초성자로 'ㄱ ㄴ ㄷ ㄹ ㅁ ㅂ ㅅ ㅇ ㅈ ㅊ ㅋ ㅌ ㅍ ㅎ'의 14자와 종성자로 'ㄱ ㄲ ㄳ ㄴ ㄵ ㄶ ㄷ ㄹ ㄺ ㄻ ㄼ ㄽ ㄾ ㄿ ㅀ ㅁ ㅰ ㅂ ㅄ ㅅ ㅆ ㅇ ㅈ ㅊ ㅋ ㅌ ㅍ ㅎ ㅣ'의 29자를 제시하고 있다. 그런데 여기서도 종성자로 딴이 'ㅣ'가 설정이 되고 있다.

문제는 사실 한글 맞춤법이 형태주의를 따르느냐 음소주의를 따르느냐와도 밀접한 관련성이 있다. 현행 남북한의 맞춤법에서는 모두 둘을 따로 구분하여 제시하지 않고 있는데, 이는 양쪽이 모두 형태주의를 따르는 소이라고 볼 수 있다.

넷째, 자음자 배열의 문제와 관련하여 생각해 볼 수 있는 것은 자음자의 이름이다. 북한에서 '기윽, 니은, 디읃'처럼 명명하는 것은 초성자와 종성자를 고려하여 정한 것이다. 남한에서는 '기역, 디귿, 시옷'이라고 하는 것도 근본 이유는 똑같다. 그런데 2음절자 이름을 모두 제시해 보면, '기윽, 니은, 디읃, 리을, 미음, 비읍, 시읏, 이응, 지읒, 치읓, 키읔, 키읕, 피읖, 히읗'은 괜찮은데, '끼윾, 띠읃, 삐읍, 씨읏, 찌읒' 같은 글자가 실재하지 않는다는 문제가 있다. 만약에 1음절자로 명명하게 되면, 특히 자음자에 'ㅏ'를 붙여서 명명하는 방법을 예로 들어보면, '가 나 다 라 마 바 사 아 자 차 카 타 파 하 까 따 빠 싸 짜'와 같은 간단한 결과를 얻을 수가 있다. '된기윽, 된디읃, 된비읍, 된시읏, 된지읒' 혹은 '겹기윽, 겹니은, 겹디읃, 겹비읍, 겹시읏, 겹지읒' 같은 군더더기 명명을 할 필요가 없게 된다.

다섯째, 과거의 논저에서 초성의 'ㅇ'과 종성의 'ㆁ'을 구분하여 설정하는 경우가 많았다. 자음자를 발음을 기준으로 하여 따로 정할 것인지 'ㅇ'이라는 하나의 자음자를 설정해 놓고 위치에 따라서 발음을 할 것인지의 문제이다. 자음자는 기본적으로 문자라는 점을 생각한다면 굳이 비슷한 형태를 갖고 있는 자음자를 따로 설정할 필요는 없으리라 본다. 실제로 현행 맞춤법의 자음자에는 꼭지 달린 'ㆁ'이 사라진 지 오래다.

여섯째, 과거의 연구물에서 보면 특이한 형태 하나를 발견할 수 있다. 소위 '딴이'라고 불리는 'ㅣ'인데, 그 정체를 알기 어렵다. 현행 남북한 맞춤법에서는 전혀 나타나지 않는 것인데, 가깝게는 리봉운(1897), 최재학 편(1908)에도 나타나며, 심지어 외국인에게 소개하는 책인 '조선언문'(1719)이나 교육용 책인 '일용작법'(1869), '기축신간반절'(1889)과 같은 곳에서도 나타난다. 자음자 'ㅅ'과 'ㅇ' 사이에서 위치하는 소위 딴이 'ㅣ'를 자음자로 봐야 할지 아니면 모음자로 봐야 할지도 애매모호하다. 좀 더 솔직히는 'ㅣ'가 무엇을 가리키는 것인지 알기가 어렵다. 이에 대해서는 7장에서 자세히 살피도록 한다.

7. 맺음말: 남북한 합의안 검토

지금까지 한글 자음자의 종류 및 배열 순서를 살펴보았다. 앞에서 보았던 〈표 4-1〉을 반복 제시하면서 남북한의 자음자 배열 순서에 대하여 다시 한번 검토해 보도록 한다. 어차피 자음자 배열 순서는 교육용 및 국어사전에서의 사용을 전제해야 하므로 이것을 살피는 것이 나으리라 생각한다.

〈표 4-2〉 남북한 겨레말큰사전 편찬사업 자음자 합의안

	남한	북한	합의안
초성	ㄱㄲㄴㄷㄸㄹㅁㅂㅃㅅ ㅆㅇㅈㅉㅊㅋㅌㅍㅎ (19)	ㄱㄴㄷㄹㅁㅂㅅㅈㅊㅋ ㅌㅍㅎㄲㄸㅃㅆㅉㅇ (19)	ㄱㄴㄷㄹㅁㅂㅅㅇㅈㅊ ㅋㅌㅍㅎㄲㄸㅃㅆㅉ (19)
종성	ㄱㄲㄳㄴㄵㄶㄷㄹㄺㄻ ㄼㄽㄾㄿㅀㅁㅂㅄㅅㅆ ㅇㅈㅊㅋㅌㅍㅎ (27)	ㄱㄳㄴㄵㄷㄹㄺㄻㄼㄽ ㄾㄿㅀㅁㅂㅄㅅㅇㅈ ㅊㅋㅌㅍㅎㄲㄳㅆ (27)	ㄱㄴㄷㄹㅁㅂㅅㅇㅈㅊ ㅋㅌㅍㅎㄲㄳㄵㄶㄺㄻ ㄼㄽㄾㄿ, ㅀ ㅄ ㅆ (27)

결과적으로 말해서 남북한의 맞춤법에서 제시된 자음자는 동일하게 27개이다. 남북한 모두 〈표 4-2〉의 초성란에서 제시된 것은 19자인데, 종성란에 있

는 27개는 초성란에 있는 것 가운데 'ㄱㄴㄷㄹㅁㅂㅅㅇㅈㅊㅋㅌㅍㅎㄲㅆ' 16 개에다가 'ᆪ ᆬ ᅝ ᄅ ᇟ ᆵ ᆳ ᇀ ᇁ ᇫ ᆹ' 11개 자음자를 추가한 것이다. 초성자란의 'ㄸ, ㅃ, ㅉ'은 종성에서는 나타나는 일이 없으므로 제외된 것이다. 현행 남북한의 맞춤법 규정에서 제시하고 있는 것은 초성에 있는 19자 자음자 일 뿐이고, 종성의 것은 남한의 경우 해설서에서 제시하고 있다.

후자의 11개 복합 자음자는 (7)~(16) 과거 논의에서는 거의 볼 수 없던 것들이다. 물론 이것들이 예전의 글에서 사용되지 않았던 것은 아니다. 그렇지 만 기본적으로 음소주의를 원칙으로 삼고 있던 한글 창제 당시의 입장을 고려 해서인지는 모르겠으나 자음자를 입문 차원에서 소개할 때는 이런 복합 자음 자가 등장하는 경우는 무척 드물었다. 현대적 의미의 국어사전 개발을 염두에 두면서 이런 복합 자음자에 대한 논의가 등장하게 된 것이다. 현재는 남북한 모두 형태주의를 기본으로 하고 있기 때문에 이런 복합 자음자에 대한 논의도 필요하다고 본다. 실제로 〈표4-2〉에서 합의안이 도출된 것은 이 사업이 남북 한 겨레말큰사전 편찬 사업이기 때문이다.

남북한의 자음자 배열 순서가 가지는 특징을 살펴보면 다음과 같다. 첫째, 남한이나 북한이나 'ㄱ, ㄴ' 류를 먼저 제시하고 'ㅋ, ㅌ, ㅍ, ㅎ'을 뒤에 둔 것은 과거 논의들을 통해 볼 때, 초종성에 모두 나오는 것은 앞에, 초성에만 나오는 것은 뒤에 둔다는 원칙을 세운 것으로 해석할 수 있다. 두 번째, 남한에 서 'ㄱ, ㄲ' 순으로 둔 것은 맨 앞에 오는 것을 기준으로 하고서 바로 뒤의 것을 그다음 순서로 정하는 원칙을 따른 것이고, 북한에서 'ㄲ, ㄸ, ㅃ, ㅆ, ㅉ'을 뒤로 뺀 것은 먼저 단자음자를 앞에 모두 두고 그 뒤에 복합 자음자를 둔다는 원칙을 따른 것이다. 실제로 북한 어문 규범에 큰 영향을 끼친 김두봉

(1922)에서는 'ㄲ, ㄸ, ㅃ, ㅆ, ㅉ'을 겹소리라고 명명하였었다. 세 번째, 북한에서 'ㅇ'을 맨 뒤로 둔 것은 발음되는 위치를 염두에 둔 것이고, 이에 비해 남한에서는 발음보다 문자로서 그 이름을 정할 때 항상 모음자 앞에 오는 현실을 먼저 고려한 듯하다. 네 번째, 이러한 그 나름대로의 원칙들은 27개의 종성 자음자를 배열하는데도 적용이 되는데, 이때는 위의 기본 원칙에다가 철두철미 문자 형태 차원의 순서를 고려해서 배열되고 있다.

〈표 4-2〉에서처럼 자음자 배열 순서에서 남북한의 합의안이 도출되었다. 'ㄱ ㄴ ㄷ ㄹ ㅁ ㅂ ㅅ ㅇ ㅈ ㅊ ㅋ ㅌ ㅍ ㅎ ㄲ ㄸ ㅃ ㅆ ㅉ' 순서로 배치한 것은 남북한이 서로 하나씩 양보하여 절충한 것이다. 'ㅇ' 위치는 남한 쪽, 'ㄲ ㄸ ㅃ ㅆ ㅉ'은 북한 쪽을 따른 것이다. 결과적으로 볼 때 형태상 홑자음자는 앞에, 소위 겹자음자는 뒤에 배열한 것이다. 종성 자음자는 'ㄱ ㄴ ㄷ ㄹ ㅁ ㅂ ㅅ ㅇ ㅈ ㅊ ㅋ ㅌ ㅍ ㅎ'을 앞에 두고, 이어서 'ㄲ ㄳ ㄵ ㄶ ㄺ ㄻ ㄼ ㄽ ㄾ ㅄ ㄿ, ㅀ ㅄ ㅆ'을 두는 방식을 택하였다. 형태상 복합 자음자의 성격을 모두 띠기 때문에 앞 부분의 글자를 기준으로 하여 그다음에 붙는 것을 역시 순서대로 붙이는 방식을 택하였다. 그 나름대로 합리적인 합의안이라고 할 수 있다.

주지의 사실이다시피 개화기 때 학부의 국문연구소에서 도출해 낸 '국문연구의정안'(1909)에서는 받침 글자를 허용하는 형태주의 원칙을 채택하였고, 이후 조선어학회에서 발표한 '한글 마춤법 통일안'(1933)에서도 복합 자음 표기를 인정하는 형태주의 원칙을 발표하였으며, 이어서 문교부에서 '한글 맞춤법'(1988)을 통하여 형태주의 원칙을 완성하였다. 남한에서는 '-습니다'와 같이 단어에 따라서 약간의 음소주의를 허용하곤 하지만, 북한에서는 절대적 형태주의 원칙 입장을 '조선말규범집'(2010)에서 밝히고 시행하고 있다. 만약에 남북한이 15세기 원칙이었던 음소주의를 철두철미하게 준수한다면 아마도 〈표 4-2〉에서 종성 자음자는 불필요했을지도 모른다.

한글 모음자의
명칭에 대한 고찰

한글 모음자의 명칭에 대한 고찰

1. 머리말

자음자와 달리 모음자의 명칭에 대해서는 논문이나 저서를 발견하기 어렵다. '아, 야, 어, 여...' 등 너무나도 당연한 것이기에 의문을 제기하지도 않는다. 그런데 왜 'ㅏ, ㅑ, ㅓ, ㅕ...' 모음자를 명명할 때 '아, 야, 어, 여...'라고 하는지, 다시 말하면 왜 해당 모음자 앞에 'ㅇ'을 넣고 해당 모음자를 그대로 사용하여 모음자의 이름을 정하는지 근본적인 논의가 필요하다. 특히 왜 하필 'ㅇ'을 사용하는지 궁금하지 않을 수 없다.

(1) 조선어학회(1933)의 '한글 마춤법 통일안'의 모음자

제1항 한글의 자모의 수는 24자로 하고, 그 순서는 다음과 같이 정한다.
ㅏ ㅑ ㅓ ㅕ ㅗ ㅛ ㅜ ㅠ ㅡ ㅣ
[부기] 전기의 자모로써 적을수가 없는 소리는 두개 이상의 자모를 어울러서 적기로 한다. 적기로 한다.
ㅐ ㅔ ㅚ ㅟ ㅒ ㅖ ㅘ ㅝ ㅙ ㅞ ㅢ
제2항 자모의 이름은 다음과 같이 정한다.
ㅏ 아 ㅑ 야 ㅓ 어 ㅕ 여 ㅗ 오 ㅛ 요 ㅜ 우 ㅠ 유 ㅡ 의 ㅣ 이

한글의 자음자와 마찬가지로 현행 모음자의 이름이 정해지는 데에는 1933년에 나온 조선어학회의 '한글 마춤법 통일안'에서의 규정이 큰 역할을 하였다. 24자모 안에 포함된 'ㅏ ㅑ ㅓ ㅕ ㅗ ㅛ ㅜ ㅠ ㅡ ㅣ'의 10개 모음자와 두 개 이상의 자모(字母)가 어울렸다고 하는 'ㅐ ㅔ ㅚ ㅟ ㅒ ㅖ ㅘ ㅝ ㅙ ㅞ ㅢ'의 11개 모음자, 총 21개 모음자의 이름이 제시되어 있다. 모두 각각의 모음자 앞에 'ㅇ'을 붙인 형국이다.

(2) 문교부(1988), '한글 맞춤법'의 모음자

제4항 한글 자모의 수는 스물녁 자로 하고, 그 순서와 이름은 다음과 같이 정한다.
ㅏ(아) ㅑ(야) ㅓ(어) ㅕ(여) ㅗ(오) ㅛ(요) ㅜ(우) ㅠ(유) ㅡ(으) ㅣ(이) [모음자 10]

[붙임 1] 위의 자모로써 적을 수 없는 소리는 두 개 이상의 자모를 어울러서
적되, 그 순서와 이름은 다음과 같이 정한다.
ㅐ(애) ㅒ(얘) ㅔ(에) ㅖ(예) ㅘ(와) ㅙ(왜) ㅚ(외) ㅝ(워) ㅞ(웨) ㅟ(위)
ㅢ(의) [모음자 11]

(3) 북한 '조선말규범집'(2010)의 '맞춤법'의 모음자

제1항. 조선말자모의 차례와 그 이름은 다음과 같다.
ㅏ(아) ㅑ(야) ㅓ(어) ㅕ(여) ㅗ(오) ㅛ(요) ㅜ(우) ㅠ(유) ㅡ(으) ㅣ(이) [모음자 10]
ㅐ(애) ㅒ(얘) ㅔ(에) ㅖ(예) ㅚ(외) ㅟ(위) ㅢ(의) ㅘ(와) ㅝ(워) ㅙ(왜) ㅞ(웨) [모음자 11]

(2)와 (3)에서 현행 남한과 북한의 모음자의 종류와 그 명칭을 확인할 수
있다. 남북한 공히 'ㅏ ㅑ ㅓ ㅕ ㅗ ㅛ ㅜ ㅠ ㅡ ㅣ' 10개의 모음자를 먼저
순서대로 제시하고 각각은 'ㅇ'을 붙여서 그 명칭으로 삼고 있다. 이어서 이들
자모로 적을 수 없는, 소위 두 개 이상의 자모를 어울러서 형성된 'ㅐ ㅒ ㅔ
ㅖ ㅘ ㅙ ㅚ ㅝ ㅞ ㅟ ㅢ' 11개 모음자를 제시 및 각각의 명칭을 역시 'ㅇ'을
앞에 붙여서 정하고 있다. 단지 북한에서는 그 순서만 달리하여 'ㅐ ㅒ ㅔ ㅖ
ㅚ ㅟ ㅢ ㅘ ㅝ ㅙ ㅞ' 11개를 나열하고, 역시 명칭은 각각 앞에 'ㅇ'을 위치시
켜 정하고 있다.
 결국 남북한 맞춤법의 근거가 되는 (1)의 '한글 마춤법 통일안'(1933)에서
도 그렇고, 현행의 (2), (3) 남북한 맞춤법 규정에서도 기본 10개 및 11개 복합
모음자를 동일하게 설정하고 있고 각각의 명칭도 'ㅇ'을 앞 세워서 정한 것을
볼 수 있다. 전체 21개의 모음자는 실제 문자살이에서 사용되고 있는 것으로
이들 모음자를 각각의 이름에 사용하고 있다. 특히 주목되는 것은 여러 자음자
가운데 왜 'ㅇ'을 각각에 앞 세워서 명명하고 있느냐는 점이다. 또 한 가지는

왜 기본 10자와 추가 11자를 구분하고 있느냐는 점이다. 예컨대 "두개 이상의 자모를 어울러서 적되"라는 표현을 (1)과 (2)에서는 쓰고 있는데, 이것은 또 어떤 의미를 함의하고 있는지 논의가 필요하다.

2. 자음자와 모음자의 명칭이 차이 나는 이유는 무엇인가?

자음자와 모음자가 그 명칭에서 차이가 나는 근본적인 이유가 있다. 본래 자음은 소리를 낼 때 호흡에 거침이 있기 때문에 단독으로는 소리가 나지 않는다. 반드시 성절음인 모음의 도움을 받아야만 한다. 그렇기 때문에 '기, 니, 디...' 혹은 '그, 느 드...', '가, 나, 다...' 등과 같은 자음자 명칭이 등장하는 것이다. 현행 맞춤법에 있는 '기역, 니은, 디귿...' 혹은 '기윽, 니은, 디은...' 같은 명칭은 초성에 오는 자음자와 종성에 오는 자음자를 고려해서 명칭이 붙은 것으로 이때에도 자음을 소리 내려면 반드시 모음자가 필요하여 'ㅣ'와 'ㅡ'를 사용하고 있는 것이다.

이에 비해서 모음은 그 자체로 성절성을 띠기 때문에 특별한 자음이 필요하지 않다. 그러면 모음자 'ㅏ, ㅑ, ㅓ, ㅕ...' 자체를 모음자의 명칭으로 하면 어떨가 하는 생각도 해 볼 수는 있다. 그러나 이것은 본래 훈민정음 창제 시에 있었던 모아쓰기 원칙에 어긋난다. 모음자로서의 'ㅏ'와 음절 구성으로서의 모음은 구분된다는 말이다. 이에 형식적으로 'ㅇ' 문자를 넣어서 그 명명을 하게 된 것이다. 우리가 흔히 초성의 'ㅇ'과 종성의 'ㅇ' 문자를 모양은 동일하나 실제 발음은 완연히 다르다고 말하는데 분명히 그렇다. 본고에서 다루는 것은 문자로서의 모음자 명칭이니 모음자 앞에 붙는 'ㅇ'은 발음이 아닌 단순

문자로서의 'ㅇ'일 뿐이다.

필자는 성절성 여부로 자음자와 모음자의 명칭 구분을 말하였거니와 그것 자체도 사실은 반드시 그리해야만 한다는 것도 아니다. 실상 명칭이란 편의상 붙여진 것이니 결코 절대성이 있는 건 아니다. 명칭은 해당 문자의 특성을 가장 잘 드러낼 수 있을수록 좋다. 모음자를 'ㅇ'만 앞에 둔 상태로 그 명칭을 붙인 것은 이에 근거한다. 결국 이때의 'ㅇ'은 종성에 오는 [ŋ] 발음의 'ㆁ'과는 천양지차인 것이다. 단순 'ㅇ'은 표현 자체처럼 빈 상태를 나타낸 것이리라.

3. 모음자 명칭에 다양한 방식이 있는가?

문헌상 모음자의 명칭이 처음 제시된 것은 1527년에 나온 최세진의 '훈몽자회'이다. 훈몽자회 범례에는 '언문자모'가 제시되어 있는데, 거기에서 중성독용십일자라 하여 다음과 같이 나와 있다.[1]

---

1) 훈민정음 해례본(1446)에 나오는 아래와 같은 모음자 설명은 명칭이 아니라 소리의 특성을 제시한 것이다. 'ㆍ'는 '튼'의 가운뎃소리, 'ㅡ'는 '즉'의 가운뎃소리, 'ㅣ'는 '침'의 가운뎃소리와 같다는 설명일 뿐이다.
　　ㆍ눈 呑ㄷ字 가온딧소리 ᄀ트니라
　　ㅡ는 卽字 가온딧소리 ᄀ트니라
　　ㅣ는 侵ㅂ字 가온딧소리 ᄀ트니라

135

(4) 최세진(1527), '훈몽자회', 범례 언문자모

中聲獨用十一字

ㅏ阿 ㅑ也 ㅓ於 ㅕ余 ㅗ吾 ㅛ要 ㅜ牛 ㅠ由 ㅡ應 不用終聲 ㅣ伊 只用中聲 ㆍ思
不用初聲 (11)

(4)에 보면 중성에 쓰이는 모음자로 'ㅏ ㅑ ㅓ ㅕ ㅗ ㅛ ㅜ ㅠ ㅡ ㅣ ㆍ'의
11개가 제시되어 있고 그 이름도 한자로 제시되어 있다. 각각은 '阿, 也, 於,
余, 吾, 要, 牛, 由. 應(종성 제외), 伊(중성으로만 사용), 思(초성은 사용 안
함)'로 읽는 것으로 되어 있다. 이 한자들이 11개 모음자의 명칭이라고는 하지
만, 그것이 절대성을 지니고 있는지는 확신할 수 없다. 왜냐하면 여기 제시된
한자는 단순히 발음을 나타낸 것이라는 말이다. 뒤에서도 보겠지만 이들이 다
른 한자로 표기된 문헌들이 많기 때문이다. 더욱이 'ㅡ', 'ㅣ', 'ㆍ' 같은 경우는
'應, 伊, 思'로 제시되어 있어서 한자 그 자체로는 올바른 명칭이라는 걸 보여
주지 못한다. 'ㅡ應 不用終聲 ㅣ伊 只用中聲 ㆍ思 不用初聲'라는 표현 그대로
'應'은 '응'이 아니라 '으'만을 나타내고, 또 'ㅣ'의 이름으로 제시된 '伊'는 중
성용이라는 표현이고, 또 'ㆍ'는 초성에서는 안 쓴다는 표현 자체가 명칭이라
기보다는 단순 발음 양상을 보인 것이라는 말이다. 결국 'ㅏ아 ㅑ야 ㅓ어 ㅕ여
ㅗ오 ㅛ요 ㅜ우 ㅠ유 ㅡ으 ㅣ이 ㆍ ᄋ̆'로 해서 각 중성자에 'ㅇ'을 붙인 '아
야 어 여 오 요 우 유 으 이 ᄋ̆'가 각 모음자의 명칭이라고 볼 수밖에 없다.
현재 'ㆍ' 모음자는 사라진 상태여서, 결국 다른 것들은 오늘날의 모음자와
명칭이 정확히 일치한다.

(5) 국문연구소(1909), '국문연구의정안', 八. 字母의 音價 一定

本題에 對한 各委員의 意見도 差異가 有ᄒ나 玆에 畧홈. 字母의 音讀은 訓蒙字會
에 始著혼 바 其後 諸書에 字會의 音讀을 遵혼지라 現行 字母만 擧ᄒ야 音讀을
左와 如히 定ᄒ노라

　　ㅏ아 ㅑ야 ㅓ어 ㅕ여 ㅗ오 ㅛ요 ㅜ우 ㅠ유 ㅡ으 ㅣ이 ㆍᄋ (11)

(5)는 대한제국 시기 학부의 공식 국문연구소에서 3년 동안의 연구를 통해
서 최종 의결한 '국문연구의정안'(1909)의 내용이다. '자모의 음가 일정' 부분
에서 자모의 명칭을 제안하고 있는데, 모음자에 대하여 'ㅏ아 ㅑ야 ㅓ어 ㅕ여
ㅗ오 ㅛ요 ㅜ우 ㅠ유 ㅡ으 ㅣ이 ㆍᄋ'로 정하고 있다. 이것은 결국 (4)의 훈몽자
회의 안과 정확히 일치한다. 사실 이 시기에는 'ㆍ'가 음가가 사라진 상태였었
는데도 문자로는 그 사용이 일반적이었다. 주지의 사실이다시피 문자로서의
'ㆍ'가 공식적으로 사라진 것은 (1)에 제시된 조선어학회의 '한글 마춤법 통일
안'(1933)이었다.

　(4)에서는 모음자의 이름이 각각 'ㅏ阿 ㅑ也 ㅓ於 ㅕ余 ㅗ吾 ㅛ要 ㅜ牛 ㅠ由
ㅡ應 不用終聲 ㅣ伊 只用中聲　ㆍ思 不用初聲'의 한자로만 나와 있었다. 그런데
(5)에서는 구체적으로 'ㅏ아 ㅑ야 ㅓ어 ㅕ여 ㅗ오 ㅛ요 ㅜ우 ㅠ유 ㅡ으 ㅣ이
ㆍᄋ'로 나타났다. (4)의 한자의 음이 '아, 야, 어, 여...'로 되어 있으니, 당연히
그 이름이 '아, 야, 어, 여...'일 것이라고 추정할 뿐 우리가 구체적으로 그 실체
를 확인할 수 있었던 것은 (5)에서이다. 여하튼 이때 제시된 'ᄋ'은 과연 무엇
인가? 왜 이것이 각 중성자 앞에 붙어서 각각의 명칭이 되었는가? 이에 대해서
는 뒤에서 구체적으로 살피도록 한다.

(6) 홍희준(1800), '화동음원', 諺字初中終聲 (末字用俚語爲終聲)

중성(15): ㅏ ㅑ ㅓ ㅕ ㅗ ㅛ ㅜ ㅠ ㅡ ㅣ · ㅘ ㅝ ㆇ ㆊ

ㅏ이아(伊我) ㅑ이야(伊耶) ㅓ이어(伊魚) ㅕ이여(伊余) ㅗ이오(伊吾) ㅛ이요(伊堯) ㅜ이우(伊虞) ㅠ이유(伊維) ㅡ이으(伊銀中聲) ㅣ이이(伊伊) [ㅣ이애(伊崖)] ·이ᄋᆞ(伊兒)

ㅘ이와(伊訛) ㅝ이워(伊元中聲) ㆇ이ᄋᆄ(伊堯訛耶切) ㆊ이ᄋᆑ(伊員中聲)

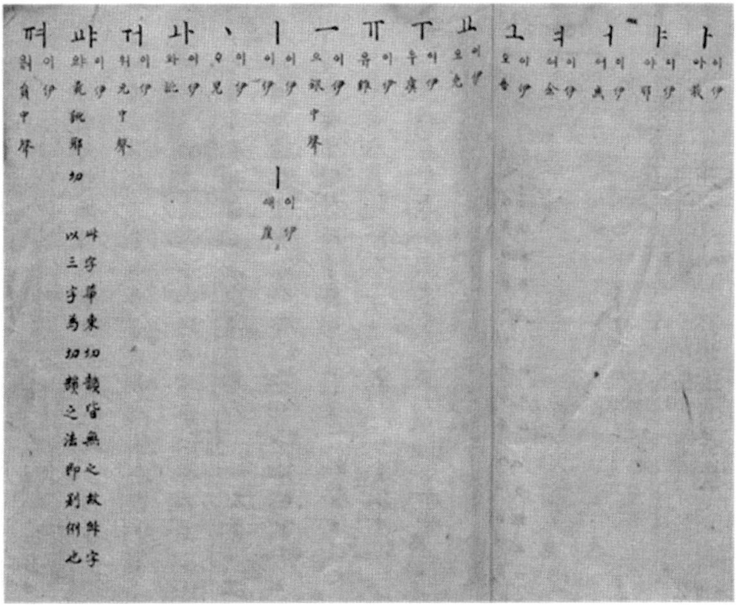

〈그림 5-1〉 홍희준(1800), 화동음원

한편, (6)에 보면 모음자의 명칭이 (4), (5)에서와는 다른 것이 나타난다. 기존의 11자에다가 'ㅘ ㅝ ㆇ ㆊ' 4개가 추가되어 전체 15자가 나오고 각각의 이름이 제시되어 있는데, 각각의 중성자 앞에다 'ㅇ'을 붙인 것이 아니라, 'ㅇ'

붙인 것 앞에다가 또 '이'를 붙인 것이다. 즉 'ㅏ ㅑ ㅓ ㅕ ㅗ ㅛ ㅜ ㅠ ㅡ ㅣ ㆍ ㅘ ㅝ ㆇ ㆊ'의 15개 모음자의 이름을 각각 '이아, 이야, 이어, 이여, 이오, 이요, 이우, 이유, 이으, 이이, 이ㆍ, 이와, 이워, 이ㆇ, 이워'로 정하고 있다.[2]

여기서 과연 앞에 있는 '이'가 과연 무엇이냐는 것이 문제의 핵심이다. 일반적으로 (4)에 제시된 초성독용팔자가 'ㅋ(箕) ㅌ治 ㅍ皮 ㅈ之 ㅊ齒 ㅿ而 ㅇ伊 ㅎ屎'로 제시되어 있는데, 이에 근거하여 이들 각각의 이름을 '키, 티, 피, 지, 치, ㅿ, 이, 히'로 추정하곤 한다. 이와 함께 마찬가지로 초성종성통용팔자인 'ㄱ其役 ㄴ尼隱 ㄷ池(末) ㄹ梨乙 ㅁ眉音 ㅂ非邑 ㅅ時(衣) ㆁ異凝'의 이름을 각각 '기윽, 니은, 디은, 리을, 미음, 비읍, 시읏, 이응'으로 보아야 한다고 말하곤 한다. 이때 주목해 볼 것이 해당 자음자 바로 뒤에 'ㅣ'가 붙은 사실이다. 이에 근거하여 (6)의 중성자들의 이름을 정할 때 각 중성 모음자 앞에 '이'를 붙이지 않았겠는가 하는 합리적 생각을 하게 된다.

(6)에서 볼 수 있는 특이점으로 또 볼 수 있는 것은 앞의 '이'는 '伊' 한자로 공통적으로 제시되어 있고, 그 뒤의 '아 야 어 여 오 요 우 유 이'의 한자가 각각 '莪 耶 魚 余 吾 堯 虞 維 伊'로 되어 있어서 (4)의 한자와 차이가 나는 것이 많다는 점이다. '余 吾 伊'만 동일하지 다른 것은 한자가 다르다. 이 말은 (4)에 제시된 모음자 명칭이 단순 소리 차원의 것이지 절대적인 한자 명칭이 아니라는 것이다. 더욱이 '으 ㆍ'에 대해서는 각각 '銀中聲', '児'로 되어 있어서 완전히 소리 차원으로 한자 표기가 되어 있다. 결국 모음자의 이름이 한자로 되어 있는데, 이것이 절대적인 것이 아니라 단순히 발음 차원의 것이라는

---

2) (6)에는 15자 중성자 말고도 '이애'라고 하는 소위 딴이 'ㅣ'의 명칭도 등장한다. 이에 대해서는 7장에서 구체적으로 다루도록 한다.

점을 확인할 수 있다.

(4)에 비해 (6)에서 또 다른 특이한 것은 'ᅪ이와(伊訛) ᅯ이워(伊元中聲) ᆄ이와(伊堯訛耶切) ᆑ이웕(伊員中聲)'가 들어가 있다는 점이다. 후자 둘은 국어에는 없고 단순히 중국 한자음 차원의 것이고, 앞의 둘, 즉 'ᅪ, ᅯ'만 실제 조선어에서 사용되는 복합 모음자이다. '와'는 '訛', '워'는 '元中聲'으로 나와 있다. 이것 역시 의미가 아니라 단순한 발음 차원의 표기이다. '元中聲'은 '원'이라는 음절에서 중간에 나는 소리인 'ᅯ'를 뜻한다.

(7) 조정순(석범, 1846), '언음첩고'

ㄱ. 竊嘗究之諸音無不不因ㅇ以成字 故字會中聲十一字 以阿아也야於어余여吾오要요牛우由유應(으不用終聲)伊이 思(ᄋᆞ不用初聲)示之 初終聲通用之ㄱㄴㄷㄹㅁㅂㅅㆁ八字以其(기)尼(니)池(디)梨(리)眉(미)非(비)時(시)異(이)發之則是矣 而獨於終聲稱ㄱ爲其役ㄷ池末(귿)ㅅ時衣(옷)不言八字皆因으而成音 三韻聲彙仍之蓋此 三終聲(ㄱㄷㅅ)有諺音而無其字故借而曉之耳 而俗之所稱因此而加吳ㅁ眉音(미음)稱眉吾音(미오음)ㅂ非邑(비읍)稱非吾邑(비오읍) 今但以諺音曉之列於左 ㄱ(기윽) ㄴ(니은) ㄷ(디읃) ㄹ(리을) ㅁ(미음) ㅂ(비읍) ㅅ(시읏) ㆁ(이응)

[일찍이 여러 소리들을 들여다보니 'ㅇ'이 없으면 글자를 이루지 못한다. 그래서 훈몽자회의 중성 11자는 '阿아, 也야, 於어, 余여, 吾오, 要요, 牛우, 由유, 應(으: 종성 사용 안 함), 伊이, 思(ᄋᆞ: 초성 사용 안 함)'처럼 보이고 있다. 초종성용 ㄱㄴㄷㄹㅁㅂㅅㆁ 8자를 '其(기), 尼(니), 池(디), 梨(리), 眉(미), 非(비), 時(시), 異(이)'로 소리 내는 것도 이런 까닭이다. 단지 종성에서는 'ㄱ, ㄷ, ㅅ'을 '其役, 池末(귿), 時衣(옷)'으로 말하기 때문에 8자가 모두 '으'로 이루어진다고 하지는 않는다. 삼운성휘에서도 이를 따르고 있다. 'ㄱ, ㄷ, ㅅ'은 우리말에

는 있으나 한자에는 없기 때문에 이를 빌어서 밝힌 것이다. 이로 인해 세간에 잘못을 더하여 '미음(眉音), 비읍(非邑)'을 '미오음(眉吾音), 비오읍(非吾邑)'으로 부르기까지 한다. 이제 다만 우리말로 밝혀 다음과 같이 보인다. ㄱ(기윽), ㄴ (니은), ㄷ(디은), ㄹ(리을), ㅁ(미음), ㅂ(비읍), ㅅ(시읏), ㅇ(이웅)]

ㄴ. 凡字皆合初中聲而成字加初聲ㄱ中聲ㅏ合爲가卽家字之音也 十一字無不能然而實 皆含ㅇ音而成字此字會之所已知而<u>橫—竪</u>ㅣ二中聲實爲十一字關振則無有言者故 <u>今列於左</u>

　　가(그아)갸(긔야)거(그어)겨(기여)고(그오)교(기요)구(그우)규(기유)그(그 으)기(기이)ᄀ(그ᄋ)

　　나(느아)냐(니야)너(느어)녀(니여)노(느오)뇨(니요)누(느우)뉴(니유)느(느 으)니(니이)ᄂ(느ᄋ)

다라以下倣此

　　[무릇 초성과 중성이 합하여 글자를 이룬다. 초성 'ㄱ'과 중성 'ㅏ'가 합하 여 '가'가 되는데, 곧 '가' 자의 음이다. 11자가 모두 그러한데 실제로는 'ㅇ' 소리를 포함하여 글자를 이룬다. 이러한 것은 훈몽자회에서도 이미 아는 바 다. 즉 'ㅡ'와 'ㅣ' 중성이 실제 11자의 중요한 것인데 이를 말한 이가 없었다. 이에 다음과 같이 제시한다.

'가(그아), 갸(기야),3) 거(그어), 겨(기여), 고(그오), 교(기요), 구(그우), 규(기 유), 그(그으), 기(기이), ᄀ(그ᄋ),

나(느아), 냐(니야), 너(느어), 녀(니여), 노(느오), 뇨(니요), 누(느우), 뉴(니유), 느(느으), 니(니이), ᄂ(느ᄋ)'

'다라' 이하도 이와 같다.]

(밑줄은 글쓴이)

---

3) 원문에는 '긔여'라고 나와 있으나 다른 것들과의 계열성을 비추어 볼 때 '기여'의 오타로 보인다.

(7ㄱ)에서 (4) 훈몽자회의 모음자 이름이 각 모음자 앞에 'ㅇ'을 붙인 것임을 확인할 수 있다. 'ㅇ'이 없으면 글자를 이루지 못한다고 명시적으로 말하고 있는 것이다. (7ㄴ)에서도 모음자가 실제로는 'ㅇ' 소리를 포함하고 있음을 보여 준다. 이와 더불어서 'ㅡ'와 'ㅣ'의 중성이 실제 11자의 중요한 것이라고 말하고 있다. '가', '거'는 각각 '그아', '그어'라고 부르고, 또 '겨'와 '교'는 각각 '기여', '기요'라고 부른다고 말하고 있다. 여기서도 'ㅏ, ㅓ', 'ㅕ, ㅛ'에 'ㅇ'를 사용하고 있다. 결국 (7)에서는 각 모음자가 '아 야 어 여 오 요 우 유 으 이 ♀'처럼 'ㅇ'을 앞에 두고 있다는 것, 그리고 자음자 이름에서 '기윽, 니은, 디은, 리을, 미음, 비읍, 시읏, 이응' 식으로 하여 'ㅣ'와 'ㅡ'가 사용된다는 것을 말하고 있는 셈이다.

(8) 권정선(1906), '음경' [4)]

　초성 37자:　ㄱ其기 ㅋ器키 ㄲ技끼 ㆁ擬이 ㆁㆁ並凝ㆁ이 ㄷ地디 ㅌ剔티 ㄸ狄띠
　　　　　　ㄴ尼니 ㄴㄴ並尼ㄴ니 ㅈ支지 ㅊ侈치 ㅉ遲찌 ㅅ詩시 ㅆ氏씨 ㅂ卑비 ㅍ披
　　　　　　피 ㅃ備삐 ㅁ彌미 ㅁㅁ並彌ㅁㅁ丨 又濟又丨 文砌文丨 又又薺又又丨 ×西시 ××
　　　　　　席××丨 ㅸㄴ斐ㄴ丨 푱工霏工丨 뼝ㄴㄴ肥ㄴㄴ丨 뮹ㄱ薇ㄱ丨 ㅁㆁㅡㅁ並
　　　　　　薇ㅡㅁ丨 ㆆ衣이 ㅎ屎히 ㆅㆅ奚ㆅ이 ㅇ怡이 ㅇㅇ並怡예 ㄹ离리 ㅿ而시
　중성 11자+合重12聲:

　　中聲 11자:　· 如児♀字中聲 ㅡ應으去終 丨怡이 ㅗ敖오 ㅏ衙아 ㅜ虞우 ㅓ魚어
　　　　　　ㅛ遙요 ㅑ夜야 ㅠ愈유 ㅕ餘여

<hr>

4) 권정선은 조선 후기 영조 때의 운학자 이사질(李思質)의 후계자로 조선조의 마지막을 지킨 한글학자라 할 수 있고, 주시경에게도 많은 영향을 주었다고 한다. 동몽교관(童蒙敎官)을 지냈고, 말년에는 국어학 연구에 힘써, '음경(音經)'(1906)을 저술하였다. 이 책은 저작 목적이 문자 사용의 혼란을 막고 누구나 바르게 배울 수 있는 기준을 고안하는 데 있었다고 한다.

合中聲 8자: ㅘ 오아瓦韻 ㅝ 우어戈韻 ㆇ 오야 ㆊ 우여 ㆈ 요아 ㆋ 유어 ㆉ 요야 ㆌ 유여涓韻 (25쪽)

重中聲 4자: ㅣ嵬외 該개 ㅡ重應ᅌᅳ ㆍ敖ᅌᅷ 高ᄀᆞ ㆍ九ᅌᆢ (25-26쪽)

종성 16자: ㆁ웅 ㅇ앙 ㄱ국 ㄴ닌 ㄹ렬 ㅁ남 ㅂ법 ㄷ단 ㅌ돝 ㅅ솟 ㅈ젖 ㅊ좇 (ㅸㅂ)야ㅂ (ㅱㄱ)ᅘᅡㄱ ㆆ흫 ㅿ짒 (종성 16)

초종성통용자 반절음 겸 칭호 10자:

ㄱ그기윽 ㄴ느니은 ㄷ드디읃 ㄹ르리을 ㅁ므미음 ㅂ브비읍 ㅅ스시읏 ㅈ즈지읒 ㅇ으이응 ㆁᅌᅳᅌᅵᅌᅳᆼ (36쪽)

(8) 권정선의 '음경'은 은 본래 '정음종훈(正音宗訓)'이라는 이름을 갖고 있었는데 한글 자체를 역학 및 운학의 견지에서 편찬한 책이다. 초성 37자, 종성 16자를 설정하고 있는데, 그 각 문자를 보면 우리말의 실제음이 아닌 것들이 많다. 중성 모음자는 20세기 초반에 나온 책임에도 'ㆍ'를 포함하여 'ㆍ ㅡ ㅣ ㅗ ㅏ ㅜ ㅓ ㅛ ㅑ ㅠ ㅕ'를 설정하고 있고 역시 모음자 이름은 각 모음자 앞에 'ㅇ'을 덧붙여서 정하고 있다.

특이한 것은 합중성 8자와 중중성 4자를 덧붙여서 설정하고 있는 점이다. 합중성 8자는 'ㅘ ㅝ ㆇ ㆊ ㆈ ㆋ ㆉ ㆌ'인데, 각각의 이름을 '오아, 우어, 오야, 우여, 요아, 유어, 요야, 유여'로 보이고 있다. 두 개의 중성자가 평등하게 합해져서 합중성자를 이룬 것을 보여주고 있다. 또한 중중성 4자로 'ㅣ ㅡ ㅗ ㅜ'를 제시하고 있는데, 이것들은 각각의 '외, 개', 'ᅌᅳ', 'ᅌᅷ, ᄀᆞ', 'ᅌᆢ'라는 용례를 볼 때, 이들이 종속적으로 합해져 있는 양상을 보인다. 뒤의 세 개는 현재 사용되지 않는 것이지만, 맨 앞의 'ㅣ'는 흔히 딴이 'ㅣ'를 지칭하는 것으로 알려져 있다. 물론 21세기 현재는 발음을 할 때 'ㅚ, ㅐ'를 각각 'ㅗ+ㅣ, ㅏ+ㅣ'로 따로따로 분석하지는 않는다.

(8)에서 특이한 것이 또 있는데, '초종성통용자 반절음'이라 하여 'ㄱ ㄴ ㄷ ㄹ ㅁ ㅂ ㅅ ㅈ ㅇ ㆁ'의 10자를 두고 각각의 이름을 '그기윽, 느니은, 드디은, 르리을, 므미음, 브비읍, 스시읏, 즈지읏, 으이응, 으이웅'으로 정한 것이다. 물론 이것들은 모음자가 아닌 자음자의 이름을 정한 것인데, 이때 'ㅡ'를 단독으로 정해서 '그느드르...' 식으로 하고 또 '기윽 니은 디은 리

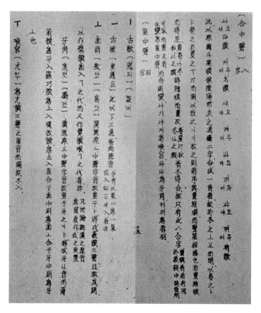

〈그림 5-2〉 권정선(1906), 음경(陰經)

을...' 식으로 해서 'ㅣ'와 'ㅡ'를 사용하고 있다는 것이다. 또한 'ㅡ' 앞에 'ㅇ'을 넣어서 '기윽' 식으로 명명한 것도 역시 주목할 만하다.

4. 모음자 명칭에 사용되는 'ㅇ'은 과연 무엇인가?

우리는 앞에 제시된 모든 자료들을 통해서 모음자의 이름에서 'ㅇ' 자를 사용한다는 것을 확인해 보았다. 그렇다면 왜 'ㅇ'를 사용하고 또 이때의 'ㅇ'의 정체는 과연 무엇일까?

(9) 조정순(석범, 1846), '언음첩고' (=7)

窃嘗究之諸音無不因ㅇ以成字 故字會中聲十一字 以阿아也야於어余여吾오要요牛
우由유應(으不用終聲)伊이 思(ᄋ不用初聲)示之 初終聲通用之ㄱㄴㄷㄹㅁㅂㅅㆁ八字
以其(기)尼(니)池(디)梨(리)眉(미)非(비)時(시)異(이)發之則是矣

[일찍이 여러 소리들을 들여다보니 'ㅇ'이 없으면 글자를 이루지 못한다. 그래
서 훈몽자회의 중성 11자는 '阿아, 也야, 於어, 余여, 吾오, 要요, 牛우, 由유, 應(으:
종성 사용 안 함), 伊이, 思(ᄋ: 초성 사용 안 함)'처럼 보이고 있다. 초종성용 ㄱㄴㄷ
ㄹㅁㅂㅅㆁ 8자를 '其(기), 尼(니), 池(디), 梨(리), 眉(미), 非(비), 時(시), 異(이)'
로 소리 내는 것도 이런 까닭이다.]

(밑줄은 글쓴이)

(10) '훈민정음 언해본'(1459)

　　ㄱᄂ 엄쏘리니 君ㄷ字 처엄 펴아나ᄂ 소리 ᄀᄐ니
　　ㄷᄂ 혀쏘리니 斗ㅸ字 처엄 펴아나ᄂ 소리 ᄀᄐ니
　　ㅂᄂ 입시울쏘리니 彆字 처엄 펴아나ᄂ 소리 ᄀᄐ니
　　ㅅᄂ 니쏘리니 戌字 처엄 펴아나ᄂ 소리 ᄀᄐ니
　　ㅋᄂ 엄쏘리니 快ㆆ字 처엄 펴아나ᄂ 소리 ᄀᄐ니라
　　·ᄂ 呑ㄷ字 가온딧소리 ᄀᄐ니라
　　ㅡᄂ 即字 가온딧소리 ᄀᄐ니라
　　ㅣᄂ 侵ㅂ字 가온딧소리 ᄀᄐ니라

(9)를 보면 '窃嘗究之諸音無不因ㅇ以成字'라 하여 소리를 살펴보니 분명하

게 'ㅇ'이 없으면 글자를 이루지 못한다고 단정하고 있다. 그러면서 (4) 훈몽자회에서 '아 야 어 여 오 요 우 유 으 ᄋ'라고 중성 11자를 명명하고 있으며, 그러면서 초종성에서 쓰이는 'ㄱㄴㄷㄹㅁㅂㅅㆁ' 8자가 '其(기), 尼(니), 池(디), 梨(리), 眉(미), 非(비), 時(시), 異(이)'로 소리 내는 것도 이런 까닭이라고 말하고 있다. 이 말은 모음자든 자음자든 단독으로는 소리 낼 수 없고 문자 차원에서 볼 때 서로 어우러져야 된다는 것을 말하고 있다.

모음자는 'ㅇ'과, 자음자는 'ㅣ'와 어우러져야 한다는 것이다. 'ㅣ'는 양성도 음성도 아닌 중성 모음으로 사람을 나타내는 것이어서 훈민정음 창제 때에 사용된 듯하다. (10)을 보면 조사 '는'과 'ᄂᆞᆫ'이 나오는데, '는'은 음성 모음 'ㅡ' 뒤에서 나타나고 'ᄂᆞᆫ'은 'ㆍ' 양성 모음과 'ㅣ' 중성 모음 뒤에서 나타나고 있다. 이에 'ㄱ ㄴ ㄷ…'의 이름을 '기니디…'로 명명하는 주장이 힘을 받게 된다(박성빈 1946, 이기문 1961, 김민수 1980).

이에 비해서 모음자는 왜 'ㅇ'을 앞에 붙여서 소리를 내는지, 다시 말하면 왜 모음자 이름을 그리 정했는지 근거를 찾기가 어렵다. 모음은 본래 성절성을 지니고 있어서 다른 자음의 도움이 필요가 없는데, 왜 굳이 'ㅇ'을 앞에 두었을까? 결국 이때의 'ㅇ'은 소리도 없고 음가도 없는 단순 기호일 뿐이라는 결론에 다다르게 된다. 즉 'ㅇ'은 형식적인 것이라는 말이다. 실제로 우리는 종성에 오는 'ㅇ'은 [ŋ] 음가를 부여하지만 초성에 오는 'ㅇ'은 아무런 음가를 부여하지 않는다.[5]

---

5) 정연찬(1987:37)에서는 'ㅇ'이 실질은 없고 형식만 있는 공음소였다고 말하고 있다. 문효근 (1998:238)에서는 문자 형체학적 관점에서 'ㆁ'과 'ㅇ'의 관련성을 언급하고 있고, 권병로·박종희(2015:21)에서는 목젖음 'ㆁ'과 후음 'ㅇ'의 청각적인 유사성을 언급하고 있다.

(11) 'ㅇ'과 'ㆁ'의 구분

ㄱ. 홍희준(1800), '화동음원', 諺字初中終聲 (末字用俚語爲終聲) (=6)
　초성(33): ㄱ ㄲ ㄴ ㅥ ㄷ ㄸ ㄹ ㅁ ㅂ ㅃ ㅅ ㅆ ㅇ ㅈ ㅉ ㅉ ㅉ ㅊ
　　　　ㅊ ㅊ ㅋ ㅌ ㅍ ㅎ ㆅ ㆁ ㆆ ㅿ ㅁ ㅂ ㅃ ㆄ

ㄴ. 권정선(1906), 음경
　초성 37자: ㄱ其기 ㅋ器키 ㄲ技끼 ㆁ擬이 ㆁㆁ並凝ㅇㅣ ㄷ地디 ㅌ剔티 ㄸ狄띠
　　　ㄴ尼니 ㄴ並尼ㄸㅣ ㅈ支지 ㅊ侈치 ㅉ遲찌 ㅅ詩시 ㅆ氏씨 ㅂ卑비 ㅍ披피
　　　ㅃ備삐 ㅁ彌미 ㅁㅁ並彌ㅁㅣ 又濟又ㅣ 文砌文ㅣ 又又薺又ㅣ ×西
　　　시 ××席××ㅣ ㅸㄴ蜚ㄴㅣ ㆄ工霏工ㅣ ㅹㄴㄴ肥ㄴㄴㅣ ㅁㄱ薇ㄱ
　　　ㅣ ㅁㅁㄱㄱ並薇ㄱㄱㅣ ㆆ衣ㅣ ㅎ屎히 ㆅ奚ㆅㅣ ㅇ怡이 ㅇㅇ並怡ㅇㅣ ㄹ
　　　离리 ㅿ而ㅿㅣ
　종성 16자: ㆁ웅 ㅇ앙 ㄱ국 ㄴ닌 ㄹ렬 ㅁ남 ㅂ법 ㄷ닫 ㅌ돝 ㅅ솟 ㅈ젖 ㅊ쫓
　　　(ㅸㄴ)야ㄴ　(ㅁㄱ)햐ㄱ　ㆆ흫 ㅿ짛

(11)을 보면 초성에서 'ㅇ'과 'ㆁ'을 구분하고 있음을 보게 된다. 'ㆁ'은 [ŋ]
발음이 있지만 'ㅇ'은 그렇지 않다는 것을 의미한다. (11ㄴ)에서는 초성에서
'ㆁ擬이', 'ㅇ怡이'로 하여 'ㆁ'과 'ㅇ'을 구분하고 있음을 확인하게 된다. 또한
(11ㄴ)에서는 'ㆁ웅'가 'ㅇ앙'을 통해서 'ㆁ'과 'ㅇ'이 차이가 있음을 보게 된다.
훈민정음 창제 때 제시된 'ㄱ, ㅋ, ㆁ ; ㄷ, ㅌ, ㄴ ; ㅂ, ㅍ, ㅁ ; ㅈ, ㅊ, ㅅ
; ㆆ, ㅎ, ㅇ ; ㄹ ; ㅿ'의 17개 자음자에서도 분명히 'ㆁ'과 'ㅇ'은 구분되어
있었다. 이후에 이 둘은 문자 형식상 차이를 보이지 않고 서로 혼용되곤 하였
다.6) 21세기 지금 구분되지 않고 'ㅇ' 하나로 문자가 통일되어 사용되고 있다.

─────────────

6) 훈민정음 해례본의 종성해 부분에 '且ㅇ聲淡而虛 不必用於終'라는 표현이 나오는데, 곧 'ㅇ'

(9)에서 모음자 이름에서 사용되는 'ㅇ'은 바로 이 'ㅇ'인 것은 당연하다.

(12) 'ㅇ'의 유래(1)

ㄱ. ㆆ喉音如挹字初發聲。ㅎ喉音如虛字初發聲, 並書如洪字初發聲。ㅇ喉音如欲字初發聲。
[ㆆ은 후음(喉音)이니 읍(挹)자의 첫 발성과 같고, ㅎ은 후음(喉音)이니 허(虛)자의
첫 발성과 같은데 가로 나란히 붙여 쓰면 홍(洪)자의 첫 발성과 같고, ㅇ은 후음
(喉音)이니 욕(欲)자의 첫 발성과 같고...] ('훈민정음 해례본', 1446)
ㄴ. 제자해에서는 'ㆁ'에 대해 '舌根閉喉聲氣出鼻'라 설명하고 있다. 혀뿌리가 목
구멍을 막아 조음되며 기류가 비강을 통하여 나오는 소리임을 말하고 있다...
중세국어에서는 '舌根'의 작용 결과에 따라 '牙音'과 '喉音'이 구별되는데, 아
음은 [+RTR](Retracted Tongue Root) 자질을 가지며 후음은 [-RTR]을
갖는다. 그런데 다시 제자해는 '其聲與ㅇ相似 故韻書疑與喩多相混用'이라 하
여 'ㆁ'과 'ㅇ'의 유사성을 기술하고 있다. 이는 결국 '牙音'과 '喉音'의 음향적
유사성을 지적한 것이다. 조음적으로는 [RTR]의 차이를 이루지만, 음향적으
로는 [high F1]을 공유하여 음향적 유사성을 나타낸다. (정연찬, 1987:6)

일반적으로 아설순치후의 다섯음은 중국 성운학의 영향을 받은 것으로 알려
져 있다(이돈주 1988, 차재은 2003:243). 'ㅇ'은 그 가운데 후음에 속하는
것으로 훈민정음 창제 때에도 이 후음에 대하여 'ㅇ, ㆆ, ㅎ' 세 가지를 설정하
고 있다. (12ㄱ) 훈민정음 해례를 보면, 'ㅇ'이 후음으로서 '욕(欲)' 자의 첫
발성과 같다고 나와 있다.7) (12ㄴ)에서는 'ㆁ'과 'ㅇ'이 본래 아음과 후음으로

의 종성 표기에 있을 필요가 없음을 말하고 있다. 또한 제자해에서는 '其聲與ㅇ相似 故韻書
疑與喩多相混用'이라 하여 'ㆁ'과 'ㅇ'의 유사성을 기술하고 있기도 하다.
7) 후음은 본래 인두와 혀뿌리를 통해서 폐에서 나오는 공기를 마찰하여 내는 소리로서, 목구멍

서로 다른 소리였으나 둘이 음향적 유사성을 지님을 말하고 있다.

(13) 'ㅇ'의 유래(2)

ㄱ. 파스파 문자에서 喩母(유모) '𖿣'의 음가는 [ɑ]이거나 [null, φ]로서 후자의
   경우 훈민정음의 欲母 'ㅇ'과 같으며 한글에서는 '이, 아, 오, 으'처럼 모음자를
   단독으로 쓸 때에는 반드시 붙이는 기호라고 본 것이다. 또 파스파 문자의
   喩母(유모) '𖿣'자나 훈민정음의 欲母 'ㅇ'은 현대 생성음운론에서 주장하는
   [+syllabic]의 자질을 표시하는 것을 주장하였다. (정광, 2009:244)

ㄴ. 세종 새 문자를 제정하기 시작한 초기에는 파스파 문자가 모음자를 喩母에
   속하는 것으로 간주하여 7자를 制字하였으며 훈민정음에서도 이에 맞추어
   欲母에 들어가는 7자를 만든 것으로 보인다. 즉, 欲母에 속하는 7자로 기본자
   'ㆍ(天, 圓), ㅡ(地, 平), ㅣ(人, 立)'를 천지인(天地人) 삼재(三才)에 의거하여
   제자하고 이들을 결합하여 초출자 'ㅗ(天地), ㅏ(人天), ㅜ(地天), ㅓ(天人)'
   의 4자를 더한 7자를 만들어 사용하였다.

   　欲母에 속한다고 보았기 때문에 이들이 단독으로 쓰일 때에는 'ㅇ, 으, 이,
   오, 아, 우, 어'와 같이 욕모의 /ㅇ/를 앞에 붙여 쓴다고 보았다(정광 2018
   ㄴ). 이렇게 보지 않고는 왜 훈민정음이나 언문에서 中聲字를 단독으로 쓸
   때에 /ㅇ/를 붙이는지 설명할 길이 없다. 초기의 모음 7자를 喩母, 후대의
   欲母에 귀속시켰기 때문이다. 훈민정음이 元代 파스파 문자로부터 얼마나 영
   향을 받았는지 알려주는 대목이다. (정광, 2020:99)

ㄷ. 국어사 연구에서 오랫동안 논쟁이 되었던 훈민정음 후음자 ㅇ이 맡은 여러

의 모양을 본뜬 'ㅇ'이 기본자이고, 'ㆆ'과 'ㅎ'은 가획을 하여 만든 문자이다. 'ㆆ'은 'ㅇ'보다
소리가 세기 때문에 'ㅇ'에 획을 더하였고, 'ㅎ'은 'ㆆ'보다 소리가 세기 때문에 'ㆆ'에 획을
더하여 만들었다. 조음 기관의 모양을 본떠 기본자를 만들고, 조음 방법에 따라 기본자에
획을 더하여 가획자(加劃字)를 만들었다.

기능이 파스파 문자에서 모두 발견되는 것은 매우 흥미로운 일이다. 특히 현존 몽골어 파스파 문헌에 나타난 파스파 문자의 용법은 이 글에서 제시된 예가 거의 전부인데, 파스파 문자의 기능과 훈민정음 ㅇ의 기능이 전반적으로 일치한다는 점도 관심을 가질 만하다. 이러한 사실이 두 문자 체계 사이의 계통적 관계를 보여주는 것인지 아니면 유형적 관계를 보여주는 것인지 판단하기는 쉽지 않다. 하지만, 두 문자 체계에 공유되는 이러한 기능들이 여러 문자에서 흔히 발견할 수 있는 보편적인 기능이 아니라는 점에서 우연적인 일치라고 보기도 어렵다. (연규동·최계영, 2019:106)

후음 'ㅇ'에 대하여 적극적으로 그 유래를 다룬 내용이 정광 교수의 (13ㄱ, ㄴ)이다. 거기서는 일련의 논저를 통해서 훈민정음 중성자가 파스파 문자의 영향을 받았다고 하면서 특히 파스파 문자의 喩母(유모) 'ᡟ'의 음가와 훈민정음의 欲母 'ㅇ'과 같다고 주장하고 있다. 그렇게 해서 'ᄋ, 으, 이, 오, 아, 우, 어' 와 같이 표기하고 읽게 되었다는 것이다.[8]

이러한 주장을 뒷받침하는 것이 (13ㄷ)이다. 국어사에서 나타나는 후음자 'ㅇ'의 여러 기능이 파스파 문자의 유모자에서 모두 나타난다고 보면서 훈민정음과 파스파 문장의 연관설을 뒷받침하고 있는 것이다. (13ㄷ)을 기술한 연규동·최계영(2019:86-88)에서는 훈민정음의 'ㅇ'과 파스파 문자의 'ᡟ'이 동일한 기능을 보인다고 말하고 있다. 즉 '아비, 오늘, 어리-'와 같은 용례에서 보이는 음가 없이 단순 모음자 표기 기능, '두어, 사우-, 그우리"와 같은 용례에서 보이

---

8) (13ㄱ,ㄴ)을 저술한 정광 교수는 여러 논저에서 훈민정음 모음자가 모두 파스파 문자에서 온 것이라고 주장하고 있다. 그러나 고광모(2020)에서는 구체적인 6가지 근거를 들어서 이를 비판하고 있다. 또한 정광 교수는 자음자도 파스파 문자를 가져온 것이라 주장하고 있는데, 이에 대하여 김유범(2018:140-142)에서는 몇 가지 부분적으로만 보이는 디자인적 유사성을 갖고 그리 볼 수는 없다면서 문제점을 제기하고 있다.

는 어중 두 음절 구분 기능, '몰애, 달아, 알어늘, ᄀᆞ애, 것위'아 같은 용례에서 보이는 앞 음절의 음절말 자음을 분철시키는 기능이 두 문자에서 나타난다고 보고 있다. 결국 후음 'ㅇ'의 여러 기능 가운데 모음자 이름 앞에 사용되는 'ㅇ'은 음가 없이 단순 모음자 표기 기능을 한 것으로 볼 수 있다.

5. 맺음말

지금까지 모음자 이름을 구성하는 'ㅇ'에 대하여 살펴보았다. 구체적으로 조정순(1864)에서는 'ㅇ'이 없으면 글자를 이루지 못한다고 하여 'ㅏ ㅑ ㅓ ㅕ' 등 모음자는 그 이름이 '아 야 어 여'일 수밖에 없다고 단언하였다. 좀 더 구체적으로 훈민정음의 기록에 따르면 'ㅇ喉音如欲字初發聲'이라 하여 'ㅇ'은 후음으로서 '욕(欲)' 자의 첫 발성과 같다고 말하고 있다.

이와 같은 맥락에서 정광 교수는 일련의 논의들을 통해서 후음자 'ㅇ'의 여러 기능은 파스파 문자의 유모(喩母)의 'null'과 정확히 일치한다고 말하고 있다. 즉 모음자 이름으로 사용하는 'ㅇ'은 파스파의 유모(喩母)에서 온 것으로 그것이 훈민정음의 欲母 'ㅇ'로 실현되었다고 말하고 있다.

여하튼 우리는 'ㅇ'과 'ㆁ'의 혼란상을 통해서 결국 'ㅇ'으로 통일된 문자는 초성이냐 종성이냐는 위치에 따른 변별을 통해서, 결국 모음자 앞에 오는 'ㅇ'이 발음은 안 되지만 일정한 문자론적 가치는 있음을 추정하게 된다.

한편, 홍희준(1800)에서는 모음자의 명칭으로 'ㅏ이아(伊我) ㅑ이야(伊耶) ㅓ이어(伊魚) ㅕ이여(伊余)'에서 보는 것처럼 맨 앞에 '이(伊)'를 놓고 나서 해당 모음자 앞에 'ㅇ'을 넣는 것을 볼 수가 잇다. 이때의 '이'는 과연 무엇일까? 명칭은 2음절이 좋으니, '이'를 넣은 것일까? 그래도 왜 하필이면 '이'일까? 모음자의 이름으로 자음자의 ‘기 니 디 리…’ 이름을 염두에 두고서 앞에 ‘이’를 두었는지 모르겠다. 굳이 ‘이’를 사용할 필연성은 보이지 않는다. 또한 권정선(1906)에서는 ‘ㆍ ㅡ ㅗ ㅏ ㅓ ㅛ ㅠ ㅕ’는 그대로 ‘ᄋᆞ 으 오 아 요 유 여’라고 명명하였지만, ‘ㅘ ㅝ ㆇ ㆊ ㆉ ㆌ ㆈ ㆋ’는 각각 ‘오아 우어 오야 우여 요아 유어 요야 유여’로 부르고 있어서 특이성을 보인다. 후자의 것들을 합중성으로 무리 짓고 있다.

한글 모음자의
종류와 배열 순서

한글 모음자의 종류와 배열 순서

1. 머리말

기본적으로 음소와 음성과 문자는 다르다. 음소는 최소 의미 변별 단위로서 음운론의 단위이고, 음성은 인간의 발음 기관을 통해서 나는 소리로서 음성학의 대상이고, 문자는 그림과 달리 일정한 체계를 지니고 그것을 통해서 의미

혹은 의미 차이를 드러내는 역할을 하기도 한다. 자음은 음절을 이룰 수 없지만 모음은 그 자체로 음절을 이룰 수 있는 차이가 있다. 모음임을 나타내는 모음자는 어떤 때는 독립적으로 어떤 때는 두 개 이상의 모음자가 묶여서 일정한 역할을 하기도 한다. 그래서 단일 모음과 복합 모음이 있는 것처럼 단일 모음자와 복합 모음자가 있게 된다.

한글은 15세기에 창제되었다. 모음자는 하늘, 땅, 사람을 각각 뜻하는 'ㆍ', 'ㅡ', 'ㅣ'를 기본자로 하여 초출자 'ㅏ, ㅓ, ㅗ, ㅜ', 재출자 'ㅑ, ㅕ, ㅛ, ㅠ'가 나왔다고 훈민정음 해례본에 설명되어 있다. 지금은 'ㆍ'가 사라져서 10개 모음자가 'ㅏ ㅑ ㅓ ㅕ ㅗ ㅛ ㅜ ㅠ ㅡ ㅣ' 순서대로 맞춤법에 제시되고 있는 실정이다. 물론 11자의 2차 모음자들이 사용되고 있어서 전체 모음자는 21개를 유지하고 있다.

여기서는 남북한의 모음자 배열 순서가 어떻게 되어 있는지 살펴보도록 하겠는데, 특히 통시적으로 모음자들이 여러 문헌에서 어떻게 제시되어 왔는지 그 종류와 배열 순서까지 살펴보도록 한다.

2. 맞춤법과 국어사전의 모음자 배열 순서

남북한 공히 현재의 자모자 종류 및 배열 순서가 정해진 것은 조선어학회의 '한글 마춤법 통일안'(1933)에 기인한다. 뒤에서 보겠지만 남북한 공히 1차로 'ㅏ ㅑ ㅓ ㅕ ㅗ ㅛ ㅜ ㅠ ㅡ ㅣ' 10개 모음자를 기본으로 하고 있는데, 이것이 바로 여기에 드러나 있다.

(1) 조선어학회(1933)의 '한글 마춤법 통일안' 모음자

제1항 한글의 자모의 수는 24자로 하고, 그 순서는 다음과 같이 정한다.
  ㅏ ㅑ ㅓ ㅕ ㅗ ㅛ ㅜ ㅠ ㅡ ㅣ (10)
  [부기] 전기의 자모로써 적을수가 없는 소리는 두개 이상의 자모를 어울러서
      적기로 한다. 적기로 한다.
  ㅐ ㅔ ㅚ ㅟ ㅒ ㅖ ㅘ ㅝ ㅙ ㅞ ㅢ (11)

주지의 사실이다시피 현행 한글 맞춤법의 모음자는 조선어학회의 '한글 마춤법 통일안'(1933)에서부터 그 종류와 배열 순서가 정해졌다. (1)에서 보듯이 모음자로 'ㅏ ㅑ ㅓ ㅕ ㅗ ㅛ ㅜ ㅠ ㅡ ㅣ'의 10개를 먼저 정하고, 이후 두 개 이상의 자모를 어울러서 'ㅐ ㅔ ㅚ ㅟ ㅒ ㅖ ㅘ ㅝ ㅙ ㅞ ㅢ'의 11개 모음자를 순서대로 제시하고 있다. 문제는 한글 자모 수 24자 안에 있는 10개 모음자 'ㅏ ㅑ ㅓ ㅕ ㅗ ㅛ ㅜ ㅠ ㅡ ㅣ'가 하나의 모음자인지 아니면 'ㅏ ㅓ ㅗ ㅜ ㅡ ㅣ'만 그러한지 하는 것이다. 15세기 한글 창제 때를 생각하면 'ㅏ ㅓ ㅗ ㅜ'만 하나의 모음자인지 하는 논란도 문자학 차원에서 보면 충분히 가능하다.

(2) 문교부(1988), '한글 맞춤법' 40

제4항 한글 자모의 수는 스물넉 자로 하고, 그 순서와 이름은 다음과 같이 정한다.
  ㅏ(아) ㅑ(야) ㅓ(어) ㅕ(여) ㅗ(오) ㅛ(요) ㅜ(우) ㅠ(유) ㅡ(으) ㅣ(이) (10)
  [붙임 1] 위의 자모로써 적을 수 없는 소리는 두 개 이상의 자모를 어울러
      서 적되, 그 순서와 이름은 다음과 같이 정한다.
      ㅐ(애) ㅒ(얘) ㅔ(에) ㅖ(예) ㅘ(와) ㅙ(왜) ㅚ(외) ㅝ(워) ㅞ(웨)
      ㅟ(위) ㅢ(의) (11)

(2)는 (1)을 이어받아서 현행 남한의 자모자 수와 배열 순서를 설정한 규정 항목이다. 여기서는 기본 한글 자모로 24자모를 제시하고 있다. 그 안에 'ㅏ ㅑ ㅓ ㅕ ㅗ ㅛ ㅜ ㅠ ㅡ ㅣ'의 10개 모음자를 설정하고 이어서 "두 개 이상의 자모를 어울러서" 'ㅐ ㅒ ㅔ ㅖ ㅘ ㅙ ㅚ ㅝ ㅞ ㅟ ㅢ'의 11자 모음자를 순서대로 배열 및 제시하고 있다.

(1)과 (2)에서 제시하고 있는 소위 복합 모음자는 각각 11자로 동일한 것을 제시하고 있지만 그 배열 순서에서는 차이가 있다. 즉 (1)에서는 'ㅏ ㅓ ㅗ ㅜ'를 놓고 각각에 'ㅣ'를 덧붙인 형태, 곧 'ㅐ ㅔ ㅚ ㅟ'를 먼저 제시하고 있는데, 결과론적으로 이것은 음소로서의 단모음을 염두에 둔 처사이다. 단모음을 나타낸 'ㅐ ㅔ ㅚ ㅟ'에 이어서 이중 모음을 나타낸 'ㅒ ㅖ ㅘ ㅙ ㅞ ㅢ'를 복합 모음자로 제시하고 있다. 'ㅑ ㅕ'에 'ㅣ'를 붙인 'ㅒ ㅖ'를 먼저 놓고 'ㅗ'에 'ㅏ ㅐ'를 붙인 'ㅘ ㅙ'를 그다음에, 이어서 'ㅜ ㅡ'에 'ㅔ ㅣ'를 붙인 'ㅞ ㅢ'를 이어서 제시하고 있다. 이것들은 문자 차원의 배열 순서라고 말할 수 있다.

이에 비해 (2)에서는 음운론적 차원은 철저히 배제하고 온전히 문자론적 차원에서만 11자를 배열하고 있다. 'ㅏ ㅓ ㅗ ㅜ ㅡ'라는 앞선 모음자 순서를 기본으로 하고 먼저 'ㅏ ㅑ ㅓ ㅕ'에 'ㅣ'자를 붙여서 'ㅐ ㅒ ㅔ ㅖ'를 순서대로 놓고, 다음 'ㅗ'에다가 'ㅏ ㅐ ㅣ'를 붙인 'ㅘ ㅙ ㅚ'놓았다. 그다음 'ㅜ'에다가 'ㅓ ㅔ ㅣ'를 붙인 'ㅝ ㅞ ㅟ'를 두었고 마지막으로 'ㅡ'에다가 'ㅣ'를 붙인 'ㅢ'를 두었다. 이러한 배열 순서는 철저히 문자론적 방법이다.

(3) 표준국어대사전(1999, 2024), '일러두기'의 배열 순서(1) '중성'

ㅏ ㅐ ㅑ ㅒ ㅓ ㅔ ㅕ ㅖ ㅗ ㅘ ㅙ ㅚ ㅛ ㅜ ㅝ ㅞ ㅟ ㅠ ㅡ ㅢ ㅣ (21)

(3)은 (2) 한글 맞춤법의 모음자 배열을 표준국어대사전에서 어떻게 적용하고 있는지를 보인 것이다. (2)에서는 1차로 10개 모음자를 제시하였고 2차로 "두 개 이상의 자모를 어울러서" 만든 11개 모음자를 따로 제시하였다. 이에 비해 (3) 국어사전의 자모 배열에서는 1차의 'ㅏ ㅑ ㅓ ㅕ ㅗ ㅛ ㅜ ㅠ ㅡ ㅣ' 10개 모음자를 기준으로 하고 2차 11자를 역시 그 순서에 맞추어서 배열을 하였다. 결국 1차와 2차 모음자를 순서대로 합해 놓은 모양새다.

(4) 북한 '조선말규범집'(2010)의 '맞춤법' 모음자

ㅏ(아) ㅑ(야) ㅓ(어) ㅕ(여) ㅗ(오) ㅛ(요) ㅜ(우) ㅠ(유) ㅡ(으) ㅣ(이) (10)
ㅐ(애) ㅒ(얘) ㅔ(에) ㅖ(예) ㅚ(외) ㅟ(위) ㅢ(의) ㅘ(와) ㅝ(외) ㅙ(왜) ㅞ(웨) (11)

이에 비해 (4) 북한의 모음자 배열 순서는 다른 면을 보여 주고 있다. 1차적으로 'ㅏ ㅑ ㅓ ㅕ ㅗ ㅛ ㅜ ㅠ ㅡ ㅣ'라고 하는 기본 10자는 배열 순서가 (1), (2)와 동일하다. 그다음 11자 복합 모음자는 앞 부분 'ㅐ ㅒ ㅔ ㅖ'는 순서가 (1), (2)와 같으나, 그다음은 다르다. 즉 'ㅗ ㅜ ㅡ'에 'ㅣ'를 붙인 'ㅚ ㅟ ㅢ'를 순서대로 제시하였고, 그다음 'ㅗ'에 'ㅏ', 'ㅜ'에 'ㅓ'를 각각 붙인 'ㅘ ㅝ', 이후 'ㅗ'에 'ㅏ' 및 'ㅣ'를 붙인 'ㅙ'를 두었고, 마지막으로 'ㅜ'에 'ㅓ' 및 'ㅣ'를 붙인 'ㅞ'를 두었다. 이러한 배열 순서는 (2)보다도 더 철두철미한 문자론적 배열 방식이다.

(5) 북한 '조선말대사전'(2017)의 '일러두기' 중 '모음의 차례'

ㅏ, ㅑ, ㅓ, ㅕ, ㅗ, ㅛ, ㅜ, ㅠ, ㅡ, ㅣ, ㅐ, ㅒ, ㅔ, ㅖ, ㅚ, ㅟ, ㅢ, ㅘ, ㅝ, ㅙ, ㅞ (21)

(5)는 북한 조선말대사전에서 모음자를 배열한 순서를 보인 것이다. 남한은 (3)에서 보듯이 1차와 2차 모음자들을 섞어서 전체 하나로 나열하였는데, 북한은 1차 모음자 10개를 모두 앞에 배열한 다음에 이후 2차 모음자 11개를 뒤에 순서대로 배열하고 있다. 즉 북한의 사전에서는 뒤에서 보겠지만 전통적으로 내려오던 1차 모음자의 배열 순서를 오롯이 지키고 있는 태도를 보이고 있다.

〈표 6-1〉 남북한 겨레말큰사전 편찬사업 모음자 합의안

남한 (21)	북한 (21)	합의안 (21)
ㅏ ㅐ ㅑ ㅒ ㅓ ㅔ ㅕ ㅖ ㅗ ㅘ ㅙ ㅚ ㅛ ㅜ ㅝ ㅞ ㅟ ㅠ ㅡ ㅢ ㅣ	ㅏ ㅑ ㅓ ㅕ ㅗ ㅛ ㅜ ㅠ ㅡ ㅣ ㅐ ㅒ ㅔ ㅖ ㅚ ㅟ ㅢ ㅘ ㅝ ㅙ ㅞ	ㅏ ㅑ ㅓ ㅕ ㅗ ㅛ ㅜ ㅠ ㅡ ㅣ ㅐ ㅒ ㅔ ㅖ ㅘ ㅚ ㅙ ㅝ ㅟ ㅞ ㅢ

〈표 6-1〉은 남북한 겨레말큰사전 편찬사업회에서 합의한 사전에서의 모음자 배열 순서를 적어 둔 것이다. 1차 10개 모음자를 앞에다가 배열을 했으며, 2차의 11개 모음자는 'ㅏ'에 'ㅣ'를 붙인 'ㅐ', 'ㅑ'에 'ㅣ'를 붙인 'ㅒ', 'ㅓ'에 'ㅣ'를 붙인 'ㅔ', 'ㅕ'에 'ㅣ'를 붙인 'ㅖ'를 순서대로 배열했다. 이어서 'ㅗ'에 다가 'ㅏ, ㅣ, ㅐ'를 붙인 'ㅘ, ㅚ, ㅙ'를, 그다음에 'ㅜ'에 'ㅓ, ㅣ, ㅔ'를 붙인 'ㅝ, ㅟ, ㅞ'를 배열했고, 마지막에 'ㅡ'에 'ㅣ'를 붙인 'ㅢ'를 배열했다. 반드시는 아니지만 북한의 사전 배열 방식을 많이 따른 것으로 보인다.

과연 어떤 방식이 이상적인 모음자 배열 순서 방식인가? 1차적으로 제시되어 있는 'ㅏ ㅑ ㅓ ㅕ ㅗ ㅛ ㅜ ㅠ ㅡ ㅣ'의 배열 순서는 왜 그렇게 되었는가? 여기서는 이런 문제들을 통시적으로 살펴보도록 한다. 더불어서 맞춤법 규정에 있는 모음자 배열 순서와 국어사전에서의 모음자 배열 순서가 동일해야 하는지 아니면 달라도 상관없는지의 문제도 검토하도록 한다.

3. 15~16세기 모음자의 종류와 배열 순서는 어떠했는가?

1443년 훈민정음, 곧 한글이 창제되고 1446년에 반포되었다. 훈민정음 예의 부분에는 초성 자음자 23개와 중성 모음자 11개가 'ㆍ ㅡ ㅣ ㅗ ㅏ ㅜ ㅓ ㅛ ㅑ ㅠ ㅕ' 순서대로 제시되어 있다. 훈민정음 해례본이 1446년에 반포된 것이고, 훈민정음 언해본은 1459년에 나온 것이 전한다.[1]

(6) '훈민정음 언해본'(1459)

ㆍ는 呑ㄷ字 가온딧소리 ㄱᄐ니라
ㅡ는 即字 가온딧소리 ㄱᄐ니라
ㅣ는 侵ㅂ字 가온딧소리 ㄱᄐ니라
ㅗ는 紅ㄱ字 가온딧소리 ㄱᄐ니라
ㅏ는 覃ㅂ字 가온딧소리 ㄱᄐ니라

---

1) 초성 자음자로 (7)의 23개 자음자뿐만이 아니라 'ㅈ ㅊ ㅉ ㅅ ㅆ ㅈ ㅊ ㅉ ㅅ ㅆ'와 같은 중국 한자음을 표시하기 위한 문자 10개도 제시되고 있다. 그러나 이것들은 조선음을 위한 문자가 아니기 때문에 여기서는 논외로 한다.

ㅜ는 君ㄱ字 가온딧소리 ᄀ트니라

ㅓ는 書ᅀ字 가온딧소리 ᄀ트니라

ㅛ는 欲字 가온딧소리 ᄀ트니라

ㅑ는 懷ㄱ字 가온딧소리 ᄀ트니라

ㅠ는 戌字 가온딧소리 ᄀ트니라

ㅕ는 彆字 가온딧소리 ᄀ트니라

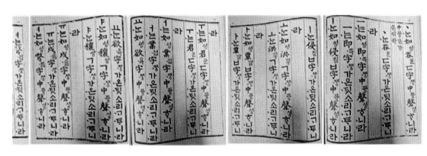

〈그림 6-1〉 훈민정음 언해본(1459)

이 모음자 11개는 하늘을 뜻하는 'ㆍ', 땅을 뜻하는 'ㅡ', 사람을 뜻하는 'ㅣ'
를 기본자로 해서 초출자 'ㅗ ㅏ ㅜ ㅓ', 재출자 'ㅛ ㅑ ㅠ ㅕ'가 제시된 것이다.
배열 순서라는 점에서 보면 기본자 'ㆍ ㅡ ㅣ'를 먼저 제시하고, 하늘을 위로
땅을 아래로 둔 'ㅗ', 사람을 기준으로 우측에 하늘을 둔 'ㅏ', 땅을 위로 하늘
을 아래로 둔 'ㅜ', 사람을 기준으로 하늘을 좌측에 둔 'ㅓ'를 두었다. 이것들은
하늘을 중심으로 하여 사람(ㅣ)과 땅(ㅡ)의 위치를 둔 초출자 4개 'ㅗ ㅏ ㅜ
ㅓ'인 것이다. 그다음 이것들에다가 하늘(ㆍ)을 다시 한번 둔 재출자 4개 'ㅛ
ㅑ ㅠ ㅕ'가 순서대로 제시되었다. 결국 천지인(ㆍ ㅡ ㅣ), 즉 삼재(三才)가 한글
창제의 기본 원리임을 알 수 있으며 그 가운데서도 하늘을 뜻하는 'ㆍ'가 핵심
적인 역할을 하는 것을 볼 수가 있다. 특히 'ㆍ'가 위쪽에 있으면 양성 모음이

라 하고 아래쪽에 있으면 음성 모음이 되며, 사람(ㅣ)은 하늘(·)과 땅(ㅡ)의
중간적인 존재로 ' ㅣ '를 중성 모음이라 한다.[2]

(7) 최세진(1455), '사성통고', 범례

ㄱ. ㅏ ㅑ ㅓ ㅕ   張口之字
　ㅗ ㅛ ㅜ ㅠ   縮口之字
ㄴ. ㅏ ㅑ ㅓ ㅕ ㅗ ㅛ ㅜ ㅠ · ㅡ ㅣ   (11)

  훈민정음을 창제한 직후 한자의 중국음을 한글로 나타내기 위해 '홍무정음
역훈'(1455)이 나왔다. 이 내용이 어려워서 왕명에 의해서 최세진이 이를 더욱
쉽게 제작한 '사성통고'(1455)가 나왔다. 사성통고 범례에는 (7)에서 보는 것
처럼 (6)과 다른 모음자 배열 방식이 등장한다. 'ㅏ ㅑ ㅓ ㅕ'는 입을 크게
벌려서 발음하고(張口) 'ㅗ ㅛ ㅜ ㅠ'는 입을 오무려서 발음한다(縮口)는 뜻이
다. 그러면서 (7ㄴ)에서와 같이 'ㅏ ㅑ ㅓ ㅕ ㅗ ㅛ ㅜ ㅠ · ㅡ ㅣ'의 11자
모음자가 순서대로 등장한다. 'ㅏ ㅑ ㅓ ㅕ'는 입을 크게 벌리는 소리를 나타내
고 'ㅓ ㅕ ㅗ ㅛ'는 입을 오무려서 내는 소리를 나타내는 모음자이다(7ㄱ). 그
뒤에 '· ㅡ ㅣ'를 순서대로 두었다. 특히 가장 개구도가 큰 'ㅏ'를 맨 앞에
둔 것은 여러 가지 의미를 지닌다. 즉 이 책 5장에서 자음자의 이름을 '가
나 다...'로 하자는 주장을 뒷받침한다.

---

2) 훈민정음 예의에 보면 '· ㅡ ㅣ ㅗ ㅜ ㅛ ㅠ 附書初聲之下 ㅣ ㅏ ㅓ ㅑ ㅕ 附書初聲於右'라
　하여 '· ㅡ ㅣ ㅗ ㅜ ㅛ ㅠ'는 초성 아래에 오고, 'ㅣ ㅏ ㅓ ㅑ ㅕ'는 초성 오른쪽에 온다는
　것을 말하고 있다. 다시 말하면 이 표현은 전체 모음자의 순서를 말하는 것은 아니지만 최소
　한 기본자, 초출자, 재출자 순서는 보여 주고 있다.

(8) 최세진(1527), '훈몽자회', 범례 '언문자모'

중성독용십일자(11)

ㅏ阿 ㅑ也 ㅓ於 ㅕ余 ㅗ吾 ㅛ要 ㅜ牛 ㅠ由 ㅡ應不用終聲 ㅣ伊只用中聲 ·思不用初聲

(9) '진언집'(1569), 諺本

중성독용십일자(11)

ㅏ阿 ㅑ也 ㅓ於 ㅕ余 ㅗ吾 ㅛ要 ㅜ牛 ㅠ由 ㅡ應不用終聲 ㅣ伊只用中聲 ·思不用初聲

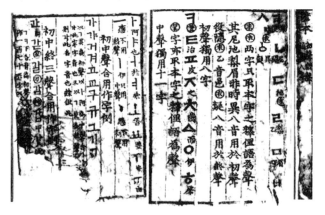

〈그림 6-2〉 진언집(1569)

(8)은 현행 자음자의 이름을 정하게 된 근거를 제시해 준 훈몽자회의 내용이
다. 모음자의 경우 'ㅏ ㅑ ㅓ ㅕ ㅗ ㅛ ㅜ ㅠ ㅡ ㅣ ·'의 11개 모음자를 보여
주고 있다. 먼저 앞 부분에 'ㅏ ㅑ ㅓ ㅕ ㅗ ㅛ ㅜ ㅠ'를 제시한 것은 (7)과
동일하다. 그런데 '·'는 삼재 모음자(· ㅡ ㅣ) 가운데 맨 뒤로 옮겼다. 'ㅡ
ㅣ'는 그대로 순서를 지켰다. '·'는 그 소리가 'ㅏ ㅓ ㅗ ㅜ ㅡ ㅣ'에 비하여
자리를 잡지 못하는 경우가 많았다. 실제로 16세기 중반부터 '·' 소리가 소실

된 것으로 알려져 있는데, 그 발음의 모호성 때문에 위치가 맨 뒤로 간 게 아닌가 한다. (9)의 '진언집'은 불교 의례서인데 여러 불교의 다라니를 한글, 한문, 범자의 순서로 병기한 것으로 5차례 이상 간행되었다. 이 책의 언본(諺本) 부분에 (8) 최세진의 훈몽자회를 그대로 싣고 있는데, 곧 (8)의 자모자가 일반화되었음을 증명하는 것이라 하겠다.

4. 17~19세기 모음자의 종류와 배열 순서는 어떠했는가?

15세기에 등장한 훈민정음은 비록 국문은 아니었지만 세간에는 많이 사용되었다. 17세기에도 초성자 17개와 중성자 11개는 일반화되어 알려져 있었다. 훈민정음의 창제 목적 중 하나인 한자음 표기를 위한 용도로 사용되기도 하였는데 가장 대표적인 연구가 최석정의 '경세정운'(1675)이다.

(10) 최석정(1678), '경세정운'[3] '초성, 중성, 종성'

---

[3] '경세정운'은 경세정운도설, 경세정운서설 등으로 불리던 책이다. 훈민정음의 기원을 추적하기 위해서 편찬된 것으로 알려져 있다. 이에 대한 자세한 내용은 배윤덕(1991), 정호훈(2021)을 참고할 수 있다. 경세정운에서 주목해 볼 수 있는 내용은 운섭도(韻攝圖)인데, 그에 따르면 초성과 중성의 체계는 다음과 같이 나타낼 수 있다(한국민족문화대백과사전). 초성 체계로 24자를 언급하지만 실제로는 23자만 나타난다. 그것은 'ㅸ'을 설정하지 않았기 때문이다(정호훈, 2021:126 참조).

〈표 6-2〉 경세정운(1678)의 초성 체계

		1	2	3	4	5	6
1.	淸	ㄱ	ㄷ	ㅂ	ㅈ	ㆅ	ㅅ
2.	濁	ㄲ	ㄸ	ㅃ	ㅉ	ㆅ	ㅆ
3.	淸	ㅋ	ㅌ	ㅍ	ㅊ	ㆆ	ㄹ
4.	濁	ㆁ	ㄴ	ㅁ		ㅇ	ㅿ

初聲(23): ㄱ ㄲ ㅋ ㆁ ㄷ ㄸ ㅌ ㄴ ㅂ ㅃ ㅍ ㅁ ㅈ ㅉ ㅊ ㆆ ㆅ ㅎ
ㅇ ㅅ ㅆ ㄹ ㅿ

中聲(32): ㅏ ㅘ · ㅗ ㅑ ㅒ! ㅛ ㅓ ㅝ ㅡ ㅜ ㅖ ㅞ ㅗ ㅠ ㅒ ㅙ ㅣ ㅚ ㅖ
ㅙ! ㅣ ㅟ ㅖ ㅔ ㅢ ㅟ ㅖ ㅖ ㅚ ㅞ

終聲(16): ㆁ ㄱ ㄴ ㄹ ㄷ ㅁ ㅂ ㅿ ㅅ ㅈ ㅇ ㅎ ㄺ ㄻ ㄽ ㅀ

최석정은 초성의 17자는 오행의 차례를 바탕으로 한 것이고, 중성의 11자
는 태극·음양·팔괘를 바탕으로 한 것이라고 하면서 훈민정음을 이용하여 표준
한자음을 설정하였다. 그 결과물이 (10)이다. 초성자 17자를 23자로 늘리고,
중성자 11자를 32자로 늘렸다. (10)에도 드러나 있듯이 당시 현실음 표기라고
하기는 어렵다. 그러나 문자 훈민정음이 한자의 중국음 연구에 적극 이용되었
다는 사실은 알 수가 있다.

〈표 6-3〉 경세정운(1678)의 중성 체계

	甲	乙	丙	丁	戊	己	庚	辛
1. 淸	ㅏ	ㅑ	ㅓ	ㅕ	ㅐ	ㅒ	ㅔ	ㅖ
2. 濁	ㅘ	ㅘ	ㅝ	ㅞ	ㅙ	ㅙ	ㅞ	ㅖ
3. 淸	·	!	ㅡ	ㅗ	·ㅣ	!ㅣ	ㅢ	ㅚ
4. 濁	ㅗ	ㅛ	ㅜ	ㅠ	ㅚ	ㅟ	ㅟ	ㅟ

〈표 6-4〉 경세정운(1678)의 종성 체계

5음					2합			
아음	설음	순음	치음	후음	舌牙	舌脣	舌齒	舌喉
ㆁ	ㄴ	ㅁ	ㅿ	ㅇ	ㄹㄱ	ㄹㅁ	ㄹㅅ	ㄹㅎ
ㄱ	ㄹ	ㅂ	ㅅ	ㆆ				
	ㄷ		ㅈ					

(11) 18세기의 주요 운서들[4) '중성'

ㄱ. 신유한·강백·장응두 외(1719), '객관최찬집(客館璀粲集)'
중성(11): ㅏ ㅑ ㅓ ㅕ ㅗ ㅛ ㅜ ㅠ ㅡ ㅣ · (ㅘ ㅝ)

ㄴ. 박성원(1747), '화동정음통석 운고', 범례
중성(11): ㅏ ㅑ ㅓ ㅕ ㅗ ㅛ ㅜ ㅠ ㅡ ㅣ · (ㅘ ㅝ ㅣ)

ㄷ. 신경준(1750), '훈민정음 운해', '我國韻'
초성(13): ㅎ ㅇ ㄱ ㄷ ㅌ ㄴ ㅈ ㅊ ㅅ ㅂ ㅍ ㅁ ㄹ
중성(24): ㅏ ㅐ ㅓ ㅔ ㅡ ㅢ · ㅣ ㅑ ㅕ :ㅣ ㅣ ㅗ ㅚ ㅘ ㅙ ㅜ ㅟ ㅝ ㅞ ㅛ
ㅠ ㅖ ㆍㅖ

ㄹ. 홍계희(1751), '삼운성휘', 범례 '諺字 28'
중성(14): 中聲11자: ㅏ ㅑ ㅓ ㅕ ㅗ ㅛ ㅜ ㅠ ㅡ ㅣ ·
合中聲2자: ㅘ(光合中聲) ㅝ(月合中聲)
重中聲1자: ㅣ(橫重中聲)

18세기에서도 'ㅏ ㅑ ㅓ ㅕ ㅗ ㅛ ㅜ ㅠ ㅡ ㅣ ·'의 모음 11자가 중심적으로
사용되었다. (11ㄱ)은 조선 후기 통신사 일행들의 필담창화집인데, 거기서 중
성자 11개가 제시되어 있다. 특이하게 'ㅘ, ㅝ'는 목록에서 제외하면서도 실제
존재 양상을 보여 주고 있다. (11ㄴ)에서도 이러한 태도를 엿볼 수 있다. 역시
동일한 모음자 11개를 설정하고 있으면서, 'ㅘ, ㅝ'와 'ㅣ'(소위 딴이 'ㅣ')를
목록 외 중성 표기로 처리하고 있다. 여기서는 'ㅘ, ㅝ'를 각각 '吾阿之合, 牛於

---

4) (11ㄱ,ㄴ)의 내용은 리의도(2003)에서 그대로 가져온 것임을 밝힌다.

之合'이라고 하고 'ㅣ'는 '亦伊'라고 말하고 있다(리의도, 2003:83 참조).

(11ㄷ) '훈민정음 운해'(1750)는 훈민정음의 음운을 도해하여 편찬한 책이다. 본래 한자음을 나타내기 위하여 초성 36자와 중성 32자를 제시하였으나, 조선 한자음에는 초성자로 13개, 중성자로 24개가 사용된다고 말하고 있다.[5] 중성 모음자로 'ᆢㅣ, ㆌ, ᆒ' 같은 자가 들어있는데, 이것은 당시 조선음 소리로서는 비현실적인 것으로 보인다. 그런데 중성자의 배열 순서를 보면 'ㅏ ㅐ ㅓ ㅔ ㅡ ㅢ'나 'ㅗ ㅚ ㅘ ㅙ ㅜ ㅟ ㅝ ㅞ'와 같은 것들이 보이는 것이 주목된다. 'ㅏ'에 'ㅣ'를 더하고 'ㅓ'에 'ㅣ'를 더하고 'ㅡ'에 'ㅣ'를 더한 꼴이며, 또 'ㅗ'와 'ㅜ'에 'ㅣ'나 'ㆍ'를 하나씩 더한 꼴이다. 지금 남한에서 'ㅏ, ㅐ, ㅒ' 식으로 국어사전 순서를 배열한 것과 같은 방식이다.

(11ㄹ) '삼운성휘'는 상운통고, 사성통해, 홍무정운 3책을 참고하여 지은 운서이다. 이 책의 '언자(諺字)' 부분에서는 당시 일반적인 초성자와 중성자를 제시하고 있다. 중성자 'ㅏ ㅑ ㅓ ㅕ ㅗ ㅛ ㅜ ㅠ ㅡ ㅣ ㆍ'의 11자를 순서대로 (11ㄱ,ㄴ)처럼 설정한 것은 물론이거니와 'ㅘ, ㅝ' 2자와 소위 '딴ㅣ'라고 불리는 'ㅣ'를 각각 합중성(合中聲), 중중성(重中聲)이라 하여 제시하고 있다.

(12) 19세기 전반기 '중성'

ㄱ. 홍희준(1800), '화동음원', 諺字初中終聲 (末字用俚語爲終聲)
중성(15): ㅏ ㅑ ㅓ ㅕ ㅗ ㅛ ㅜ ㅠ ㅡ ㅣ ㆍ ㅘ ㅝ ㆇ ㆊ
ㅏ이아(伊我) ㅑ이야(伊耶) ㅓ이어(伊魚) ㅕ이여(伊余) ㅗ이오(伊吾)

5) (11ㄷ)에서 한자음 표기로 제시한 초성자와 중성자는 다음과 같다.
초성(36): ㆆㆅㅎㅇ ㄱㄲㅋ◇ ㄷㄸㅌㄴ ㅈㅉㅊㅅㅆ ᅎᅏᅔᄼᄽ ㅂㅃㆄㅱ ㄹㅿ
중성(32): ㅏㅘㅐㅙ ㅑㆇㅒㆈ ㅓㅝㅔㅞ ㅕㆊㅖㆋ ㅡ ㅜㅟㅟ ㆍㅗㆎㅚ ᆢㅛ ᆢㅣ ㆉ

ㅛ이요(伊堯) ㅜ이우(伊虞) ㅠ이유(伊維) ㅡ이으(伊銀中聲) ㅣ이이(伊

伊) ㅐ이애(伊崖) ·이ᄋᆞ(伊兒) ㅘ이와(伊訛) ㅝ이워(伊元中聲) ㅙ이

왜(伊堯訛耶切) ㅞ이웨(伊員中聲)

ㄴ. 유희(1824), 언문지, 柳氏校定中聲定例

　중성 定例 15形　ㅏ ㅑ ㅘ ㅙ ㅓ ㅕ ㅝ ㅞ ㅗ ㅛ ㅜ ㅠ ㅡ ㅣ ·

　　變例 1形　ㅣ　(ㅣ每於全字右旁加之)

ㄷ. 클라프로트(1832), '삼국통람도설'의 배열 순서

　중성자(11): ㅏ ㅑ ㅓ ㅕ ㅗ ㅛ ㅜ ㅠ ㅡ ㅣ ·

ㄹ. 조정순(石帆, 1846), '언음첩고(諺音捷考)'(상)

　중성(11): ㅏ ㅑ ㅓ ㅕ ㅗ ㅛ ㅜ ㅠ ㅡ ㅣ ·

　　　　阿아 也야 於어 余여 吾오 要요 牛우 由유 應(으不用終聲) 伊이 思(ᄋᆞ不用初聲)

18세기에 이어 19세기에도 많은 운서들이 발간되었다. 점차 한글이 민간에 보급되면서 훈민정음을 문자로 사용하는 현상이 도드라지는 경향이었다. 이에 문자로서의 훈민정음을 연구하는 책들이 더욱 증가하였다.

(12ㄱ)의 '화동음원'은 훈민정음을 사용하여 중국음과 조선음을 표기하는 방법을 제시하고 있어서 주목되는 저서이다. 여기서 중성 모음자를 15개 설정하고 있는데, 'ㅏ ㅑ ㅓ ㅕ ㅗ ㅛ ㅜ ㅠ ㅡ ㅣ ·'와 같은 기존 일반적인 11자 외에 'ㅘ ㅝ'는 물론이고 보기 드문 'ㅙ ㅞ'를 더 설정하고 있다. 특히 뒤의 둘은 조선음을 나타내는 것인지는 의문이 든다. 다른 주제이긴 하지만 (12ㄱ)에서 모든 중성 모음자의 이름을 두 음절로 제시한 것은 무척 특이하다. 그것도 첫음절은 모두 '이'를 넣고 있는 것이 이체롭다. 또 한 가지는 'ㅣ'를 두

가지로 제시하면서 하나를 '이애'라고 명명하고 있다. 왜 '애' 자를 사용하고 있는지 밝혀질 필요가 있다. 흔히 말하는 '딴 ㅣ'를 가리키는 듯하긴 한데 왜 '이애'라는 이칭(異稱)을 붙였는지 설명이 더욱 필요하다.

(12ㄴ)의 '언문지'는 조선 후기 유희가 한자의 중국음을 모두 한글로 표기할 수 있다는 믿음으로 중성 모음자를 15자로 상정한 책이다. 기존의 'ㅏ ㅑ ㅓ ㅕ ㅗ ㅛ ㅜ ㅠ ㅡ ㅣ ·'의 11자에다가 'ㅘ, ㅝ'가 들어갔고 더불어서 중국음 표기에 필요하다 하여 'ㅑㅑ, ㅞ'를 추가한 것이다. 그 배열 순서는 다르지만 종류는 (12ㄱ)과 동일하다. 주목되는 것은 변례 1형이라고 하는 'ㅣ'를 설정한 것인데, 'ㅣ每於全字右旁加之' 곧 'ㅣ는 모든 글자 오른쪽에 붙는다'라는 말이다. 이에 따르면 'ㅏ ㅑ ㅘ ㅑㅑ ㅓ ㅕ ㅝ ㅞ ㅗ ㅛ ㅜ ㅠ ㅡ ㅣ ·'은 'ㅐ ㅒ ㅙ ㅖ ㅔ ㅖ ㅞ ㅚ ㅢ ㅟ ㅟ ㅢ ㅢ ·ㅣ'가 가능하다는 말이 된 현대 국어의 한글 표기를 생각해 보면 주목할 만하다. 모음자의 배열 순서를 주목해서 본다면 'ㅏ ㅑ ㅘ ㅑㅑ', 'ㅓ ㅕ ㅝ ㅞ'에서 양성 모음과 음성 모음의 순서가 보이고, 각각에 획을 하나씩 덧붙인 양상을 보여 준다. 특히 'ㅑㅑ, ㅞ'의 위치를 잡아주려고 애쓴 모습이 보인다.

(12ㄷ)에서도 그렇고 (12ㄹ)에서도 그렇고 중성 모음자로 'ㅏ ㅑ ㅓ ㅕ ㅗ ㅛ ㅜ ㅠ ㅡ ㅣ ·'의 11자 모음자가 설정되어 있다. 특히 (12ㄷ)은 대중서로서 19세기 전반기에 이미 이들

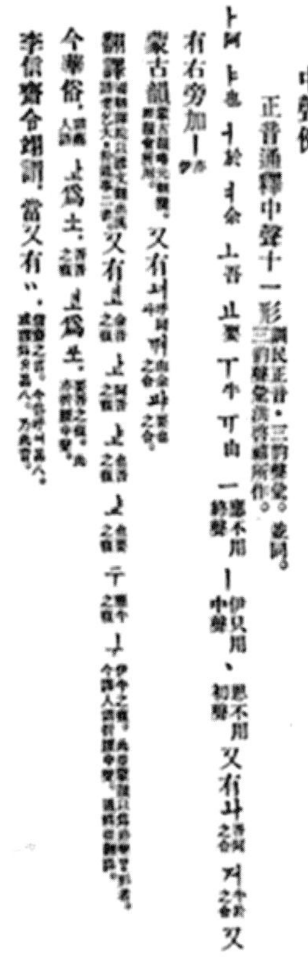

〈그림 6-3〉 유희(1824), 언문지

11자 모음자가 종류도 그렇고 특히 배열 순서에서 일반화되어 있었다고 말할 수 있다. 이런 견해는 이미 18세기 대표적인 (11ㄹ)의 견해가 나왔기도 하다.

(13) 19세기 후반기 '중성'

ㄱ. 강위(1864), '동문자모분해(東文字母分解)' 東文三十五字母圖 [6]

중성(11): ㅏ아 ㅑ야 ㅓ어 ㅕ여 ㅗ오 ㅛ요 ㅜ우 ㅠ유 ㅡ으 ㅣ이 ·ᄋᆞ

ㄴ. 정행 편(1869), '일용작법' 諺本 [7]

ㄱ其役 ㄴ尼隱 ㄷ池末 ㄹ而乙 ㅁ眉音 ㅂ非邑 ㅅ示衣 ㅣ而 ㅇ行 (초성종성통용팔자)

ㄱ可 ㄴ那 ㄷ多 ㄹ羅 ㅁ馬 ㅂ婆 ㅅ沙 ㅇ阿 ㅈ自 ㅊ此 ㅌ他 ㅋ佉 ㅍ波 ㅎ河

ㅏ ㅑ ㅓ ㅕ ㅗ ㅛ ㅜ ㅠ ㅡ ㅣ · (ㅘ ㅟ)

과귀놔눠돠둬롸뤄뫄뭐봐붜솨숴와워좌줘촤춰톼퉈콰퀴퐈풔화훠

ㄷ. '기축신간반절표(己丑新刊反切表)'(1889) [8]

ㄱ ㄴ ㄷ ㄹ ㅁ ㅂ ㅅ ㅣ ㅇ

ㅏ ㅑ ㅓ ㅕ ㅗ ㅛ ㅜ ㅠ ㅡ ㅣ · (ㅘ ㅟ)

과귀돠둬솨숴와워좌줘촤춰콰퀴톼퉈화훠

---

6) 동문자모분해(東文字母分解)는 개화운동가인 강위(1820-1884)가 1869년 정음(正音)에 관하여 저술한 연구서. ≪의정국문자모분해 擬定國文字母分解≫·≪국문자모분해 國文字母分解≫라고도 한다. 필사본이 등재된 두 종류가 전할 뿐, 그 원본의 소재는 알 수 없다.

7) 본래 '승가일용시묵언작법 (僧家日用時默言作法)'인 일용작법은 사찰에서 대중이 발우 공양을 할 때 행하는 상용 의례를 기록한 불교 의례서이다.

8) 반절표로 정축신간반절표(丁丑新刊反切表, 1877)와 기축신간반절표(己丑新刊反切表, 1889)가 전한다. 이 시기 한글의 28자 중 ㆁ, ㆆ, ㅿ이 탈락하여 25자(현재 쓰이는 24자 + ·)만 남아 있는 것이 그대로 반영되었다. 반절표 위의 그림은 각각 '자음+ㅏ'로 시작하는 단어들이다. ㄱ 개, ㄴ 나비, ㄷ 닭, ㄹ 라팔(나팔), ㅁ 말, ㅂ 배, ㅅ 사슴, ㅇ 아이, ㅈ 자, ㅊ 채, ㅋ 칼, ㅌ 탑, ㅍ 파, ㅎ 해

ㄹ. 리봉운(1897), '국문정리'의 반절표9)

좌모ᄌ(14)

ㄱ그 ㅇ응 ㅎ흐 ; ㅅ스 ㅈ즈 ㅊ츠 ; ㅋ크 ; ㄴ느 ㄷ드 ㄹ르 ㅌ트 ; ㅁ므 ㅂ브 ㅍ프

ㄱ ㅋ ㄴ ㄷ ㄷ ㄹ ㄹ ㅀ ㅁ ㅁ ㅂ ㅃ ㅅ ㅅ ㅣ이 ㅇ ㆁ (종성) 9자

ㄱ그윽 ㄴ느은 ㄷ드읏 ㄹ르을 ㅁ므음 ㅂ브읍 ㅅ스웃 ㅣ이 ㅇ으응 (쟝음반절규식)

우모ᄌ(11+2)

ㅏ아 ㅑ야 ㅓ어 ㅕ여 ㅗ오 ㅛ요 ㅜ우 ㅠ유 ㅡ으 ㅣ이 ㆍㅇ (ㅘ ㅝ)

(13)은 19세기 후반부에 나타난 주목되는 운서 및 반절표에 나타난 중성들
이다. 이 시기에는 어느 정도 중성 모음자가 정리되는 양상을 보인다. (13ㄱ)
에서는 'ㅏ ㅑ ㅓ ㅕ ㅗ ㅛ ㅜ ㅠ ㅡ ㅣ ㆍ'라고 하는 11자의 중성자가 제시되고
있으며, (14ㄴ)에서는 이들 11자 외에 'ㅘ, ㅝ'라고 하는 복합 모음자까지 제시
되어 있다. (13ㄴ)은 '일용작법 언본(日用作法 諺本)'이라 하여 초성종성통용팔
자 'ㄱ ㄴ ㄷ ㄹ ㅁ ㅂ ㅅ ㅇ'을 먼저 제시하고 각각의 용례를 일종의 반절표로
보이고 있다. '가갸거겨고교구규그기ᄀ' 및 '가나다라마바사아자차카타파하'
를 종횡으로 조합하여 표로 제시하고 있다. 맨 마지막 부분에서는 따로 'ㅘ,
ㅝ'를 사용한 용례, 즉 '과궈놔눠돠둬롸뤄뫄뭐봐붜솨숴와워좌줘촤춰톼퉈콰퀴
퐈풔화훠'를 보여주고 있다. 이것은 결국 중성 모음자로 전통적인 11자와 'ㅘ,
ㅝ'를 중성 모음자로 제시한 것이라 하겠다.

(13ㄴ)과 같이 기본자 11개와 'ㅘ, ㅝ'를 추가한 중성 모음자는 (14ㄷ,ㄹ)에
서도 동일하게 제시된다. 여기서의 '일용작법'과 '기축신간반절'은 모두 일종

---

9) 『국문정리(國文正理)』는 1897년 국어학자 이봉운(李鳳雲)이 한글로 써서 목판본으로 간행한
국어문법서이다. 갑오개혁 이후 한글 사용이 확산되면서 말과 글을 일치시키고 국어 교육에
활용해야 하는 시대적 필요성에 따라 발행된 국어 연구서이다.

의 반절표이다. 차이가 있다면 (13ㄴ)에서는 'ㅘ, ㅝ'의 용례를 전체 보이고 있고 (13ㄷ,ㄹ)에서는 '과궈돠둬솨숴와워좌줘촤춰콰쿼톼퉈화훠'만 보이고 있을 뿐이다. 한 가지 지적해 둘 것은 (13ㄴ~ㄹ)의 자음자 부분에서 나타나는 'ㅣ'에 대한 것이다. 이것은 소위 '딴ㅣ'라고 불리는 것인데, 분명히 모양은 모음자인데 자음자 분류 속에 들어가 있다는 점이다. 뒤에서 언급되겠지만 이 것은 예컨대 'ㅐ'를 이루는 데 있어서 'ㅏ'에 붙는 'ㅣ'를 뜻하는 듯하다. 그렇 다면 이것은 일종은 종성자로 본다는 것 아닌가? 그런데 왜 'ㄱ, ㅂ'에서처럼 표시하지 않고 'ㅣ'로 나타내는가? 또 뒤에서 보겠지만 이것이 때로는 초성자 로도 기능을 하는 경우가 있다고 한다. 과연 이 'ㅣ'는 무엇인가?

요컨대 19세기 후반부 중성 모음자는 'ㅏ ㅑ ㅓ ㅕ ㅗ ㅛ ㅜ ㅠ ㅡ ㅣ ㆍ ㅘ ㅝ'의 13자를 제시하고 있는 것이라 말할 수 있다. 단지 'ㅐ, ㅔ, ㅢ' 등 여러 모음자들이 현실적으로 사용되었을 텐데 그에 대해서는 특별히 위의 연 구물들에서 언급하고 있지 않을 뿐이다. 이것들은 다분히 딴이 'ㅣ'와 밀접한 관련이 있으리라 추측한다. 즉 예컨대 'ㅏ'에 딴이 'ㅣ'를 붙여서 'ㅐ'가 된다는 것을 함의하는 것이라는 말이다.[10]

5. 20세기 모음자의 종류와 배열 순서는 어떠한가?

개화기의 거센 물결 앞에 의사소통 수단으로서의 한글 연구, 특히 기초적인 자모자 연구 및 실행은 시급한 일이었다. 개화 인사였던 지석영은 1905년에 '신정국문'이라는 일종의 한글 맞춤법을 고종 황제에게 올린다. 이 안은 1905년

---

10) 딴이 'l'에 대해서는 7장에서 자세히 다루도록 한다.

7월 19일 고종이 결재함으로써 공식적으로 인정받게 된다. 그러나 지석영의 '신정국문'은 학계 및 사계의 반발에 부딪혀서 실제 사용되지는 못했다. 이 일로 인해서 국가 차원에서 학부(學部) 안에 '국문연구소'(1907)가 공식적으로 개설되어서 국문, 즉 한글을 연구하게 되고 '국문연구의정안'(1909)이 마련되게 된다.

(14) 1900년대 초반 문헌

ㄱ. 지석영(1905), '신정국문'[11]
中聲獨用十一字: ㅏ아 ㅑ야 ㅓ어 ㅕ여 ㅗ오 ㅛ요 ㅜ우 ㅠ유 ㅡ으 ᆖ으(이으 合音)
ㅣ이 (11)

ㄴ. 국문연구소(1909), '국문연구의정안'
ㅏ ㅑ ㅓ ㅕ ㅗ ㅛ ㅜ ㅠ ㅡ ㅣ · (11)

ㄷ. 주시경·김두봉·권덕규·이규영(1911), '말모이' [12]
가운뎃소리(25): ㅏ (·) ㅐ (ㅓ) ㅑ ㅒ ㅓ ㅔ ㅕ ㅖ ㅗ ㅚ ㅛ ㆉ ㅗ ㅚ ㅛ ㅜ

---

11) 「신정국문」은 1905년 7월 지석영이 고종 황제에게 올린 문서이다. 이 문서는 맞춤법 통일안으로 총 6항목으로 이루어져 있다. 6항목은 오음상형변, 초중종삼성변, 합자변, 고저변, 첩음산정변, 중성이정변으로 이루어진 규정이다. 이 문서는 지석영이 상소하고, 참정대신 심상훈과 학부대신 민영철이 황제에게 올려 1905년 7월 19일에 결재가 내림으로써 실시하게 되었다. 한 개인의 안이 갑자기 실시되자 학식가들의 반대가 적지 않았다. 학부는 이 안을 강행하지 못하였고, 이것을 시정할 방안으로 국문연구소를 설치하게 되었다.

12) 주시경(1909)은 국문연구소의 위원으로 참석하면서 다음과 같은 개인 의견을 낸 바 있다.
자음 1자: ㄱ가 ㄴ나 ㄷ다 ㄹ라 ㅁ마 ㅂ바 ㅅ사 ㅇ아 ㅈ자 ㅎ하 ㅋ카 ㅌ타 ㅍ파 ㅊ차
2자: ㄱ가 ᅟᅠ ㄴ나 ᅟᅠ ㄷ다 ᅟᅠ ㄹ라 ᅟᅠ ㅁ마 ᅟᅠ ㅂ바 ᅟᅠ ㅅ사 ᅟᅠ ㅇ아 ᅟᅠ ㅈ자 ᅟᅠ
ㅎ하 ᅟᅠ ㅋ카 ᅟᅠ ㅌ타 ᅟᅠ ㅍ파 ᅟᅠ ㅊ차 ᅟᅠ
모음(10): ㅏ아 ㅓ어 ㅗ오 ㅜ우 ㅡ으 ㅣ이 ㅑ야 ㅕ여 ㅛ요 ㅠ유
겹받침(11): ㄲ ㄺ ㄼ ㄿ ㄻ ㄶ ㅀ ㅄ ㄵ ㄾ ㄽ

ㅓ ㅠ ㅞ ㅡ ㅢ ㅣ ㅘ ㅙ ㅝ ㅞ

ㄹ. 김두봉(1922), '깁더 조선말본'

홀소리 홋소리　　ㅏ ㅓ ㅗ ㅜ ㅡ ㅣ ㅐ ㅔ (8)

거듭소리　ㅑ ㅕ ㅛ ㅠ ㅘ ㅝ ㅒ ㅖ ㅚ ㅟ ㅢ ㅙ ㅞ (13)

(14ㄱ)은 지석영이 고종에게 올린 '신정국
문'에 제시된 모음자 11개이다. 'ㅏ ㅑ ㅓ ㅕ
ㅗ ㅛ ㅜ ㅠ ㅡ ㅣ'와 같은 10자는 그 종류나
배열 순서에서 이전의 연구물들과 차이가
없으나 기존의 'ㆍ'에 대한 모음자 처리에는
큰 변화가 일어났다. 즉 'ㆍ'를 나타내기 위
해서 'ㅡ'라고 하는 새로운 문자를 만들어서
제시하였다. 이것은 본래 주시경이 개인적
으로 제안한 것인데, 지석영은 이에 동의하
여 고종에게 올린 '신정국문'에 이것을 반영
한 것이다. 'ㅡ'는 '으'라는 이름을 갖고 있었
는데 'ㅡ'와 'ㅣ'의 합음으로 'ㆍ'를 나타낸 문

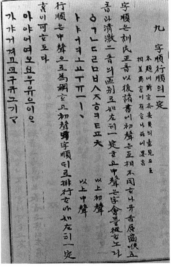

〈그림 6-4〉 국문연구소(1909),
국문연구의정안

자이다. 그리하여 배열 위치가 'ㅡ' 다음으로 되어 있다.

(14ㄱ) '신정국문'(1905)이 사계의 반발에 부딪히자 고종은 '국문연구
소'(1907)를 설립하여 당시 대표적인 전문가들로 하여금 여러 가지 국문(한글)
과 관련한 문제들을 연구하게 하였다. 햇수로 3년 동안 29회에 걸쳐서 치열한
토론이 있었고 모음자에 관해서는 최종 (14ㄴ)이 도출되었다. 당시 많은 사람
들이 접하고 있었던 'ㅏ ㅑ ㅓ ㅕ ㅗ ㅛ ㅜ ㅠ ㅡ ㅣ ㆍ'의 11개 모음자가

바로 그것이다. 당시 비록 음가로는 '·'가 소멸되었었으나 문자로는 여기저기서 사용되고 있었던 것이다.13)

　개화기 주시경은 1908년에 '국문연구학회'를 조직하는 등 본격적으로 연구와 실행에 매진하였다. 그 결과물로 제자인 김두봉, 권덕규, 이규영과 함께 '말모이'라고 하는 우리나라 최초의 국어사전 원고를 작성하였다. 비록 출판되지는 못했으나 자음자와 모음자를 국어사전에 배열하는 방법을 제시했었는데, 그 종류 및 배열 순서가 (14ㄷ)에 드러나 있다. 이 가운데 '가운뎃소리'라는 이름으로 모음자를 배열하였는데, 현실음이 아니었던 '·'는 제외하고 기존의 'ㅏ ㅑ ㅓ ㅕ ㅗ ㅛ ㅜ ㅠ ㅡ ㅣ'의 10자를 기본 순서로 하면서, 각 모음자에 가획을 한 것을 바로 뒤에 순서 지우는 방식을 택하였다. 그것이 바로 (14ㄷ)에 제시된 것이다. 소위 '딴ㅣ'라고 하는 것은 제외하고 이것을 덧붙인 겹모음

---

13) 이와 같은 입장은 당시 여러 학습서에도 나타난다. 초등학생들을 대상으로 하여 정인호가 편술한 '최신초등소학'(1908)이나 천도교 중앙총부에서 낸 최재학 편술의 '몽학필독'(1908), 심지어는 조선일보사에서 낸 '문자보급교재'(1934)에서까지 'ㅏ ㅑ ㅓ ㅕ ㅗ ㅛ ㅜ ㅠ ㅡ ㅣ ·'의 11개 모음자를 제시하고 있다.

　◎정인호 편(1908), '최신초등소학'
　　ㄱ기역 ㄴ니은 ㄷ디읏 ㄹ리을 ㅁ미음 ㅂ비읍 ㅅ시읏 ㅇ이응
　　　ㄱ ㄴ ㄷ ㄹ ㅁ ㅂ ㅅ ㅇ (八音은 分行 初聲)
　　　억 은 읏 을 음 읍 웃 응 (八音은 分行 終聲)
　　ㅈ지 ㅊ치 ㅋ키 ㅌ티 ㅍ피 ㅎ히 (六音은 單行 初聲)
　　ㅏ아 ㅑ야 ㅓ어 ㅕ여 ㅗ오 ㅛ요 ㅜ우 ㅠ유 ㅡ으 ㅣ이 ·ㅇ (十一音은 單行 中聲)
　◎최재학 편(1908), '몽학필독'
　　자음14자: ㄱ加 ㄴ那 ㄷ多 ㄹ羅 ㅁ馬 ㅂ(所) ㅅ沙 ㅇ牙 ㅈ子 ㅊ此 ㅋ ㅌ他 ㅍ波 ㅎ何
　　초종성통용9자: ㄱ其亦 ㄴ尼隱 ㄷ池(未) ㄹ梨乙 ㅁ眉音 ㅂ非邑 ㅅ時(衣) ㅇ異 ㅺ凝 (ㅣ)外伊
　　모음11자: ㅏ阿 ㅑ也 ㅓ於 ㅕ汝 ㅗ吾 ㅛ要 ㅜ牛 ㅠ由 ㅡ依 ㅣ伊 ·牙
　◎조선일보사(1934), '문자보급교재'
　　ㄱ기역 ㄴ니은 ㄷ디귿 ㄹ리을 ㅁ미음 ㅂ비읍 ㅅ시읏 ㅇ이응 ㅈ지읏 ㅊ치읏 ㅋ키읔
　　　ㅌ티읕 ㅍ피읖 ㅎ히읗
　　ㅏ아 ㅑ야 ㅓ어 ㅕ여 ㅗ오 ㅛ요 ㅜ우 ㅠ유 ㅡ으 ㅣ이 ·ㅇ

자를 순서대로 제시한 것이다. 이것들은 이후 조선어학회의 '한글 마춤법 통일안'(1933)의 모음자 배열 및 나아가서는 '조선말 큰사전'(1947~1957)의 기초가 된다.

(14ㄹ)은 북한의 어문 정책을 이끌었던 김두봉의 '깁더 조선말본'(1922)에 제시된 모음자 종류 및 배열 순서를 보인 것이다. 김두봉은 '홋소리'라 하여 'ㅏ ㅓ ㅗ ㅜ ㅡ ㅣ ㅐ ㅔ'의 8개를 제시하였는데, 이것은 문자로서보다는 발음 차원에서 제시한 것이다. 더불어 '거듭소리'라 하여 'ㅑ ㅕ ㅛ ㅠ ㅘ ㅝ ㅒ ㅖ ㅚ ㅟ ㅢ ㅙ ㅞ'의 13개를 제시하였는데, 역시 발음 차원에서 제시한 것이다. 물론 김두봉(1922)의 이러한 주장이 문자론이 아니라 음운론 차원의 것이었던 것은 물론이다. 실제로 북한의 현행 모음자 종류 및 배열 순서는 이와 다르다. 앞서 (5)에 제시된 것처럼 'ㅏ, ㅑ, ㅓ, ㅕ, ㅗ, ㅛ, ㅜ, ㅠ, ㅡ, ㅣ, ㅐ, ㅒ, ㅔ, ㅖ, ㅚ, ㅟ, ㅢ, ㅘ, ㅝ, ㅙ, ㅞ'의 21개 모음자가 순서대로 제시되어 있다. 비록 배열 순서는 다르지만 21개 모음자의 종류는 (15ㄷ)이나 (5)나 동일하다.

6. 맺음말

지금까지 한글 창제 이후 모음자가 어떤 것이 설정되어 있었는지 그리고 그것들이 어떤 순서로 배열되어 있었는지 살펴보았다. 이 글에서 살핀 논저들의 내용을 도표로 나타내면 다음 (16)과 같다. 여기에서 알 수 있는 몇몇 주목되는 사항을 항목별로 검토해 보도록 한다.

<표 6-5> 논저에 따른 모음자의 종류 및 배열 순서 내용

시기	작자 및 서명	모음자 종류 및 순서	숫자
15세기	세종(1443), '훈민정음'	· ㅡ ㅣ ㅗ ㅏ ㅜ ㅓ ㅛ ㅑ ㅠ ㅕ	11
	신숙주(1455), 사성통고	ㅏ ㅑ ㅓ ㅕ ㅗ ㅛ ㅜ ㅠ · ㅡ ㅣ	11
16세기	최세진(1527), '훈몽자회'	ㅏ ㅑ ㅓ ㅕ ㅗ ㅛ ㅜ ㅠ ㅡ ㅣ ·	11
17세기	최석정(1678), '경세정운도설'	ㅏ ㅘ · ㅑ ㅘ !ㅛ ㅠ ㅓ ㅡ ㅜ ㅕ ㅗ ㆊ ㅠ ㅐ ㅙ ㅣ ㅚ ㅒ ㅙ !ㅣ ㅟ ㅖ ㅖ ㅢ ㅝ ㅔ ㅖ ㅢ ㆈ	32(-11)?
18세기	강백 외(1720), '객관최찬집'	ㅏ ㅑ ㅓ ㅕ ㅗ ㅛ ㅜ ㅠ ㅡ ㅣ · (ㅘ ㅝ)	11+2
	박성원(1747), '화동정음통석 운고'	ㅏ ㅑ ㅓ ㅕ ㅗ ㅛ ㅜ ㅠ ㅡ ㅣ · (ㅘ ㅝ ㅣ)	11+3
	신경준(1750), '훈민정음운해'	ㅏ ㅐ ㅔ ㅖ ㅡ ㅢ · · ㅣ ㅕ ㅕ :ㅣ ㅣ ㅗ ㅚ ㅘ ㅙ ㅜ ㅓ ㅖ ㅖ ㅛ ㅠ ㆊ ㅖ	24
	홍계희(1751), '삼운성휘'	ㅏ ㅑ ㅓ ㅕ ㅗ ㅛ ㅜ ㅠ ㅡ ㅣ · ; ㅘ ㅝ ; ㅣ	11+2+1
19세기	홍희준(1800), '화동음원'	ㅏ ㅑ ㅓ ㅕ ㅗ ㅛ ㅜ ㅠ ㅡ ㅣ · ㅘ ㅝ ㅑ ㆊ	15
	유희(1824), '언문지'	ㅏ ㅑ ㅘ ㅑ ㅓ ㅕ ㅖ ㅗ ㅛ ㅜ ㅠ ㅡ ㅣ · ; ㅣ	15+1
	조정순(1846), '언음첩고'(상)	ㅏ ㅑ ㅓ ㅕ ㅗ ㅛ ㅜ ㅠ ㅡ ㅣ ·	11
	강위(1864), '동문자모분해'	ㅏ ㅑ ㅓ ㅕ ㅗ ㅛ ㅜ ㅠ ㅡ ㅣ ·	11
	정행 편(1869), '일용작법'	ㅏ ㅑ ㅓ ㅕ ㅗ ㅛ ㅜ ㅠ ㅡ ㅣ · (ㅘ ㅝ)	11+2
	'기축신간반절'(1889)	ㅏ ㅑ ㅓ ㅕ ㅗ ㅛ ㅜ ㅠ ㅡ ㅣ · (ㅘ ㅝ)	11+2
	리봉운(1897), '국문정리'	ㅏ ㅑ ㅓ ㅕ ㅗ ㅛ ㅜ ㅠ ㅡ ㅣ · (ㅘ ㅝ)	11+2
20세기	지석영(1905), '신정국문'	ㅏ ㅑ ㅓ ㅕ ㅗ ㅛ ㅜ ㅠ ㅡ = ㅣ	11
	국문연구소(1909), '국문연구의정안'	ㅏ ㅑ ㅓ ㅕ ㅗ ㅛ ㅜ ㅠ ㅡ ㅣ ·	11
	주시경·김두봉·권덕규·이규영(1911), 말모이'	ㅏ (·) ㅐ (·ㅣ) ㅑ ㅓ ㅔ ㅕ ㅖ ㅗ ㅚ ㅛ ㅚ ㅗ ㅚ ㅛ ㅜ ㅟ ㅠ ㅠ ㅡ ㅢ ㅣ ㅘ ㅙ ㅝ ㅖ	25
	김두봉(1922), '깁더조선말본'	ㅓ ㅓ ㅗ ㅜ ㅡ ㅣ ㅐ ㅔ ㅑ ㅕ ㅛ ㅠ ㅘ ㅝ ㅒ ㅖ ㅚ ㅟ ㅢ ㅙ ㅖ	8+13
	조선어학회(1933), '한글 마춤법 통일안'	ㅏ ㅑ ㅓ ㅕ ㅗ ㅛ ㅜ ㅠ ㅡ ㅣ ㅐ ㅒ ㅚ ㅟ ㅖ ㅖ ㅘ ㅝ ㅙ ㅖ ㅢ	10+11
	문교부(1988), '한글 맞춤법'	ㅏ ㅑ ㅓ ㅕ ㅗ ㅛ ㅜ ㅠ ㅡ ㅣ ㅐ ㅒ ㅖ ㅖ ㅘ ㅙ ㅚ ㅝ ㅖ ㅢ ㅢ	

시기	작자 및 서명	모음자 종류 및 순서	숫자
21세기	표준국어대사전(1999, 2024)	ㅏ ㅐ ㅑ ㅒ ㅓ ㅔ ㅕ ㅖ ㅗ ㅘ ㅙ ㅚ ㅛ ㅜ ㅝ ㅞ ㅟ ㅠ ㅡ ㅢ ㅣ	10+11
			21
	조선말규범집(2010)	ㅏ ㅑ ㅓ ㅕ ㅗ ㅛ ㅜ ㅠ ㅡ ㅣ ㅐ ㅒ ㅔ ㅖ ㅚ ㅟ ㅢ ㅘ ㅝ ㅙ ㅞ	21(10+11)
	조선말대사전(2017)	ㅏ, ㅑ, ㅓ, ㅕ, ㅗ, ㅛ, ㅜ, ㅠ, ㅡ, ㅣ, ㅐ, ㅒ, ㅔ, ㅖ, ㅚ, ㅟ, ㅢ, ㅘ, ㅝ, ㅙ, ㅞ	21
	남북한 겨레말큰사전(2007)	ㅏ ㅑ ㅓ ㅕ ㅗ ㅛ ㅜ ㅠ ㅡ ㅣ ㅐ ㅒ ㅔ ㅖ ㅚ ㅙ ㅝ ㅟ ㅞ ㅢ	21

첫째, 훈민정음 창제 시에는 천지인 삼재에 따른 'ㆍ ㅡ ㅣ'를 기본자로 하여 각각을 결합한 초출자(ㅗ ㅏ ㅓ ㅜ), 재출자(ㅛ ㅑ ㅕ) 배열 순서를 따랐는데, 바로 이어 신숙주(1445)에서부터는 천지인은 뒤로 가고 'ㅏ ㅑ ㅓ ㅕ ㅗ ㅛ ㅜ ㅠ'가 앞에 나왔다. 특히 'ㆍ' 대신 'ㅏ'가 맨 앞에 나와서 모음자를 주도하고 있는 것은 의미가 있다. 즉 가장 개구도가 큰 'ㅏ'가 안정적으로 모음자를 대표한다고 볼 수 있고 이에 비해 'ㆍ'는 그 음가가 16세기 중반부터 사라졌고 그 글자 'ㆍ'도 최세진(1527)부터는 11개 모음자 중 맨 뒤로 순위가 밀려나 있었다.[14]

둘째, 현재는 'ㆍ' 모음자를 사용하지 않고 있는데, 위 표에 따르면 김두봉(1922)에서부터 보이지 않게 된다. 결국 조선어학회에서 제정한 '한글 마춤법 통일안'(1933)부터는 'ㆍ' 모음자가 자취를 감추게 된다. 'ㆍ'는 그 음가에 대한 해석이 혼란스럽게 해석되다가 고종에게 공식적으로 건의해서 허락받은 '신정국문'(1905)에서는 'ㅡ' 문자로 대체되기도 하였다. 본래 'ㅡ' 표기는 주

---

14) 국문연구소 위원으로 참여한 어윤적(1909)에서는 개인안으로 'ㅡㅇ ㅣ이 ㅗ오 ㅛ요 ㅏ아 ㅑ야 ㅜ우 ㅠ유 ㅓ어 ㅕ여'의 배열 순서를 제안했다. 'ㆍ'를 제외하고 'ㅡ'와 'ㅣ'를 앞세운 것과 또 'ㅏ'보다 'ㅗ', 'ㅓ'보다 'ㅜ'를 앞세운 것이 특이하다.

시경이 제안했던 것이다.

셋째, 위 표에서 15세기부터 20세기 초반부까지 설정한 모음자들은 대개
'ㅏ ㅑ ㅓ ㅕ ㅗ ㅛ ㅜ ㅠ ㅡ ㅣ ·'를 중심으로 한 1차적인 문자들이었는데,15)
주시경 외(1911)부터 시작하여 이후 나온 모든 논저들에서는 거의 모든 복합
모음자까지 설정하고 있다. 김두봉(1922)를 제외하고는 모두 한글 맞춤법이나
국어사전의 일러두기에 나타난 것이기에 당연한 것일 수 있다. 물론 실제 한글
문자 생활에서 복합 모음자 사용은 다양한 모습으로 사용되었다.

넷째, 18세기와 19세기 논저들을 보면 복합 모음자 'ㅘ'와 'ㅝ' 모음자가
등장하는 것을 많이 볼 수 있다. 더욱 많은 것들이 있겠지만 이것들은 그 쓰임
새가 무척 많아서 특별히 제시했을 것으로 해석할 수 있다. 실제로 문자로서
이것들은 'ㅓ, ㅏ', 'ㅜ, ㅓ'가 결합한 것으로 쓰임새가 충분히 예견되기도 하고
사용량도 많이 나타난다.

다섯째, 위 표에서 보면 특이한 딴이 'ㅣ'라고 하는 것이 등장한다. 박성원
(1747), 홍계희(1751), 유희(1824)에서 당당히 하나의 모음자로 제시되어 있
다. 박성원(1747)에서는 'ㅘ, ㅝ, ㅣ'가 동급의 성질로 제시되어 있고, 홍계희
(1951)에서는 모음자의 하나로서 'ㅣ'가 '橫重中聲'이라고 제시되어 있으며, 유
희(1824)에서는 '變例 1形'이라 하여 'ㅣ'를 제시하면서 특별히 'ㅣ每於全字右旁
加之'라 하여 전자(全字)의 오른쪽에 덧붙는다고 말하고 있다. 추측하건대 예컨
대 'ㅏ'에다가 'ㅣ'를 붙여서 'ㅐ'가 되는 양상을 말하는 것이 아닌가 한다. 'ㅓ'에
다가 'ㅣ'를 붙여서 'ㅔ'가 되는 따위이다. '딴ㅣ'라는 표현은 '또한 ㅣ'를 뜻하는
말이라고 알려져 있는데 곧 모음자가 있고 또한 'ㅣ'를 덧붙인다는 말이다.16)

---

15) 위 표에서 최석정(1678)에 제시된 다양한 모음자들은 조선음 표기 방식이 아니라 중국음
표기 방식에 해당한다.

16) 그런데 '딴ㅣ'인 'ㅣ'가 종성 자음자 항목에 들어가 있는 논의도 많다. 정행 편술(1869),

여섯째, 어문 규범으로서 맞춤법들을 보면 'ㅏ ㅑ ㅓ ㅕ ㅗ ㅛ ㅜ ㅠ ㅡ ㅣ'를 공통적으로 앞에 두고 복합 모음자들은 뒤에 두고 있다. 조선어학회(1933), 문교부(1988), 조선말규범집(2010) 모두 마찬가지이다. 이러한 순서는 북한의 조선말대사전(2006, 2017)에서도 마찬가지다. 그런데 주시경 외(1911), 조선 말큰사전(1947~1957), 표준국어대사전(1999, 2024)에서는 이들 모음자들이 모두 섞여 있다. 예컨대 'ㅏ ㅐ ㅑ ㅒ ㅓ ㅔ ㅕ ㅖ ㅗ ㅘ ㅙ ㅚ ㅛ ㅜ ㅝ ㅞ ㅟ ㅠ ㅡ ㅢ ㅣ'의 21자 모음자가 배열 순서로 되어 있다. 남북한 통일 국어사전 을 지향하는 남북한 겨레말대사전 합의안(2008)에서는 전통적인 10자를 먼저 제시하고 이어서 복합 모음자를 제시하는 방식으로 합의되었다.

일곱째, 남한의 표준국어대사전(2024)은 온전히 문자 자체만을 보고 'ㅏ' 유형, 'ㅓ' 유형, 'ㅜ' 유형, 'ㅡ', 유형, 'ㅣ'로 순서화되어 있다. 이에 비해 북한 의 조선말대사전(2017)은 먼저 전통적인 'ㅏ ㅑ ㅓ ㅕ ㅗ ㅛ ㅜ ㅠ ㅡ ㅣ'를 먼저 제시하고 그다음 'ㅏ', 'ㅓ', 'ㅗ', 'ㅜ', 'ㅡ'에다가 'ㅣ'를 붙인 것, 마지막 으로 'ㅘ, ㅝ, ㅙ, ㅞ'를 제시하고 있다. 최종 남북한 합의안(2008)에서는 전통 적인 11개 모음자를 먼저 제시하고 이후에는 'ㅏ ㅓ ㅗ ㅜ ㅡ' 순으로 다른 모음자를 결합하는 일관된 방식으로 제시하고 있다.

'기축신간반절'(1889), 리봉운(1897)에서는 자음자에 들어가 있다. 즉 이것이 과연 모음자 인자 자음자인지 그 정체가 밝힐 필요가 있다. 만약 'ㅏ+ㅣ=ㅐ'라 하여 뒤의 'ㅣ'를 딴이로 보게 될 경우 이것을 일종의 종성 표기로 볼 수도 있기 때문이다. 교육용 반절표에서는 자음자로 'ㄱ ㄴ ㄷ ㄹ ㅁ ㅂ ㅅ ㅣ ㅇ'를 제시하는 것이 일반적이었다.

딴이 'ㅣ'는 자음자인가 모음자인가?

딴이 ' ㅣ'는 자음자인가 모음자인가?

1. 문제 제기와 딴이의 개념

1.1. 문제 제기

한글의 자음자를 서지적으로 살펴보다 보면 특이한 형태를 발견하게 된다.

소위 딴이라고 하는 것이 바로 그것이다. 딴이라 하여 'ㅣ'라고 하는 특이한 표기가 등장한다. 이것은 뒤에서 자세히 보겠지만 18세기 문헌에도 등장하는데, 이것의 성격이 불확실하게 남아 있다. 진정 자음자인지 아니면 모음자인지 그것도 아니면 단순한 기호에 불과한 것인지 여러 가지 논란이 됨직하다.

(1) 학부(1896), '신정심상소학' 반절표

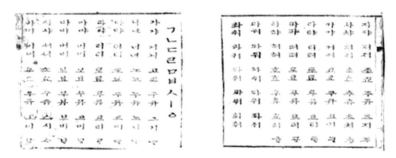

〈그림 7-1〉 학부(1896), 신정심상소학

1895년 학부에서 훈민정음, 곧 한글을 국문으로 인정한 이후 1986년에 학부에서 '신정심상소학'이라는 일종의 교과서를 발간하게 된다(강유주 외, 2020:20-21). (1)은 그 교과서에 제시된 한글 반절표인데, 자음자로 'ㄱ ㄴ ㄷ ㄹ ㅁ ㅂ ㅅ ㅣ ㅇ' 9개를 제시하고 있다. 이 가운데 특이하게 'ㅣ'가 들어가 있는데, 이것이 바로 '다른 ㅣ'라는 의미로 소위 '딴이'라고 불리는 것이다.

(2) 유희(1824), ‘언문지’, 유씨교정중성정례(柳氏校定中聲定例)

초성 25母　　ㄱㅋㄲㆁ　ㄷㅌㄸㄴ　ㅂㅍㅃㅁㅸㅹ　ㅈㅊㅉㅿㅅㅆ　ㅇㅎㆅ　ㄹㆆ
중성 定例 15形 ㅏ ㅑ ㅘ ㆇ ㅓ ㅕ ㅝ ㆊ ㅗ ㅛ ㅜ ㅠ ㅡ ㅣ ㆍ
　　　　變例 1形　ㅣ　(ㅣ每於全字右旁加之)
종성 定例 6韻 ㄱ ㄷ ㅂ ㆁ ㄴ ㅁ
　　　　變例 1韻　ㄹ

한편 딴이가 자음자가 아니라 모음자로 소개된 문헌이 있다. (2)는 유희의 ‘언문지’(1824)에 제시된 초성과 중성 글자에 대한 내용이다. 여기에 보면 초성 25자가 나와 있고 중성 글자로 정례 15개가 제시되어 있다. 여기에 변례(變例)로 1개가 더 제시되어 있는데, ‘ㅣ’가 바로 그것이다. 그렇다면 딴이 ‘ㅣ’는 자음자가 아니라 일종의 모음자로 설정되어 있는 셈이다.

그렇다면 과연 소위 딴이 ‘ㅣ’는 자음자일까 아니면 모음자일까 혹은 자모음자 아닌 일종의 단순한 기호일까, 그럴 경우 어떤 역할을 했을까 등등 여러 논의점들이 있다. 이 글에서는 이런 여러 딴이 ‘ㅣ’와 관련된 여러 내용을 살펴보도록 한다.[1)]

1.2. ‘딴이’에 대한 사전적 개념

본격적으로 딴이 ‘ㅣ’가 나온 문헌들을 살피기 전에 현재 여러 주요 사전에

1) 최현배(1936:114-116)에서 딴이 ‘ㅣ’를 언급하고 있다. 어휘 배열 순서를 논하면서 24자의 자모분해식 방법과 음절식 방법을 제시하고 있는데, 후자의 경우 ‘본문(반절)’ 순서에 따른 것이라고 하면서 이때 딴이 ‘ㅣ’의 필요성을 말하고 있다. 최현배(1936:115)에 따르면 이것은 “땡이, 딴이, ㅃㅣ, 웨, 외” 등의 명칭이 사용된다고 한다.

서 소개하고 있는 딴이에 대한 개념을 살피기로 한다.

(3) '딴이'에 대한 사전적 개념

ㄱ. 한글학회, '큰사전'(1947~1957)
한글 자모(字母)의 "ㅣ"가 다른 홀소리, 곧 ㅏ ㅑ ㅓ ㅕ ㅗ ㅛ ㅜ ㅠ ㅡ ㅘ ㅝ
들에 붙을 때에 그 "ㅣ"의 일컬음.

ㄴ. 남한, '표준국어대사전'(1999, 2024)
다른 모음에 붙는 한글 자모 'ㅣ'를 이르는 말. 'ㅏ, ㅓ, ㅗ, ㅜ' 따위에 'ㅣ'가
붙어서 'ㅐ, ㅔ, ㅚ, ㅟ'가 될 때의 'ㅣ'를 이른다.

ㄷ. 북한, '조선말대사전'(2006, 2017)
《ㅐ, ㅒ, ㅔ, ㅖ, ㅚ, ㅟ, ㅢ, ㅙ, ㅞ》 등에서의 〈ㅏ, ㅑ, ㅓ, ㅕ, ㅗ, ㅜ, ㅡ, ㅝ》
등에 붙여쓴《ㅣ》를《기, 니, 디, …이》 등에서의《ㅣ》와는 다른《ㅣ》라 하여 이르
는 말. ⊜횡중성.

딴이라고 하는 용어가 사전에서 처음 등장하는 것은 (3ㄱ) 한글학회의 '큰사
전'에서이다.2) 여기에서 딴이 표제어가 등장하는데 한글 자모의 'ㅣ'가 다른
홀소리, 곧 'ㅏ ㅑ ㅓ ㅕ ㅗ ㅛ ㅜ ㅠ ㅡ ㅘ ㅝ'에 붙을 때 그 'ㅣ'를 일컫는다고
말하고 있다. 이 말은 딴이 'ㅣ'가 일종의 모음자라는 것을 함의한다.
　이에 비하여 (3ㄴ)에서는 약간 다른 결의 정의를 내리고 있다. 'ㅏ, ㅓ, ㅗ,
ㅜ' 따위에 'ㅣ'가 붙어서 'ㅐ, ㅔ, ㅚ, ㅟ'가 될 때의 'ㅣ'를 이른다고 말하고

---

2) 현대적 의미의 초창기 국어사전이라 하면 문세영의 '조선어사전'(1938)이다. 거기에서 '딴
이' 표제어는 나타나지 않는다.

있어서, 이 'ㅣ'가 자음자인지 모음자인지 그 성질 정의를 유보하고 있는 느낌이다. 그렇지만 결국 '다른 모음에 붙는 한글 자모 'ㅣ'를 이르는 말'이라고 하기 때문에, (3ㄱ)처럼 딴이 'ㅣ'를 한글 자모의 하나로서 모음자를 함의하고 있다고 해석할 수 있다.

한편 (3ㄷ) 북한의 '조선말대사전'에서 제시한 딴이 'ㅣ'에 대한 정의는 또 다른 결의 뜻을 보여 주고 있다. "〈ㅏ, ㅑ, ㅓ, ㅕ, ㅗ, ㅜ, ㅡ, ㅟ〉등에 붙여쓴 《ㅣ》"라 하여 일반적인 'ㅣ' 중성 모음자와는 성격이 다름을 분명히 보이고 있다. 그러면서 자음자인지 모음자인지 그 성격을 정확히 말하지 않고 있는 것이다. 즉 자음자인지 모음자인지 아니면 단순한 어떤 기호인지 그 성격 정의를 유보하고 있는 입장이라 하겠다.

요컨대 국어사전의 정의를 통해 본 딴이 'ㅣ'는 자음자 혹은 모음자인지 그 성격도 확실하지 않고 단순 기호인지도 논의를 유보하고 있는 셈이다. 이에 이 글에서는 이에 대해서 통시적으로 살피고 또 공시적으로 딴이 'ㅣ'의 존재를 설정할 필요가 있는지 아니면 전혀 불필요한지도 논의해 보도록 하겠다.

2. 딴이 'ㅣ'의 자음자 논의들

문헌상 딴이의 존재를 처음 언급한 것은 장응두의 '조선언문'(1711, 1719)이라는 글에서였다. 이것은 '필담창화집'이라는 일본통신사들의 문답을 모아 둔 책인데, 그 가운데 '조선언문'이라는 부분에 언문 관련 기록이 있다.[3] 딴이

---

[3] 필담창화집은 조선통신사가 일본에 행차할 때 인근 지역 학자, 승려, 의원이 조선인과 한문으로 필담한 내용, 주고받은 그림이나 글을 묶은 책을 말한다. 조선인이 쓴 사행록과 더불어 조선통신사 연구의 주요 자료로 꼽힌다.

'ㅣ'를 자음자의 하나로 본 논의는 여러 개가 있다. 자음자의 배열 순서라는 점에서 크게 두 가지로 나뉜다. 하나는 'ㅇ' 뒤에 'ㅣ'를 둔 것과 다른 하나는 'ㅇ' 앞에 'ㅣ'를 둔 것이다.[4]

2.1. 'ㅣ'가 'ㅇ' 뒤에 나오는 경우

딴이 'ㅣ'를 자음자들 가운데 맨 뒤에 위치해 두었다는 것은 일반적인 자음자들에 비해서 'ㅣ'를 성격이 다른 것으로 보았다는 것으로 해석된다. 먼저 논의의 실상을 살펴보도록 한다. 딴이 'ㅣ'를 처음 언급한 문헌은 18세기 초의 기록인 '필담창화집'(1711, 1719)에서이다. 이 책은 조선통신사가 일본에 갔을 때 일본인들이 통신사 일행과 나눈 필담을 모아 놓은 것으로 특히 언문(諺文)에 대한 기록이 남아 있는데, 이 내용은 조선인 장응두가 언급한 것으로 알려져 있다.

---

4) 송철의(2008)에서는 '언문서(객관최찬집)'(1719), '언서(재물보)'(1719), '조선언문(화한창화집)'(1719), '언본(일요작법)'(1869), '언문이(노한사전)'(1874), '반절(한어문전)'(1881), '방각본반절'(19세기 중엽), '정축신반절'(1877), '기축신간반절'(1889), '반절표(신정심상소학)'(1896), '반절표(국문경리)'(1897), '조선언문표(실용한어학)'(1902), '반절표(언문초학)'(1917), '반절표(남녀필독언문통히)'(1918) 등 여러 개의 한글 반절표를 게재하고 있다. 한편 한글 활자 학자인 류현국(2015:84-106)에서는 서양인이 개발한 한글 반절표를 소개하고 있다. 클라프로트(1832), 귀츠라프(1833), 지볼트(1843), 리델(1880), 오페르트(1880), 에카르트(1923) 등이 그것들이다. 이 가운데 딴이 'ㅣ'를 자음자로 설정한 경우, 리델(1880)은 'ㅇ ㅣ' 순서를, 오페르트(1880), 클라프로트(1832), 지볼트(1843)는 'ㅣ ㅇ' 순서를 제시하고 있다. 화한창화집(1719), 객관최찬집(1719)과 같은 18세기 통신사 필담에 대해서는 박희병 외(2019)에 자세히 소개하고 잇다.

(4) 장응두(1719), '조선언문' (14+1)[5]

ㄱ億 ㄴ隱 ㄷ極 ㄹ乙 ㅁ音 ㅂ邑 ㅅ玉 ㅇ應 ㅣ伊 (9)

　　　가갸거겨고교구규그기ㄱㄱ
　　　나냐너녀노뇨누뉴느니ㄴㄴ
　　　다댜더뎌도됴두듀드디ㄷㅌ
　　　라랴러려로료루류르리ㄹㄹ
　　　마먀머며모묘무뮤므미ㅁ모
　　　바뱌버벼부뷰보뵤브비ㅂㅂ
　　　사샤서셔소쇼수슈스시ㅅ솓
　　　아야어여오요우유으이ㅇㅇ
　　　카캬커켜코쿄쿠큐크키ㅋㅋ
　　　타탸터텨토툐투튜트티ㅌㅌ
　　　 파퍄퍼펴포표푸퓨프피ㅍㅍ
　　　자쟈저져조죠주쥬즈지ㅈㅉ
　　　차챠처쳐초쵸추츄츠치ㅊㅊ
　　　하햐허혀호효후휴흐히ㅎ흫
　　　과귀ㄴ뉘돠뉘롸뤄마뭐봐붜쇠쉬와워콰쿼톼퉈퐈풔좌줘촤춰화휘

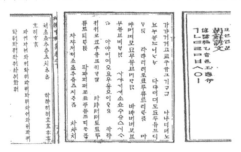

〈그림 7-2〉 장응두(1719), 조선언문

---

5) 장응두의 '조선언문' 내용은 조선학자들과 일본학자들 간의 필담집인 '화한창화집(화한창화
　집'(1719)에 나온다. 이에 대한 자세한 것은 박희병 외(2019:310-312)에서 소개되어 있다.

(4)에서는 자음자로 'ㄱ ㄴ ㄷ ㄹ ㅁ ㅂ ㅅ ㅇ ㅣ' 9자를 제시하고 있다. 앞 8자는 일반적인 것이나 모음자 모양을 한 'ㅣ'를 설정해 둔 것이 눈에 띈다. 'ㄱ億 ㄴ隱 ㄷ極 ㄹ乙 ㅁ音 ㅂ邑 ㅅ玉 ㅇ應 ㅣ伊'로 제시하고 있어서 딴이 'ㅣ'를 자음자의 하나로 보고 있음을 알 수 있다. 이것이 초성자인지 종성자인지는 구체적으로 언급은 없으나 'ㄱ億 ㄴ隱 ㄷ極 ㄹ乙 ㅁ音 ㅂ邑 ㅅ玉 ㅇ應 ㅣ伊'로 각각의 이름 혹은 성격을 제시한 것을 보면 종성 자음자로 인식하고 있다고 해야 할 듯하다. 왜냐하면 다른 것들은 초성자로 쓰인 용례가 제시되어 있지만 구체적으로 'ㅣ伊'을 적용한 것은 보이지 않기 때문이다. 그러니까 (4)의 기록은 9개 자음자는 종성 자음자를 제시한 것이고, 사용례는 초성 자음자를 보인 것이어서 일치성이 없다.

특이한 것은 사용례에 보면 'ㆍ'와 'ᆞ' 두 개가 쓰인 것들이 나오는데, 문자로서 'ㆍ'는 18세기 당시 한반도에서 사용된 것이지만, 'ᆞ'은 그 쓰임이 일반적이지 않다. 또한 (4)에서는 'ㅘ'와 'ㅝ'의 사용례가 나타나는 것을 볼 수 있다. 특별한 설명은 없지만 모음자로서 'ㅘ, ㅝ'가 일반적으로 사용되고 있던 실상을 보인다고 하겠다.

(5) 현채(1909), '신찬초등소학'

終聲 ㄱ ㄴ ㄷ ㄹ ㅁ ㅂ ㅅ ㅇ ㅣ
　　　각간갇갈감갑갓강개
　　　낙난낟날남납낫낭내
　　　닥단닫달담답닷당대
　　　락란랃랄람랍랏랑래
　　　……
　　　하햐 허혀 호효

후휴 흐히 ᅙ
과궈 와워 화훠

(5)의 '신찬초등소학'
(1909)은 1909년 교과
용도서 검정규정을 통과
한 교과서이다. 그렇기
때문에 (4)의 기록보다
는 공신력이 더 있다. 여
기서는 종성자로서 'ㄱ
ㄴ ㄷ ㄹ ㅁ ㅂ ㅅ ㅇ ㅣ'
를 확실하게 제시하고

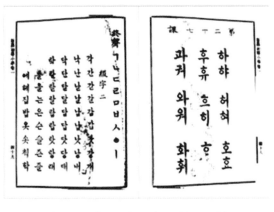

〈그림 7-3〉 현채(1909), 신찬초등소학

있다. 즉 'ㄱ ㄴ ㄷ ㄹ ㅁ ㅂ ㅅ ㅇ'은 물론이고 'ㅣ'도 종성자임을 분명히 밝히고
있다. 앞의 8자에 대해서 '각 간 간 갈 감 갑 갓 강'의 예를 보여 주고 있으며,
'ㅣ'에 대해서도 '개'라는 예를 보여 주고 있다. 곧 이때의 딴이 'ㅣ'는 일반적인
모음자 'ㅣ'가 아니라 '가'라고 하는 글자의 종성 표기로서 'ㅣ'가 사용됨을 말하
는 것이다. 결국 이때의 'ㅣ'는 일반적인 모음자 'ㅣ'와는 다른 것이라는 의미이
다.

그렇다면 왜 이렇게 형태가 완전히 다른 'ㅣ'를 종성 표기의 일종으로 제시
하고 있을까? 15세기 제시된 모음자는 기본자 'ㆍ ㅡ ㅣ', 초출자 'ㅏ ㅓ ㅗ
ㅜ', 재출자 'ㅑ ㅕ ㅛ ㅠ' 도합 11자이었다. 이에 'ㅐ ㅔ ㅒ ㅖ ㅚ ㅟ' 등 'ㅣ'로
끝나는 모양을 한 것들이 있는데, 이들을 설명하기 위해서 끝에 오는 'ㅣ'를
마치 종성자의 일종으로 보았다는 해석이 가능하다. 단지 'ㅘ', 'ㅝ'는 'ㅣ'로
끝맺음이 안 되니 따로 '과궈 와워 화훠'처럼 예를 보인 것이다. 'ㅘ, ㅝ'에

193

대한 기록은 (4)에서도 나와 있다. 결국 딴이 'ㅣ'는 자음자 혹은 모음자라는 말을 할 수가 없게 된다. 초성-중성-종성의 3분법을 설명하기 위해서 억지로 설정한 것이라고 말할 수밖에 없다. 즉, 'ㅣ'는 자음자도 아니고 모음자도 아닌 편의상의 기호일 뿐이며, 그것도 굳이 필요한 것은 아니라는 말이다.6)

(6) 최재학 편(1908:3~4, 55), '몽학필독'

> ㄱ加 ㄴ那 ㄷ多 ㄹ羅 ㅁ馬 ㅂ(所) ㅅ沙 ㅇ牙 ㅈ子 ㅊ此 ㅋ ㅌ他 ㅍ波 ㅎ何 (14자)
> ㄱ其亦 ㄴ尼隱 ㄷ池(末) ㄹ梨乙 ㅁ眉音 ㅂ非邑 ㅅ示(衣) ㅇ伊凝 ㅣ外伊 (초종성통용8자)

20세기 초반부에는 한글을 교육하는 교재가 많이 발간되었다. (6)의 '몽학필독'은 천도교 중앙총부에서 발간한 교재인데, 먼저 자음자 14개, 즉 'ㄱ加 ㄴ那 ㄷ多 ㄹ羅 ㅁ馬 ㅂ(所) ㅅ沙 ㅇ牙 ㅈ子 ㅊ此 ㅋ ㅌ他 ㅍ波 ㅎ何'을 제시하고 있다.

이어서 역시 'ㄱ ㄴ ㄷ ㄹ ㅁ ㅂ ㅅ ㅇ ㅣ' 9자를 제시하면서 이들은 초종성통용9자라고 보고 있다. 그러면서 각각 'ㄱ其亦 ㄴ尼隱 ㄷ池(末) ㄹ梨乙 ㅁ眉音 ㅂ非邑 ㅅ示(衣) ㅇ伊凝 ㅣ外伊'로 제시하고 있다. 앞의 8자는 초성과 종성 자

---

6) 박치범(2015:142-143)에서는 다음과 같은 설명을 해 두고 있다.
『신찬소학』 권1에서는 교재의 맨 앞에 자모를 제시한 후 182자(모음 14자와 자음 11자의 조합, 모음 14자와 이중모음 2자의 조합)의 음절을 제시한다. 그런데 교재는 자모를 제시할 때, 자음에는 '初聲', 모음에는 '中聲'이라는 구분을 해 놓고 있으며, 이중 모음이 사용된 기본 음절을 제시할 때도 "重中聲 과궈 놔눠 돠둬⋯⋯"와 같은 구분을 사용한다. 또한 27과 와 28과 사이에 제시된 '綴字2'에서는 종성이 붙은 52개의 음절을 제시해 놓고 있는데, 이때에도 "終聲 ㄱ ㄴ ㄷ ㄹ ㅁ ㅂ ㅅ ㅇ ㅣ"와 같이 이들 9개의 자음과 모음이 종성임을 밝혀 두었다.

리에서 어떻게 나타나는지를 보여 주고 있음에 비하여 마지막 'ㅣ'는 'ㅣ外伊'라 하여 특이하게 보여 주고 있다. 바깥 'ㅣ' 정도의 의미일 텐데, 분명한 것은 자음자이긴 하지만 다른 것들과는 차이가 있음을 말하는 것이다. 이에 일반적으로 딴이를 '외이(外伊)'라고 명명하기도 한다.[7]

(4)~(6)에 제시된 딴이 'ㅣ'는 그 위치가 'ㅇ' 뒤에 있다. 즉 'ㅣ'는 일반 'ㄱ, ㄴ, ㄷ, ㄹ, ㅁ, ㅂ, ㅅ, ㅇ'과는 다른 성격을 지니 있음을 함축하고 있다고 하겠다. 사실 'ㅇ'의 성격도 'ㄱ ㄴ ㄷ ㄹ ㅁ ㅂ ㅅ'과는 차이가 있는데, (4)~(6)에서는 그보다는 'ㅣ'가 더욱 이질적이라는 뜻이다. 한편 본래 15세기에는 'ㅇ'과 'ㆁ'이 구분되었지만 점차 'ㅇ' 하나로 그 형태가 통합되었음을 보여 주기도 한다.

2.2. 'ㅣ'가 'ㅇ' 앞에 나오는 경우

앞에서는 딴이 'ㅣ'가 자음자 중 가장 뒤에 오는 경우를 살펴보았다. 그런데 많은 자음자 논의에서 'ㅇ'이 가장 뒤에 오고 그 앞에 딴이 'ㅣ'가 오는 경우가 있다. 외국에서 나온 클라프로트(1832)와 지볼트(1843)와 같은 조선어 소개서를 비롯하여 교육용인 정행 편(1869), '정축신간언문반절표'(1877), '기축신간반절'(1889)와 같은 반절표에서도 그리 나타난다. 또한 학부에서 나온 교과서인 '신정심상소학(新訂尋常小學)'(1896)과 고종에게 보고하고 공포된 리봉운의 '국문졍리'(1897)에서도 종성 자음자가 딴이 'ㅣ', 'ㅇ' 순서로 제시된

---

7) 표준국어대사전에서는 '외이' 표제어가 나오는데, '외이 -〉 딴이'라고 표시되어 있어서 '딴이'와 같은 의미를 지닌 비표준어로 보고 있다. 한편 딴이 'ㅣ'를 맨 뒤에 설정한 문헌으로는 일본에서 나온 리델(1881)의 '한어문전'도 있다. 여기에서도 종성자로 'ㄱ ㄴ ㄷ ㄹ ㅁ ㅂ ㅅ ㆁ ㅣ'가 설정되어 있다.

양상을 보인다. 이들 중 몇 가지 논저를 통해서 그 구체적인 양상을 살펴서 왜 그렇게 제시했을지 추정해 보도록 한다.8)

(7) 클라프로트(Klaproth, Heinrich Julius, 1832), '삼국통람도설'

ㄱ ㄴ ㄷ ㄹ ㅁ ㅂ ㅅ ㅣ ㅇ (8+1)
ㄱ ㄴ ㄷ ㄹ ㅁ ㅂ ㅅ ㅇ ㅈ ㅊ ㅋ ㅌ ㅍ ㅎ (14)
ㅏ ㅑ ㅓ ㅕ ㅗ ㅛ ㅜ ㅠ ㅡ ㅣ · (11)
과 궈 쇠 쉬 와 워

(7)은 본래 일본인이 저술한 '삼국통람도설'(1786)을 프랑스에서 소개한 클라프로트(1832)에 나온 한글 반절표이다. 전체 자음자로 'ㄱ ㄴ ㄷ ㄹ ㅁ ㅂ ㅅ ㅇ ㅈ ㅊ ㅋ ㅌ ㅍ ㅎ' 14자가 상단 횡으로 제시되어 있고, 'ㅏ ㅑ ㅓ ㅕ ㅗ ㅛ ㅜ ㅠ ㅡ ㅣ ·' 11개 모음자가 종으로 제시되어 있어서 이들이 반절표를 형성하고 있음을 볼 수 있다.

또한 'ㄱ ㄴ ㄷ ㄹ ㅁ ㅂ ㅅ ㅣ ㅇ' 9자가 우측란에 초종성 자음자로 제시되고 있다. 여기서 딴이 'ㅣ'가 'ㅇ' 앞에 온 것을 볼 수 있다. 좌측에 '과 궈 쇠 쉬 와 워'가 제시되고 있어서 'ㅘ, ㅝ'의 사용례를 일부 보이고 있다. 종성 자음자로만 쓰이는 사용례는 나타나지 않고 있는데, 특히 딴이 'ㅣ'나 'ㅇ'이 받침자로 쓰인 예를 볼 수가 없다. 하긴 종성 자음자 9개(8+1)을 사용한 용례가 하나도

---

8) 여기 제시한 문헌 이외에 아래 문헌에서도 딴이를 제시하고 있다.
   이만영(1798), '재물보'
    ㄱ其億 ㄴ理隱 ㄷ之末 ㄹ理乙 ㅁ未音 ㅅ時衣 ㅣ伊 ㅇ行
   오페르트(1880), 금단의 나라 조선의 유람, 집문당. (신복룡 외 역, 2000)
    ㄱ ㄴ ㄷ ㄹ ㅁ ㅂ ㅅ ㅣ ㅿ

제시되어 있지 않다. 특히 형태상 'ㅣ'와 다른 종성 자음자는 분명히 구분되는데, 왜 'ㅣ'를 'ㅇ' 앞에 두었을까 궁금하지 않을 수 없다.9)

〈그림 7-4〉 클라프로트(1832)의 한글 반절표

(8) 정행 편(1869), '일용작법'의 '諺本'

ㄱ其役 ㄴ尼隱 ㄷ池末 ㄹ而乙 ㅁ眉音 ㅂ非邑 ㅅ示衣 ㅣ而 ㅇ行 (초성종성통용팔자)
　　可 那 多 羅 馬 婆 沙 阿 自 此 他 佉 波 河 (ㄱ ㄴ ㄷ ㄹ ㅁ ㅂ ㅅ ㅇ
　　ㅈ ㅊ ㅋ ㅌ ㅍ ㅎ)
　　과 궈 놔 눠 돠 둬 롸 뤄 뫄 뭐 봐 붜 솨 숴 와 워 좌 줘 촤 춰 톼 퉈
　　콰 쿼 퐈 풔 화 훠

(8)은 1869년에 불가에서 한글을 학습할 용도로 작성된 반절표이다. 여기에 보면 초성종성통용팔자라 하여 'ㄱ其役 ㄴ尼隱 ㄷ池末 ㄹ而乙 ㅁ眉音 ㅂ非邑 ㅅ示衣 ㅣ而 ㅇ行'이 순서대로 제시되어 있다. 여기서 8자는 분명히 'ㄱ ㄴ ㄷ ㄹ ㅁ ㅂ ㅅ ㅇ'일 텐데, 딴이 'ㅣ'가 그 8자에 포함되지 않고 있음을 볼

---

9) 지볼트(1843)의 '일본(Nippon)'이라는 논의에서 제시된 한글 반절표에는 'ㄱ ㄴ ㄷ ㄹ ㅁ ㅂ ㅅ ㅣ ㅿ ㅇ'가 우측에 제시되어 있다.

수 있다. 그렇다면 과연 딴이 'ㅣ'의 정체는 무엇일까? 그 위치도 'ㅣ'가 앞에 오고 'ㅇ'이 그 뒤, 즉 맨 뒤에 온다.

(8)에서 상단에 'ㄱ ㄴ ㄷ ㄹ ㅁ ㅂ ㅅ ㅇ ㅈ ㅊ ㅋ ㅌ ㅍ ㅎ'을 '可 那 多 羅 馬 婆 沙 阿 自 此

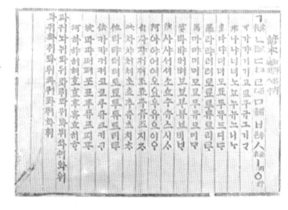

〈그림 7-5〉 일용작법(1869)의 언본

他 佉 波 河'로만 표기하고, '가 갸 거 겨 고 교 구 규 그 기 マ'를 시작으로 하여 '하햐허혀호효후휴흐히ᄒ'까지 순서대로 제시하고 있다. 마지막에는 '과 궈 놔 눠 돠 둬 롸 뤄 봐 붜 솨 숴 와 워 좌 줘 촤 춰 톼 퉈 콰 퀴 퐈 풔 화 훠'를 제시하고 있는데, 곧 'ㄱ ㄴ ㄷ ㄹ ㅁ ㅂ ㅅ ㅇ' 순서에 맞추어 'ㅘ, ㅝ'를 조합한 것을 보이고 있다.

결국 (8)과 (9)에서는 자음자 'ㄱ ㄴ ㄷ ㄹ ㅁ ㅂ ㅅ ㅣ ㅇ' 9개(8+1)와 모음자 'ㅏ ㅑ ㅓ ㅕ ㅗ ㅛ ㅜ ㅠ ㅡ ㅣ ·' 11개와 'ㅘ, ㅝ' 2개의 복합 모음자를 제시하고 있는 셈이다. 문제는 딴이 'ㅣ'가 자음자로 정정당당히 인정받는지는 의문이다. 왜냐하면 분명히 '언본' 바로 아래에 '초성종성통용팔자'라고 적어 두었기 때문이다. 과연 딴이 'ㅣ'는 무엇일까? 그리고 왜 성격이 독특한 'ㅣ'를 맨 끝이 아닌, 'ㅇ' 앞에 두었을까?

(9) '정축신간 언문반절표(丁丑新刊諺文反切表)'(1877)의 배열 순서 10)

---

10) 유춘동(2014:150)에 따르면 언문반절표로는 객관최찬집(客官璀粲集)(1719), 화한창화집

ㄱ ㄴ ㄷ ㄹ ㅁ ㅂ ㅅ ㅣ ㅇ · (10)

가 갸 거 겨 고 교 구 규 그 기 ᄀᆞ

가 나 다 라 마 바 사 아 자 차 카 타 파 하

과 궈 돠 둬 솨 쉬 와 워 좌 줘 촤 춰 콰 쿼 톼 퉈 화 훠

(9) '정축신간 언문반절표'는 1877년에 나온 것으로 맨 오른쪽에 'ㄱ ㄴ ㄷ ㄹ ㅁ ㅂ ㅅ ㅣ ㅇ ·' 10개가 나온다. (7), (8)에서는 '·'가 없었는 데, 여기에 새로 등장한 것이다. 만약 이것들도

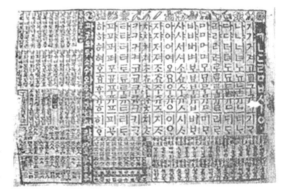

〈그림 7-6〉 정축신간 언문반절표(1877)

자음자 10개라고 말하기는 어려워 보인다. 왜냐하면 '·'가 종성 자음자로 사용된 전례가 없기 때문이다. 앞에서도 보았지만 딴이 'ㅣ'는 'ㅐ'를 설명할 때 'ㅏ + ㅣ' 구성으로 보아서 'ㅣ'를 마치 종성 표기인 것처럼 보았었는데, '·'는 결코 그런 예를 찾아볼 수 없기 때문이다.

(9)에서 특이한 것은 상단에 'ㄱ ㄴ ㄷ ㄹ ㅁ ㅂ ㅅ ㅇ ㅈ ㅊ ㅋ ㅌ ㅍ ㅎ'으로 제시하지 않고 그림을 제시한 것이다. 각각 그림들을 보면 'ㄱ개, ㄴ나비, ㄷ 닭, ㄹ라팔, ㅁ말, ㅂ배, ㅅ사슴, ㅇ아이, ㅈ자, ㅊ채, ㅋ칼, ㅌ탑, ㅍ파, ㅎ해'를 연상하게 하는 것들이다. 여기서 '개, 배, 채, 해'는 각각 '가+1, 바+ㅣ, 차+ㅣ,

---

(和韓唱和集(1719), 일용작법(日用作法)(1869), 정축신간반절표(丁丑新刊反切表)(1877), 기축신간반절표(己丑新刊反切表)(1889), 1918년에 간행된 반절표, 지석영이 만든 반절표 (1905), 완판본언삼국지(諺三國志)에 수록된 반절표(1932), 이외에 필사본으로 여러 종이 있다. 홍윤표(2015) 참고.

하+ㅣ'로 분석이 되어서 딴이 'ㅣ'가 붙어 있는 것으로 해석할 수가 있다. 그런데, 'ㆍ'는 결코 분석해 낼 수가 없다. 당시에 여러 언문 반절표가 존재했지만, 'ㆍ'가 이 위치에서 있던 것은 찾기가 어렵다. 단지 (4)에서 'ㄱ ㄱ'와 같은 용례가 나오는데, 그럴 경우를 염두에 둔 것이라면 가능할 듯도 하다. 물론 이때에도 실제 사용례로 쓰인 것인지는 의문이다.

(7)과 (8)에서는 'ㆍ'가 자음자 속에 드러나 있지는 않았지만 실제 사용례에서는 '가갸거겨고교구규그기ㄱ'처럼 모두 등장하고 있다. 마찬가지로 (9)에서도 동일한 사용례가 제시되어 있는데, 자음자 속에서도 나타나 있는 것이 차이라는 것이다. 한편 'ㅘ, ㅝ' 복합 모음자의 용례도 제시되어 있는데, '과 궈 돠 둬 솨 쉬 와 워 좌 줘 촤 춰 콰 쿼 톼 퉈 퐈 풔 화 훠'가 제시되어 있어, '놔 눠 롸 뤄 뫄 뭐 봐 붜 퐈 풔'는 빠져 있다. 특별한 이유가 있어 보이지는 않는다.11)

(10) 학부(1896), '신정심상소학(新訂尋常小學)'

ㄱ ㄴ ㄷ ㄹ ㅁ ㅂ ㅅ ㅣ ㅇ (9)

가갸 거겨 고교 구규 그기 ㄱ	자쟈 저져 조죠 주쥬 즈지 ㅈ
나냐 너녀 노뇨 누뉴 느니 ㄴ	차챠 처쳐 초쵸 추츄 츠치 ㅊ
다댜 더뎌 도됴 두듀 드디 ㄷ	타탸 터텨 토툐 투튜 트티 ㅌ
라랴 러려 로료 루류 르리 ㄹ	파퍄 퍼펴 포표 푸퓨 프피 ㅍ
마먀 머며 모묘 무뮤 므미 ㅁ	하햐 허혀 호효 후휴 흐히 ㅎ
바뱌 버벼 보뵤 부뷰 브비 ㅂ	과궈 돠둬 솨쉬 와워 좌줘
사샤 서셔 소쇼 수슈 스시 ㅅ	촤춰 콰쿼 톼퉈 퐈풔 화훠
아야 어여 오요 우유 으이 ㅇ	

---

11) 1889년에 간행된 기축신간반절(己丑新刊反切)에서는 자음자를 'ㄱ ㄴ ㄷ ㄹ ㅁ ㅂ ㅅ ㅣ ㅇ' 순서로 배열하고 있으며, 합자로 '과 궈 돠 둬 솨 쉬 와 워 좌 줘 촤 춰 콰 쿼 톼 퉈 화 훠'를 제시하고 있다.

(10)은 국가기관인 학부에서 검인정한 일종의 교과서인 '신정심상소학'에서 제시된 자음자 9개(8+1)이다. 여기서도 'ㅣ'가 'ㆁ' 앞에 등장하고 있다. 'ㆁ'은 역시 종성 자음자로 인정된다. (8), (9)에서와 같이 '·'가 따로 종성 자음자 위치에 있지 않더라도 실제 사용례에서는 'ᄀᆞ, ᄂᆞ'처럼 등장한다. 복합 모음자로 "과궈 돠둬 솨숴 와워 좌줘 촤춰 콰쿼 톼퉈 퐈풔 화훠'가 제시되어 있는데, 곧 '놔눠 롸뤄 뫄뭐 봐붜'는 빠져 있는 상태이다.

(11) 리봉운(1897), '국문졍리'

ㄱ그 ㅇ응 ㅎ흐 ; ㅅ스 ㅈ즈 ㅊ츠 ; ㅋ크 ; ㄴ느 ㄷ드 ㄹ르 ㅌ트 ; ㅁ므 ㅂ브
ㅍ프 (좌모ᄌᆞ) (14)[12]
ㅏ아 ㅑ야 ㅓ어 ㅕ여 ㅗ오 ㅛ요 ㅜ우 ㅠ유 ㅡ으 ㅣ이 ·ᄋᆞ (우모ᄌᆞ) (11)
ㄱ ᆨ ㄴ ᆫ ㄷ ᆮ ㄹ ᆯ ㅁ ᆷ ㅂ ᆸ ㅅ ᆺ ㅣ이 ㅇ ᆼ (죵셩) (9)
ㄱ그윽 ㄴ느은 ㄷ드읏 ㄹ르을 ㅁ므음 ㅂ브읍 ㅅ스읏 ㅣ이 ㅇ으응 (쟝음반졀규식) (9)
과 궈 놔 눠 돠 둬 롸 뤄 뫄 뭐 봐 붜 솨 숴 와 워 좌 줘 촤 춰 콰 쿼 톼 퉈
퐈 풔 화 훠

(11)은 대한제국 시기 리봉운이 국가에 제안하고 공포된 '국문졍리'(1897)에 나오는 반절 글자들이고 또한 표처럼 제시된 '쟝음반졀규식'이다. 여기에서는 분명하게 'ㄱ ㄴ ㄷ ㄹ ㅁ ㅂ ㅅ ㅣ ㅇ'이 종성 표기로 제시되어 있다. 그런데 '쟝음반졀규식'이라 하여 'ㄱ그윽 ㄴ느은 ㄷ드읏 ㄹ르을 ㅁ므음 ㅂ브읍 ㅅ스읏 ㅣ이 ㅇ으응'이라는 이름이 제시되고 있는데, 'ㅣ이'라고 되어 있는 게

---

12) '국문졍리'(1897)에서는 'ㆆ ㆁ ㅿ'에 대해서 세속에서 사용되지 않는 것이라 하여 제외하고 있다.

주목된다. 즉 딴
이의 이름은 '이'
라고 표시한 것이
다. 다른 8자는
모두 'ㅡ' 위와
'으' 아래에 해당
자음자를 넣어서
명명하고 있는데,
이 딴이 'ㅣ'만은
그냥 '이'라고 제

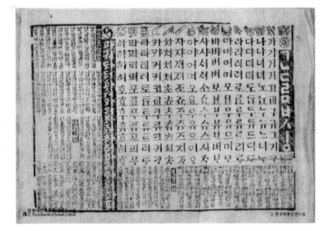

〈그림 7-7〉 리봉운(1897), 국문정리

시한 것이다. 그런데 위 사진에서 나오듯이 '단음반절규식'에서 "ㅣ외이붓침ㅎ
는규법"이라고 확실히 밝히고 있듯이 'ㅣ'는 받침 역할을 한다고 제시하고 있
다. 딴이 'ㅣ'는 과연 자음자인가 모음자인가? 아니면 다른 무엇인가?13) 14)

---

13) 일본인 학습자를 위해서 일본에서 일본어로 간행된 안영중(1906)의 '한어'에서는 부음(초
성) 15자와 종성('밧침') 9자를 제시하고 있는데, 거기에서도 아래에서 보듯이 딴이 'ㅣ'를
설정하고 있다.
ㄱ기윽 ㄴ니은 ㄷ디읃 ㄹ리을 ㅁ미음 ㅂ비읍 ㅅ시읏 ㅣ이 ㅇ행 ㅈ지 ㅊ치 ㅋ키 ㅌ티 ㅍ피
ㅎ히 (父音 15자)
ㄱ윽 ㄴ은 ㄷ읃 ㄹ을 ㅁ음 ㅂ읍 ㅅ읏 ㅣ이 ㅇ행 (종성(밧침) (89자)

14) 홍윤표(2016:316)에 제시된 '언문반절표'(1918)에서는 자음자를 배열할 때, 'ㄱ ㄴ ㄷ
ㄹ ㅁ ㅂ ㅅ ㅣ ㅇ ㅈ ㅊ ㅋ ㅌ ㅍ ㅎ'을 보이고 있다. 그런데 다른 자음자는 바로 아래
해당 반절 예가 나와 있음에 비하여 딴이 'ㅣ'는 제시된 용례가 없다.

3. 딴이 'ㅣ'의 모음자 논의들

2장에서 살핀 논저에서는 딴이 'ㅣ'를 자음자로 보고 있었다. 그러나 딴이 'ㅣ'를 글자의 형태를 주목하여 모음자로 보는 논의가 무척 많다. 여기서는 이것들을 살펴보면서 딴이의 성격을 보도록 하겠다.

(12) 홍계희(1751), '삼운성휘', 범례 '諺字 28' '諺字初中終聲之圖'

초종성통용팔자: ㄱ ㄴ ㄷ ㄹ ㅁ ㅂ ㅅ ㆁ
초성독용육자: ㅈ ㅊ ㅌ ㅋ ㅍ ㅎ
중성: 中聲11자: ㅏ ㅑ ㅓ ㅕ ㅗ ㅛ ㅜ ㅠ ㅡ ㅣ · (11)
　　　合中聲2자: ㅘ(光合中聲) ㅝ(月合中聲) (2)
　　　重中聲1자: ㅣ(橫重中聲) (1)

(12) '삼운성휘'(1751)는 홍계희가 '삼운통고', '사성통해', '홍무정운' 등을 참고하여 저술한 운서로 알려져 있다. 초종성통용8자가 'ㄱ ㄴ ㄷ ㄹ ㅁ ㅂ ㅅ ㆁ'으로 나와 있고 또한 초성독용6자가 'ㅈ ㅊ ㅌ ㅋ ㅍ ㅎ'으로 제시되어 있다. 중성은 총 14자를 제시하고 있는데, 중성 11자로 'ㅏ ㅑ ㅓ ㅕ ㅗ ㅛ ㅜ ㅠ ㅡ ㅣ ·'를 먼저 제시하고, 이어서 합중성(合中聲) 2자로 'ㅘ'와 'ㅝ'를 제시하고 있다. 'ㅘ'는

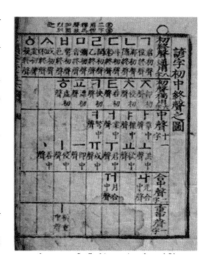

〈그림 7-8〉 홍계희(1751), 삼운성휘

203

'光合中聲', 'ㅝ'는 '月合中聲'으로 각각 'ㅗ'와 'ㅏ', 'ㅜ'와 'ㅓ'가 합해진 것이라 보고 있다. 또한 중중성(重中聲) 1자로 'ㅣ'를 보이면서 '橫重中聲'이라고 설명하고 있다. 이것이 바로 딴이 'ㅣ'인 것이다(홍윤표, 2016:301).

(13) 홍희준(1800), '화동음원'의 '언자초중종성(諺字初中終聲)'

ㅏ이아(伊我) ㅑ이야(伊耶) ㅓ이어(伊魚) ㅕ이여(伊余) ㅗ이오(伊吾) ㅛ이요(伊堯) ㅜ이
우(伊虞) ㅠ이유(伊維) ㅡ이으(伊銀中聲) ㅣ이이(伊伊) [ㅣ]이애(伊崖)] ·이ᄋ(伊兒)
(11)
ㅘ이와(伊訛) ㅝ이워(伊元中聲) ㅛㅑ이ㅛㅑ(伊堯訛耶切) ㅒ이워(伊員中聲) (4)

〈그림 7-9〉 홍희준(1800), 화동음원

(13) '화동음원'에서는 '언자초중종성'이라 하여 자음자와 모음자의 명칭이 구체적으로 드러나 있다. 특히 모음자는 'ㅏ ㅑ ㅓ ㅕ ㅗ ㅛ ㅜ ㅠ ㅡ ㅣ ·'를 비롯하여 'ㅘ ㅝ ㅛㅑ ㅒ'도 나와 있고 따로 'ㅣ'도 제시되어 있다. 그런데 모든 중성자, 즉 모음자가 '이'라고 하는 이름을 앞에 전제적으로 갖고 있는 것이 특이하다. 보통 모음자의 이름은 '아 야 어 여...' 등처럼 그냥 모음자 앞에 'ㅇ'을 붙이는 것이 일반적이다. 그런데 왜 (13)에서는 '이'를 앞에다가 모두 붙였을까? 자음자 이름에서 예컨대 '기윽'이라 하면 첫 음절에 'ㅣ'를 사용하는데, 이에 보조를 맞추어서 'ㅣ'를 사용하는 것도 같다. 어차피 모음자는 앞에 'ㅇ'을 사용하니까 그것에

다가 'ㅣ'를 덧붙여서 '이'를 이름자의 첫 음절로 넣었다는 논리이다. 좀 더 구체적인 이유가 필요할 듯하다.

(13)에서 눈에 띄는 것은 'ㅣ이애 伊崖'라는 표현이다. 이때의 'ㅣ'는 딴이가 분명한데, 이것의 이름이 '이애'라는 것이다. 앞의 '이'는 전제된 '이'라고 할 때 뒤의 '애'가 딴이의 정체성을 보여주는 것이라 볼 수 있다. 딴이 'ㅣ'는 '이애'라는 이름을 갖고 있다는 말이다. '애'는 과연 무엇일까? '아+ㅣ'로 보아서 후행 'ㅣ'를 딴이로 보는 것이라는 해석이 가능할 것이다. 여하튼 딴이 'ㅣ'는 중성 모음자로 설정되어 있는 것은 분명하다.

(14) 유희(1824), '언문지'

중성례(11+3): 正音通釋 中聲十一形 훈민정음·삼운성휘 並同
        ㅏ阿 ㅑ也 ㅓ於 ㅕ余 ㅗ吾 ㅛ要 ㅜ牛 ㅠ由 ㅡ應不用終聲 ㅣ伊只中
        聲 ·思不用初聲 又有ㅘ吾阿之合 ㅝ又於之合 又有右傍加 ㅣ本伊
        → ㅏ ㅑ ㅓ ㅕ ㅗ ㅛ ㅜ ㅠ ㅡ ㅣ · ㅘ ㅝ ㅣ

(14)는 유희의 '언문지' 범례에 나오는 중성의 예로 제시한 것이다. 훈민정음과 삼운성휘와 동일하다고 하면서 11자를 제시하면서도, 'ㅘ', 'ㅝ', 'ㅣ'를 추가로 제시하고 있다. 이때의 'ㅣ'가 바로 딴이 'ㅣ'인데, 그 성격이 '右傍加'라 하여 우측에 덧붙는 것이라 말하고 있다.

(15) 힌리히스(1920년대), '언문반절표' 15)

ㅏ ㅑ ㅓ ㅕ ㅗ ㅛ ㅜ ㅠ ㅡ ㅣ · (11)
ㅘ ㅝ (2)
애 얘 에 예 외 위 의 이 내 궤 (딴이 'ㅣ' 사용 10개)

〈그림 7-10〉 힌리히스(1920년대), 언문반절표

(15)는 힌리히스가 1920년대 '동양학신문'에 소개한 언문반절표이다. 여기에 보면 (14)에서처럼 'ㅏ ㅑ ㅓ ㅕ ㅗ ㅛ ㅜ ㅠ ㅡ ㅣ ·'의 11자와 'ㅘ ㅝ'의 복합 모음자와 더불어서 딴이 'ㅣ'가 특별한 설명과 함께 제시되어 있다. 일종의 움라우트, 즉 모음의 변이형을 표시하는 것으로 딴이 'ㅣ'를 [i] 발음 표시로 보이고 있다. 그 예로 '애 얘 에 예 외 위 의 이 내 궤' 등을 들고 있다. 각각을 'ai yai oi yoi oi ui üi äi oai uoi'로 표시하고 있는데, 이는 곧 '아+ㅣ, 야

---

15) 여기에 있는 것은 류현국(2015:102-103), 홍윤표(2016:317)에서 가져온 것이다.

ㅓ+ㅣ, ㅕ+ㅣ, ㅗ+ㅣ, ㅡ+ㅣ, ㆍ+ㅣ, ㅘ+ㅣ, ㅝ+ㅣ' 등으로 분석된다고
하겠다. 결국 딴이 'ㅣ'는 훈민정음의 11자 이외의 복합 모음자를 표기하기
위하여 사용된 것이라 할 수 있다.16)

4. 딴이 'ㅣ'를 둘러싼 문제들

지금까지 소위 딴이 'ㅣ'가 통시적 문헌에서 어떻게 기술되어 왔는지 살펴보
았다. 근본적으로 왜 딴이 'ㅣ'가 따로 설정되었는지 설정되었으면 어떤 성격
을 가진 것으로 제시되었는지 등 몇 가지 논의점이 있다.

첫째, 기본적으로 딴이 'ㅣ'는 15세기 훈민정음 창제 시에 따로 설정된 것은
아니었다. 이 말은 딴이 'ㅣ'가 하나의 음소로서 역할을 하지 않았다는 말이다.
문헌상 딴이 'ㅣ'가 문헌에서 등장한 것은 1719년에 나온 '조선언문'이다. 이것
은 일본에 통신사로 갔을 때 장응두가 진술한 것을 적은 것으로 알려져 있다.
이 말은 그 이전에 조선에서 딴이 'ㅣ'가 설정되고 사용되었다는 것을 뜻한다.
하나의 도표로 훈민정음 반절표가 제시된 것은 아니었지만, 해례에 나타난 초중
종성자에 대한 구체적인 설명은 반절표를 추정해 내기에 충분한 내용이었다.17)

둘째, 그렇다면 왜 딴이 'ㅣ'가 설정되었을까? 기본적으로 훈민정음의 중성
자는 천지인을 나타내는 기본자 'ㆍ ㅡ ㅣ'를 출발점으로 해서 초출자 'ㅏ ㅓ

---

16) 딴이 'ㅣ'가 한글 자모 교육에서 사용된 것은 이후로도 오랫동안 지속된다. 홍윤표
(2013:255-283)에서는 다양한 한글 반절표를 보여 주고 있는데, 심지어는 한국전쟁에
참전한 외국 군인들을 위한 한국어 교재에까지 'ㄱ ㄴ ㄷ ㄹ ㅁ ㅂ ㅅ ㅣ ㅇ' 자음자가
등장하고 있다.

17) 이에 김슬옹(2012)에서는 15세기의 훈민정음 반절표를 추정해서 도표로 제시하기도 하였다.

ㅗ ㅜ', 재출자 'ㅑ ㅕ ㅛ ㅠ' 등 11자로 구성되어 있다. 그런데 실제로 보면 'ㅐ, ㅔ, ㅚ, ㅟ, ㅒ, ㅖ, ㅙ, ㅞ' 등 초출자와 재출자에 'ㅣ'를 기계적으로 오른쪽에 덧붙인 중성자들이 사용되었다. 이에 음운론적 이유가 아니라 문자론적 차원에서 딴이 'ㅣ'가 설정된 것으로 볼 수 있다. 특히 언문반절표가 교육상 일반화함에 따라서 언문을 쉽게 익히게 할 요량으로 딴이 'ㅣ'가 설정되게 되었다. 본래 반절은 성운학에서 중국어를 성모인 '초성'과 운모인 '중성+종성'으로 구분한 것임에 비해서, 조선의 언문에서는 창제 때부터 '초성+중성+종성'으로 네모난 음절 구조를 설정하여 하나의 음절을 반절(反切)로 나누도록 되어 있다. 이렇게 하니 중성 11자에 속하지 않았던 복합 모음자들을 설명해야만 했고, 소위 딴이 'ㅣ'를 설정해서 문자 차원에서 종성자 역할을 하는 것으로 본 것이다.18)

셋째, 따라서 딴이 'ㅣ'를 음운론 차원에서 보는 것은 문제가 있고 단지 문자론적 차원, 그중에서도 한글 활자 차원으로만 딴이 'ㅣ'를 보는 것이 좋을 것이다. 결국 딴이 'ㅣ'는 음소가 아니고 문자도 아닌 단순한 기호라고만 보게 된다. 이 말은 종래 딴이를 반모음의 일종으로 본다거나(홍윤표, 2015:301), "ㅣ는 ㅣ모음이 후행하여 이루어지는 'ㅐ ㅒ ㅔ ㅖ ㅚ ㅟ ㅙ ㅞ' 발음의 지도를 위해 따로 들어간 것으로 생각"한다거나(한국민족문화대백과사전), 'ㅇ'을 'ㅣ'와 'ㅇ'으로 분리하여 기술한 것이 딴이 'ㅣ'라고 본다거나(안병희, 1985:7-9) 등 여러 견해가 그 타당성이 부족하다는 것을 뜻한다. 다시 말하지만 딴이

---

18) 훈민정음 해례본에는 이러한 복합 중성자들뿐만이 아니라 'ㄲ ㄸ ㅃ ㅆ ㅉ ㆅ' 같은 각자병서도 제시되었다. 그러나 개화기 때 한글 반절표로 표시할 때 이에 대해서는 전혀 표시되어 있지 않았다. 이에 리봉운(1897)에서는 소위 '옆받침'을 설정하여서 '제몸받침'으로 하여야 한다고 주장하였다. 여기서 '제몸받침'이란 반절합자의 초성자를 반복해서 쓰는 것이라고 하였다. 즉 '가'에 제몸받침을 한다 하면 '가' 자의 왼쪽에 '가'의 초성인 'ㄱ'을 첨가하여 '까'를 만든다는 것이다. 김민수(1956:49, 52), 송철의(2008:171-172) 참고.

'ㅣ'는 문자 교육의 편의상 마치 종성 표기처럼 보는, 일종의 받침자(류현국, 2015:84), 즉 받침 기호라고 보는 것이 좋을 듯하다. 여기서 받침자라고 하면서 형태가 모음자 모양인 'ㅣ'를 설정해야 하는지는 근본적인 문제로 남는다.

넷째, 문헌상 딴이 'ㅣ'는 자음자로 본다거나 혹은 모음자로 보는 견해가 있었다. 자음자로는 그 배열 순서가 'ㅣ, ㅇ'이거나 혹은 'ㅇ, ㅣ'이거나 했는데, 'ㅇ'이 하나의 자음자로 공히 인정받는다는 점을 생각하면 'ㅣ'가 끝에 오는, 즉 'ㅇ, ㅣ' 배열 순서를 가지는 게 좀 더 나을 듯하다. 그렇지만 그 형태상 딴이 'ㅣ'를 모음자의 별종, 즉 일종의 기호로 보는 것이 타당할 듯하다. 21세기 현재는 문자 언어도 하나의 중요한 의사소통 수단으로 기능을 한다는 점을 염두에 둔다면 굳이 딴이 'ㅣ'를 지금 설정할 필요는 없을 것이다. 20세기 교육용 반절표에서까지 딴이 'ㅣ'가 많이 나타났으나, 그곳에서도 딴이 'ㅣ' 설정이 꼭 필요하다는 증거는 찾기 어렵다.

다섯째, 딴이 'ㅣ'에 대해서 자세히 그 성격을 보여 주고 있는 것은 '삼운성휘'(1751)이다. 거기서는 중성자를 14가지 설정하고 있는데, 기본적으로 'ㅏ ㅑ ㅓ ㅕ ㅗ ㅛ ㅜ ㅠ ㅡ ㅣ ·'의 11자 이외에 합중성 'ㅘ, ㅝ' 2자와 중중성 'ㅣ' 1자를 설정하고 있다. 여기서의 중중성(重中聲) 'ㅣ'가 바로 딴이 'ㅣ'이다. 즉 딴이 'ㅣ'는 자음자보다는 모음자 성격으로 본다는 것이나, 형태는 그렇다 해도 실제 쓰임은 자음자 성격이다.

여섯째, 딴이라는 명칭은 '다른 ㅣ'라는 뜻을 담고 있다. 여기서 다른 'ㅣ'는 일반적인 모음자 'ㅣ'와는 다른 것이라는 의미를 지닌다. 혹은 '外伊'라고도 부르는데, 이는 일반적인 모음자 'ㅣ'를 '伊'로 나타내는데, 딴이 'ㅣ'는 이와는 다른 'ㅣ'라는 것이라는 뜻을 함의한다. 결국 통시적 문헌상 기재되어 온 딴이 'ㅣ'를 부를 때 적절한 명칭으로 이해된다.

일곱째, 한글을 처음 접하는 아이들이나 외국인들에게 한글을 가르칠 때 한글 반절표를 이용하는 경우가 많다. 자음자와 모음자를 횡과 종으로 나열하면 자음과 모음의 결합을 설명할 때 무척 유익하다. 그런데 이 방식이 한글 음절 구성을 완벽하게 보여 주지는 못한다. 특히 형태주의 입장에서 복잡한 종성 자음자를 반절표로 나타나기에는 역부족이다. 15세기 때는 음소주의 차원에서 자음자가 8종성가족용으로 한정되었으나, 지금은 받침 표기자가 무척 복잡하여 한글 반절표로 모두 나타내기가 어렵다. 특히 학교 교육 자체가 음운론적 기반 아래서 문자도 다루기 때문에 반절표의 완결 효용성이 떨어진다는 말이다. 그럼에도 불구하고 초성+중성의 구성에서는 여전히 반절표는 교육에서 유용하다. 물론 딴이 'ㅣ'를 따로 설정할 필요는 없다. 왜냐하면 'ㅣ, ㅔ, ㅐ, ㅏ, ㅓ, ㅗ, ㅜ, ㅡ, ㅚ, ㅟ' 10자가 단모음자로 전제되고 있고, 이중 모음자 11자도 따로 설정되고 있기 때문이다.

한글 겹자음자의
종류와 배열 순서

한글 겹자음자의 종류와 배열 순서

1. 머리말

1443년에 창제된 훈민정음 28자는 초성 17자와 중성 11자로 구성되어 있었다. 거기에 'ㄲ, ㄸ, ㅃ, ㅆ, ㅉ, ㆅ' 6자가 더해져서 창제 원리와 관련된 문자는 34자가 해례본에 등장하였다. 한글의 자음자와 모음자를 다룬 이 책에서도 이것들이 15세기는 물론이고 근대, 개화기, 현대에 이르기까지 논저마다 어떤 종류의 자모가 설정되었고 이것들이 어떻게 배열되었는지 살핀 것이 지금까지의 내용이었다.

그러나 한글 학습에 어려움을 느끼는 이들은 정작 이것들보다는 소위 겹문자, 그 가운데서도 겹자음자들의 형태가 혼란스럽다고 말하곤 한다. 앞에서도 보았지만 27개나 되는 받침자들, 그 중에서도 겹받침은 무척 헷갈린다. 사실 15세기 훈민정음 창제 시에는 소위 팔종성가족용이라 하여 특별한 신경을 쓰지 않은 듯하지만, 실제로는 용비어천가와 월인천강지곡의 표기를 보게 되면 그런 원칙이 무색하게 여러 겹자음자 표기들이 등장한다.

21세기 현대 국어에서는 형태주의 원칙에 따라서 특히 받침들이 복잡한 형태를 취하고 있다. 의미적으로는 변별된 인식이 되어서 유용할지 모르지만 발음의 문제나 학습의 문제에서는 많은 논란점이 있다. 특히 국어사전들을 보게 되면 겹자음자를 어떻게 설정하느냐에 따라서 사전들이 여러 특성을 보이기도 한다.

여기서는 한글 겹자음자들이 어떤 것들이 어떻게 다루어져 왔는지, 그리고 그것들의 가치는 과연 무엇인지 살피도록 한다. 구체적으로는 여러 국어사전에서 다루고 있는 겹자음자들을 다루면서 남북한 통일 받침자에 대해서도 검토해 보도록 한다.[1]

---

1) 이석린(1938:13)에서는 원각경에 '긃ㅅ', '읣ㅅ'과 같은 세 받침자가 등장하고 있음을 보고하고 있다. 그러나 현대 국어에서는 이런 세 받침자를 사용하고 있지 않다.

2. 겹자음자의 실태와 개념

2.1. 겹자음자의 실태

현대 국어에서 겹자음자를 쉽게 확인할 수 있는 것은 국어사전이다. 사전마다 '일러두기'를 보면 자모자의 종류와 배열 순서가 나와 있는데, 특히 종성 자리에 나타나는 자음자는 그 숫자가 27개나 제시되어 있다.

(1) 남한 '표준국어대사전'(2024), '일러두기'의 자음자 종류 및 배열 순서[2]

초성: ㄱ ㄲ ㄴ ㄷ ㄸ ㄹ ㅁ ㅂ ㅃ ㅅ ㅆ ㅇ ㅈ ㅉ ㅊ ㅋ ㅌ ㅍ ㅎ (19)

종성: ㄱ ㄲ ㄳ ㄴ ㄵ ㄶ ㄷ ㄹ ㄺ ㄻ ㄼ ㄽ ㄾ ㄿ ㅀ ㅁ ㅂ ㅄ ㅅ ㅆ ㅇ ㅈ ㅊ ㅋ ㅌ ㅍ ㅎ (27)

→ㄳ ㄵ ㄶ ㄺ ㄻ ㄼ ㄽ ㄾ ㄿ ㅀ ㅄ (종성독용11자)

(1)을 보면 초성 자리에 19자 자음자가 등장한다. 이들 가운데 'ㄲ, ㄸ, ㅃ, ㅆ, ㅉ'은 15세기 때 소위 이어쓰기 용법에 따라서 겹자음자로 보았지만, 지금

---

2) 본래 1999년에 발간된 '표준국어대사전'의 일러두기에서는 아래와 같은 배열 순서를 제시하고 있었다. 그러나 국립국어원 누리집에 제시된 사전의 '일러두기'에서는 (1)과 같이 제시하고 있다. 아래는 1999년에 제시되었던 종류와 배열 순서이다.

초성: ㄱ ㄲ ㄴ ㄴㄷ ㄷ ㄸ ㄹ ㅭ ㅁ ㅱ ㅂ ㅽ ㅃ ㅴ ㅵ ㅷ ㅶ ㅸ ㅅ ㅺ ㅼ ㅽ ㅆ ㅾ ㅅㅎ ㅿ ㅇ ㆀ ㆁ ㅈ ㅉ ㅊ ㅋ ㅌ ㅍ ㆄ ㅎ ㆅ ㆆ (40)

중성: ㅏ ㅐ ㅑ ㅓ ㅔ ㅕ ㅖ ㅗ ㅘ ㅙ ㅚ ㅛ ㅛㅣ ㅜ ㅝ ㅞ ㅟ ㅠ ㅠ ㅠㅔ ㅠㅖ ㅠㅣ ㅡ ㅢ ㅣ · ·ㅣ (29)

종성: ㄱ ㄲ ㄳ ㅺ ㄴ ㄴㄷ ㄵ ㅿ ㄶ ㄷ ㄹ ㄺ ㅭ ㄻ ㄼ ㄽ ㄾ ㄿ ㅀ ㅭ ㅀ ㅁ ㅥ ㅵ ㅂ ㅄ ㅶ ㅸ ㅸ ㅅ ㅺ ㅼ ㅆ ㅿ ㅇ ㅇㅎ ㆀ ㆁ ㅈ ㅈ ㅊ ㅌ ㅍ ㆄ ㅎ (52)

은 된소리를 나타내는 자음자로 인정된다. 실제로 15세기 해례에 보면 소위 각자병서('갈바쓰기')로 나타나서 다른 자음자들과 함께 다루어지곤 하였다. 'ㄲ, ㄸ, ㅃ, ㅆ, ㅉ'이 분명 음운론적으로는 된소리를 나타내는 하나의 음운이 지만, 문자론적으로는 동일한 자음자가 합해진 두 개의 겹자음자인 것도 사실 이다.

(1)의 초성자 19자 가운데 현재 사용되지 않는 'ㄸ, ㅃ, ㅉ'을 제외하고 나머 지 16자는 모두 종성 자리에도 나타난다. 그리하여 종성자 27개 가운데 이것을 뺀 11자가 이질적인 것이 합해진 겹자음자가 된다. 즉 'ㄳ ㄵ ㄶ ㄺ ㄻ ㄼ ㄽ ㄾ ㄿ ㅀ ㅄ' 11자는 과거의 표현대로 한다면 종성독용11자가 되는 셈이다.

(2) 문화관광체육부(2018), '한글 맞춤법, 표준어 규정 해설'

받침 글자:

ㄱ ㄲ ㄳ ㄴ ㄵ ㄶ ㄷ ㄹ ㄺ ㄻ ㄼ ㄽ ㄾ ㄿ ㅀ ㅁ ㅂ ㅄ ㅅ ㅆ ㅇ ㅈ ㅊ ㅋ
ㅌ ㅍ ㅎ (27)
→ ㄳ ㄵ ㄶ ㄺ ㄻ ㄼ ㄽ ㄾ ㄿ ㅀ ㅄ (받침독용11자)

본래 자음자 표기에 대한 규정은 '한글 맞춤법'(1988)에 나온다. 그런데 종 성에 나오는 받침 종류와 배열 순서에 대해서는 아무런 언급이 없다. 단지 '한 글 맞춤법, 표준어 규정 해설'(2018)이 나오면서 이들 27 받침 자음자가 해설 서에 등장하고 있다. 이것들은 종류와 배열 순서가 (1)과 정확히 일치한다.

이것들은 'ㄱ ㄴ ㄷ ㄹ ㅁ ㅂ ㅅ ㅇ ㅈ ㅊ ㅋ ㅌ ㅍ ㅎ' 14자를 기본으로 하고 'ㄱ'과 'ㅅ' 바로 뒤에 각각 'ㄲ', 'ㅆ'을 위치해 두고 있다. 그다음 서로 다른 자음자가 혼합되어 이루어진 'ㄳ ㄵ ㄶ ㄺ ㄻ ㄼ ㄽ ㄾ ㄿ ㅀ ㅄ'을 선행

'ㄱ ㄴ ㄹ ㅂ' 뒤에 역시 자음자 순서대로 배치하고 있다. 'ㄴ' 바로 뒤에 'ㄵ ㄶ', 'ㄹ' 바로 뒤에 'ㄺ ㄻ ㄼ ㄽ ㄾ ㄿ ㅀ' 순서대로 배열하고 있다. 요컨대 (1), (2)의 종성 자음자 배열은 기본 'ㄱ ㄴ ㄷ ㄹ ㅁ ㅂ ㅅ ㅇ ㅈ ㅊ ㅋ ㅌ ㅍ ㅎ'을 배치하고 이들 각 자음자 바로 뒤에 오는 것들을 이들 순서대로 합자해서 붙이는 방식을 띠고 있다. 발음 아닌 문자 차원의 배열 방식인 것은 물론이다.

(3) 사회과학출판사, '조선말대사전'(2017) '일러두기'의 '올림말을 배렬한 자모의 차례'3)

자음: ㄱ, ㄴ, ㄷ, ㄹ, ㅁ, ㅂ, ㅅ, (ㅇ)4), ㅈ, ㅊ, ㅋ, ㅌ, ㅍ, ㅎ, ㄲ, ㄸ, ㅃ, ㅆ, ㅉ (19)
  → ㄱ, ㄴ, ㄷ, ㄹ, ㅁ, ㅂ, ㅅ, ㅈ, ㅊ, ㅋ, ㅌ, ㅍ, ㅎ, ㄲ, ㄸ, ㅃ, ㅆ, ㅉ, ㅇ
받침: ㄱ, ㄳ, ㄴ, ㄵ, ㄶ, ㄷ, ㄹ, ㄺ, ㄻ, ㄼ, ㄽ, ㄾ, ㄿ, ㅀ, ㅁ, ㅂ, ㅄ, ㅅ, ㅇ, ㅈ, ㅊ, ㅋ, ㅌ, ㅍ, ㅎ, ㄲ, ㅆ (27)
  → ㄳ, ㄵ, ㄶ, ㄺ, ㄻ, ㄼ, ㄽ, ㄾ, ㄿ, ㅀ, ㅄ (받침독용11자) (27-16=11)

(3)은 현행 북한의 '조선말대사전'(2017)의 '일러두기'에서 제시하고 있는

---

3) 북한 사회과학출판사(1992)에서는 '조선말대사전(1, 2)'를 내었다. 거기서의 '자모의 차례' 는 다음과 같이 제시되어 있다. 받침에 대한 내용은 빠져 있다.
  ㄱ ㄴ ㄷ ㄹ ㅁ ㅂ ㅅ (ㅇ) ㅈ ㅊ ㅋ ㅌ ㅍ ㅎ ㄲ ㄸ ㅃ ㅆ ㅉ (19)
  ㅏ ㅑ ㅓ ㅕ ㅗ ㅛ ㅜ ㅠ ㅡ ㅣ ㅐ ㅒ ㅔ ㅖ ㅚ ㅟ ㅢ ㅘ ㅝ ㅙ ㅞ (21)
  ※( ) 안의 자모는 받침의 경우에만 해당한다.
4) 조선말대사전(2017)의 일러두기에 있는 자음의 차례에서 제시된 '(ㅇ)'은 본래 초성이 아닌 종성에 나타났을 경우를 의미한다.

자음자와 받침의 종류 및 배열 순서이다. 자음자로 제시한 19개는 초성 자리에 나타나는 것으로 그 숫자는 (1) 남한의 '표준국어대사전'과 동일하고, 배열 순서에서는 'ㄲ ㄸ ㅃ ㅆ ㅉ'을 맨 뒤에 두고 있어서 차이를 보인다.5) 그러나 실제 조선말대사전의 올림말 배열 순서에서는 'ㅇ'을 맨 뒤쪽에 위치해 두고 있다. 이는 (3)의 '자음'이 초성 자음자를 가리키고 있었으나 '(ㅇ)'으로 표시한 것은 실제로는 종성에 나타나는 것을 뜻한다. 이에 홍윤표(2016:200)에서는 북한의 초성 자음자의 배열 순서를 'ㄱ, ㄴ, ㄷ, ㄹ, ㅁ, ㅂ, ㅅ, ㅈ, ㅊ, ㅋ, ㅌ, ㅍ, ㅎ, ㄲ, ㄸ, ㅃ, ㅆ, ㅉ, ㅇ'으로 제시하고 있다. 실제 조선말대사전에서 이런 배열 순서를 보이고 있다.

한편 종성에 나타나는 받침 자음자도 (1)과 그 종류 및 숫자가 27자로 동일한데, 역시 각자병서한 'ㄲ ㅆ'의 위치만 맨 뒤로 가 있어서 차이를 보인다. 남한에서처럼 북한에서도 'ㄸ ㅃ ㅉ'은 받침에서는 사용되고 있지 않다.

2.2. 겹자음자의 개념

이 글에서 사용하고 있는 겹자음자는 초성이든 종성이든 가리지 않고 자음자의 모양이 이질적 겹자음자로 되어 있는 것을 뜻한다. 바로 'ㄳ ㄵ ㄶ ㄺ ㄻ ㄼ ㄽ ㄾ ㄿ, ㅀ ㅄ'을 가리키는 것이다. 그런데 남북한의 국어사전에서 사용하고 있는 용어에 차이가 나는 것들이 보이기도 하고 또 여기서 사용하는 '겹자음자'라는 용어는 사전의 올림말에 나타나지 않고 있다. 이에 관련 용어들을 먼저 살피기로 한다.

---

5) 이것은 이들 표기를 두 개의 자음자가 이어져서 만들어진 것임을 전제하고 있는 것으로 해석된다.

(4) 어두 자음군과 복자음, 겹자음의 개념

ㄱ. 어두^자음군(語頭子音群); 단어의 첫머리에 오는 둘 또는 그 이상의 자음의 연속체. 중세 국어의 'ᄡᆞᆯ'의 'ㅄ', 'ᄠᅳᆮ'의 'ㅲ', 'ᄢᅳᆯ'의 'ㅴ', 'ᄣᅢ'의 'ㅵ'과 된소리 표기로 보기도 하는 'ᄭᅮᆷ'의 'ㅺ', 'ᄯᅡ[地]'의 'ㅼ', 'ᄲᅳᆯ'의 'ㅽ' 따위, 영어의 'step'의 'st', 'spring'의 'spr', 'stress'의 'str' 따위이다.≒말머리닿소리떼. [표준국어대사전]

ㄴ. 복-자음(複子音): 둘 이상의 단자음으로 이루어진 자음이라는 뜻으로, 격음과 겹받침을 아울러 이르던 말.≒거듭닿소리, 겹닿소리, 이중 자음, 중자음. [표준국어대사전]

ㄷ. 겹자음(겹子音):「북한어」『언어』'어두 자음군'의 북한어. [우리말샘]

(4ㄱ)의 '어두 자음군'에 대한 개념은 표준국어대사전에서 제시하고 있는 것인데, 중세 국어에서 어두에서 나타나는 'ㅄ, ㅺ, ㅴ'와 같은 겹자음자를 지칭한다. 'ㄲ, ㄸ'과 같은 각자병서 자음자는 포함되지 않는다. (4ㄴ)의 '복자음'은 둘 이상의 단자음으로 이루진 자음이라고 말하고, 격음과 겹받침을 이르던 말이라고 개념 정의하고 있다. 이때 격음은 'ㅋ, ㅌ, ㅍ, ㅊ'을 뜻할 텐데, 각각을 'ㄱ+ㅎ, ㄷ+ㅎ, ㅂ+ㅎ, ㅈ+ㅎ'의 결합으로 본다는 것이다. 기실 'ㅋ, ㅌ, ㅍ, ㅊ'이 각각 하나의 자음자로 인정되고 있는 현실을 볼 때, 이들 격음을 겹자음자로 보기는 어려워 보인다.

한편 (4ㄷ)의 '겹자음'은 표준국어대사전에서는 개념 정의를 내리지 않고 있고, 우리말샘에서 '어두 자음군'의 북한어라고 말하고 있다. 그러나 남한은 물론 북한에서도 현대 국어에서 어두에 이들 겹자음자가 사용되고 있지 않다.

(5) 쌍받침과 겹받침, 음절 말 자음군, 어말 자음군의 개념

ㄱ. 쌍-받침(雙--): 같은 자음자가 겹쳐서 된 받침. 'ㄲ', 'ㅆ' 따위가 있다. [표준국어대사전]

ㄴ. 겹-받침: 서로 다른 두 개의 자음으로 이루어진 받침. 'ㄳ', 'ㄵ', 'ㄺ', 'ㄻ', 'ㄼ', 'ㄾ', 'ㅄ' 따위가 있다. [표준국어대사전]

ㄷ. 음절^말^자음군(音節末子音群): 말음에 두 개의 자음이 무리지어 있는 것. 한국어에는 모두 11개의 자음군(ㄳ, ㅄ, ㄺ, ㄾ, ㄻ, ㄿ, ㄼ, ㄼ, ㅀ, ㄵ, ㄶ)이 있다. [우리말샘]

ㄹ. 어말^자음군(語末子音群): 음절 받침에 있는 둘 또는 그 이상의 자음의 연속체. [우리말샘]

(5ㄱ,ㄴ)은 표준국어대사전에서 정의 내리고 있는 '쌍받침'과 '겹받침'에 대한 개념이다. 쌍받침은 동일한 홑자음자가 반독되어 나타나 있는 'ㄲ, ㅆ'을 지칭하고, 겹받침은 서로 다른 두 개의 홑자음자로 이루어진 'ㄳ, ㄵ' 따위를 가리키고 있다.

(5ㄷ,ㄹ)은 우리말샘에서 정의 내리고 있는 내용이다. (5ㄷ)의 '음절 말 자음군'은 (5ㄴ)의 '겹받침', 즉 11개의 자음군(ㄳ, ㅄ, ㄺ, ㄾ, ㄻ, ㄿ, ㄼ, ㄼ, ㅀ, ㄵ, ㄶ)을 가리키고 있다. (5ㄹ) '어말 자음군'은 (5ㄷ)과 비슷한 의미를 가지지만, 둘 또는 그 이상의 자음의 연속체를 가리킨다는 점에서 차이가 있다.

(6) 자음군과 겹자음자의 개념

ㄱ. 자음-군(子音群): 초성이나 종성에 자음이 두 개 이상 무리 지어 나타나는 것. [표준국어대사전]

ㄴ. 겹자음: 둘 이상의 홑자음으로 이루어진 자음.

ㄷ. 겹자음자: 서로 다른 둘 이상의 홑자음으로 이루어진 자음자. 중세 국어의
어두 자음군 문자 혹은 겹받침을 뜻함.

(6ㄱ)의 '자음군'은 초성이든 종성이든 상관없이 홑자음이 두 개 이상 무리
지어 나타나는 것이다. 즉 중세 국어나 현대 국어나 모두 사용할 수 있는 용어
이다. 이 글에서는 '겹자음'은 둘 이상의 홑자음으로 이루어진 자음을 뜻하는
것으로 보고(6ㄴ), '겹자음자'는 둘 이상의 홑자음으로 이루어진 자음자로 보
도록 한다. 역시 초성이든 종성이든 상관없이 사용할 수 있는 용어라 할 수
있다.

여기서 한 가지 기억해 두어야 할 것은 앞서도 보았지만 'ㄲ, ㄸ, ㅆ, ㅃ,
ㅉ'은 음운으로는 분명 하나이지만, 문자로는 동일한 것이 합해진 겹자음자라
는 사실이다. 그렇기 때문에 자음자 배열에서 'ㄱ ㄲ ㄳ ㄴ ㄵ ㄶ' 방식의 순서
를 제시하는 것이다(2). 즉 겹자음자는 동질적 겹자음자와 이질적 겹자음자로
구분하는 셈이다. 이 책에서 다루는 것은 후자이다.

3. 15~19세기의 겹자음자

세종 임금이 훈민정음을 창제한 것은 일반 백성들이 쉽게 문자 생활을 할
수 있게 하기 위한 것이었다 그리하여 훈민정음 종성해에서는 소위 8종성가족
용이라 하여 받침에 사용하는 문자로 8자를 제시하고 있다.

(7) 훈민정음 종성해 및 합자해 규정

ㄱ. '훈민정음 종성해': 8종성가족용
然ㄱㆁㄷㄴㅂㅁㅅㄹ八字可足用也 如빗곶爲梨花 영의갗爲狐皮 而ㅅ字可以通用 故
只用ㅅ字
[그렇지만 'ㄱ, ㆁ, ㄷ, ㄴ, ㅂ, ㅁ, ㅅ, ㄹ' 여덟 글자로도 충분히 쓸 수 있다.
가령 '빗곶'이 배꽃이고 '영의갗'이 여우 가죽이지만, 'ㅅ'자로 통용할 수 있으므
로 오직 'ㅅ'자로 쓴다.]

ㄴ. 불휘기픈남ᄀᆞᆫ ᄇᆞᄅ 매아니뮐ᄊᆡ, 곶됴코 여름하ᄂᆞ니
ᄉᆡ미기픈므른 ᄀᆞᄆᆞ래아니그츨ᄊᆡ。 내히이러 바ᄅᆞ래가ᄂᆞ니   [용비어천가 2]

ㄷ. '훈민정음 합자해'
終聲二字三字用 如諺語흙爲土 낛爲釣 ᄃᆞᆳᄪᅢ爲戌時之類
[종성의 두세 자가 어울려서 쓰이는데, 우리말 '흙'이 흙(土)이 되고 '낛'이 낚시
[釣]가 되고 'ᄃᆞᆳᄪᅢ'가 술시(戌時)가 되곤 한다.]

(7ㄱ)에서는 'ㄱㆁㄷㄴㅂㅁㅅㄹ' 8자면 종성 표기로 충분하다고 설명
하고 있다. 그래서 '빗곶', '영의갗' 같은 표기는 '빗곳', '영의갓'으로 쓴다는
설명이다. 그런데 용비어천가와 월인천강지곡 같은 문헌을 보면 이 8자 아닌
표기가 많이 나타난다. (7ㄴ)은 용비어천가 2장인데, 여기에 보면 받침으로
'ㅍ, ㅈ, ㅋ, ㅊ, ㅎ'이 사용된 예를 볼 수 있다. 즉 '기픈, 곶, 됴코, 그츨ᄊᆡ,
내히'를 분철로 나타내 보면 그것을 확인할 수 있다.
그런데 (7ㄴ)에서는 '남ᄀᆞᆫ' 같은 예를 통해서 겹자음자 'ㄺ'도 받침자로 확인
할 수 있다. 이것은 단독형인 '나모'가 뒤에 'ㆍ' 보조사가 올 때 '닭'이라는

형태가 '나모'의 이형태라는 것을 전제할 때 나오는 주장이다. 또한 훈민정음 합자해에서는 (7ㄷ)의 '훍', '낛', '듨빼'에서 보듯이 'ㄺ', 'ㄳ', 'ㄽ', 'ㅴ'와 같은 겹자음자들이 사용되고 있음을 알 수가 있다. 종성 표기는 물론이고 'ㅴ'은 초성에서 나타나고 있음을 볼 수 있다. 결국 중세 국어 표기에서 8종성가족용은 원칙이었지만, 종성부용초성이라 하여 초성 표기를 종성 표기에 사용할 수도 있었음을 확인할 수 있다.[6]

(8) 중세국어의 겹자음자 유형

ㄱ. 이기문(1963:95, 115-128 ; 1992:55)
　초성　ㅺ ㅼ ㅽ　;　ㅳ ㅲ ㅄ ㅵ　;　ㅴ ㅵ
　종성　ㄺ ㄻ ㄼ　;　ㄳ ㄳ
　　　〈다른 용례〉싸히, 홅딘댄, 수픐ᄉ이, 힚ᄀ장

ㄴ. 홍종선(1982:476, 483): 겹받침 17자
　ㄳ ㄸ ㄵ ㄴㅿ ㄺ ㄾ ㄼ ㄹㅐ ㄽ ㄹㅿ ㅀ ㄿ ㅳ ㅄ ㆁㅅ ㄽ ㄹㅐㅅ (17)

현재 중세국어의 겹자음자를 전체 목록화한 연구물은 발견하기 쉽지 않다. 대표적인 연구물인 (8ㄱ)에서는 초성자로 'ㅺ ㅼ ㅽ　;　ㅳ ㅲ ㅄ ㅵ　;　ㅴ ㅵ'을 제시하고 있는데 흔히 ㅅ계, ㅂ계, ㅄ계라고 불리는 겹자음자들이다. 또

---

6) 중세국어 시기에 8종성가족용이라 하여 음소주의 표기법이 원칙이었고 'ㅋ, ㅌ, ㅍ' 등 다른 받침자를 쓸 수 있도록 하는 형태주의 표기법이 허용 사항이었다고 알려져 있다. 그런데 '용비어천가'와 '월인천강지곡'에서만 형태주의 표기법이 나타나는데, 이 두 책은 세종 자신이 직접 관여한 책이라는 점에서 세종은 개인적으로 형태주의 표기법의 필요성을 인정하고 있던 것이 아니겠느냐 하는 합리적인 생각을 해 볼 수가 있다.

한 종성자로 'ㄺ ㄻ ㄼ ; ㅧ ㄳ'을 제시하고 있다. 한편 (8ㄱ) 저서에서는 'ᄮᅡᄒᆡ, 호ᇙ딘댄, 수픐ᄉᆞ이, 히ᇝᄀᆞ장' 같은 용례를 발견할 수 있는데, 곧 초성에서 'ㅻ', 종성에서 'ㅭ, ㄽ, ㅯ'과 같은 겹자음자가 추가로 사용되었음을 확인할 수 있다.[7] 또한 (8ㄴ)에서는 중세 국어의 겹받침으로 17자를 제시하고 있다. 'ㄳ ㅦ ㅧ ㅨ ㄺ ㅪ ㄻ ㄼ ㄽ ㅬ ㅭ ㄿ ㅯ ㅄ ㆂ ㅩ ㅫ' 따위가 그것들인데, (8ㄱ)의 종성 표기와 그 숫자부터 큰 차이가 난다. 다시 말하면 (8)에 제시된 겹자음자가 중세 국어의 자음자 모두인 것은 아니라는 말이다.

(9) 옛말 사전의 자모자 종류 및 배열 순서

ㄱ. 남광우(1960), '고어사전'[8]

초성: ㄱ ㄲ ㅲ ㅴ ㅺ ㄴ ㅥ ㄷ ㄸ ㅳ ㅵ ㅼ ㄹ ㅁ ㅱ ㅂ ㅃ ㅽ ㅸ ㅅ ㅄ ㅆ ㅿ ㅇ ㆀ ㆆ ㆁ ㅈ ㅶ ㅾ ㅉ ㅊ ㅋ ㅌ ㅷ ㅍ ㆄ ㅎ ㆅ (39)

→ ㅲ ㅴ ㅺ ㅳ ㅵ ㅼ ㅽ ㅄ ㅶ ㅾ ㅷ (11)

중성: ㅏ ㆍ ㅐ ㆎ ㅑ ㅒ ㅓ ㅔ ㅕ ㅖ ㅗ ㅘ ㅙ ㅚ ㅛ ㆉ ㅜ ㅝ ㅞ ㅟ ㅠ ㆌ ㅡ ㅢ ㅣ (25)[9]

---

7) 물론 '호ᇙ딘댄, 수픐ᄉᆞ이, 히ᇝᄀᆞ장'에서 사용된 겹자음자 'ㅭ, ㄽ, ㅯ'의 뒤 'ㆆ, ㅅ, ㅅ'이 종성 표기가 아니라 'ㆆ'은 경음 부호, 'ㅅ'은 사잇소리 부호라고 말할 수는 있다. 그러나 외견상 종성 자리에 나타난 것은 분명하다.

8) (9ㄱ)은 이후 2015년에 개정되어 아래와 같이 나왔다.
남광우 편(2015), '교학 고어사전', 교학사.
초성: ㄱ ㄲ ㄴ ㅥ ㄷ ㄸ ㄹ ㅁ ㅂ ㅲ ㅳ ㅃ ㅄ ㅴ ㅵ ㅶ ㅷ ㅸ ㅅ ㅺ ㅼ ㅽ ㅆ ㅾ ㅿ ㆁ ㅇ ㆀ ㅈ ㅊ ㅋ ㅌ ㅍ ㅎ ㆅ ㆆ (36)
중성; ㅏ ㅐ ㅑ ㅒ ㅓ ㅔ ㅕ ㅖ ㅗ ㅘ ㅙ ㅚ ㅛ ㆉ ㅜ ㅝ ㅞ ㅟ ㅠ ㆌ ㅡ ㅢ ㅣ ㆍ ㆎ(25)
종성: ㄱ ㄳ ㄴ ㅦ ㅧ ㅨ ㄵ ㄶ ㄷ ㄹ ㄺ ㅩ ㅪ ㄻ ㄼ ㄽ ㅬ ㄿ ㅭ ㅁ ㅮ ㅯ ㅂ ㅄ ㅅ ㅿ ㆁ ㆂ ㅈ ㅊ ㅌ ㅍ (32)

9) 필요에 따라 편의상 중성자도 제시해 둔다. 이하 마찬가지다.

종성: ㄱ ㄳ ㄴ ㅧ ㅨ ㄵ ㄶ ㄷ ㄹ ㄺ ㅩ ㄻ ㄼ ㄹㅸ ㄽ ㅬ ㄾ ㄿ ㅭ
ㅀ ㅁ ㅁㄱ ㅯ ㅂ ㅸ ㅄ ㅅ ㅺ ㅼ ㅿ ㆁ (ㅇ) ㅈ ㅊ ㅌ ㅍ ㅎ (37)
→ ㄳ ㅧ ㅨ ㄵ ㄶ ㄺ ㅩ ㄻ ㄼ ㄹㅸ ㄽ ㅬ ㄾ ㄿ ㅭ ㅀ ㅁㄱ
ㅯ ㅄ ㅺ ㅼ (21)

ㄴ. 유창돈(1964), '이조어사전'
초성: ㄱ ㄲ ㅺ ㅴ ㅲ ㄴ ㅥ ㅻ ㄷ ㄸ ㅼ ㅵ ㅳ ㄹ ㅁ ㅱ ㅂ ㅃ ㅽ ㅸ ㅅ ㅆ ㅄ
ㅿ ㅇ ㆀ ㆁ ㆆ ㅈ ㅾ ㅉ ㅶ ㅊ ㅋ ㅌ ㅷ ㅎ ㆅ (38)
→ ㅺ ㅴ ㅲ ㅻ ㅼ ㅵ ㅳ ㅽ ㅄ ㅾ ㅶ ㅷ (12)
중성: ㆍ ㆎ ㅏ ㅐ ㅑ ㅒ ㅓ ㅔ ㅕ ㅖ ㅗ ㅘ ㅙ ㅚ ㅛ ㆉ ㅜ ㅝ ㅞ ㅟ ㅠ ㆌ ㅡ
ㅢ ㅣ (25)
종성: ㄱ ㄳ ㄴ ㅧ ㅨ ㄵ ㄶ ㄷ ㄹ ㄺ ㅪ ㄻ ㄼ ㄽ ㅬ ㅭ ㄾ ㄿ ㅀ
ㅁ ㅮ ㅯ ㅰ ㅂ ㅄ ㅅ ㅺ ㅼ ㅿ ㆁ ㅈ ㅊ ㅋ ㅌ ㅍ ㅎ (36)
→ ㄳ ㅧ ㅨ ㄵ ㄶ ㄺ ㅪ ㄻ ㄼ ㄽ ㅬ ㅭ ㄾ ㄿ ㅀ ㅮ ㅯ ㅰ
ㅄ ㅺ ㅼ (21)

〈표 8-1〉 남광우(1960)와 유창돈(1964)의 겹자음자

<table>
<tr><th></th><th></th><th>남광우(1960)</th><th>유창돈(1964)</th><th>겹자음자(1)</th><th>겹자음자(2)</th></tr>
<tr><td rowspan="2">초성</td><td></td><td>ㄱ ㄲ ㅲ ㅴ ㅺ ㄴ ㅥ ㄷ ㄸ ㅳ ㅵ ㅼ ㄹ ㅁ ㅱ ㅂ ㅃ ㅽ ㅸ ㅅ ㅄ ㅆ ㅿ ㅇ ㆀ ㆆ ㆁ ㅈ ㅶ ㅾ ㅉ ㅊ ㅋ ㅌ ㅷ ㅍ ㆄ ㅎ ㆅ (39)</td><td>ㄱ ㄲ ㅺ ㅴ ㅲ ㄴ ㅥ ㅻ ㄷ ㄸ ㅼ ㅵ ㅳ ㄹ ㅁ ㅱ ㅂ ㅃ ㅽ ㅸ ㅅ ㅆ ㅄ ㅿ ㅇ ㆀ ㆁ ㆆ ㅈ ㅾ ㅉ ㅶ ㅊ ㅋ ㅌ ㅷ ㅎ ㆅ (38)</td><td></td><td rowspan="4">ㄳ ㅧ ㅨ ㄵ ㄶ ㄺ ㅩ ㅪ ㄻ ㄼ ㄹㅸ ㄽ ㅬ ㄾ ㄿ ㅭ ㅀ ㅁㄱ ㅮ ㅯ ㅰ ㅲ ㅳ ㅄ ㅴ ㅵ ㅷ ㅺ ㅼ ㅽ ㅾ(31)</td></tr>
<tr><td>겹자
음자</td><td>ㅲ ㅴ ㅺ ㅳ ㅵ ㅼ ㅽ ㅄ ㅶ ㅾ ㅷ (11)</td><td>ㅺ ㅴ ㅲ ㅻ ㅼ ㅵ ㅳ ㅽ ㅄ ㅾ ㅶ ㅷ (12)</td><td>ㅲ ㅳ ㅄ ㅴ ㅵ ㅶ ㅺ ㅻ ㅼ ㅽ ㅾ ㅷ (12)</td></tr>
<tr><td>중성</td><td></td><td>ㅏ ㆍ ㅐ ㆎ ㅑ ㅒ ㅓ ㅔ ㅕ ㅖ ㅗ ㅘ ㅙ ㅚ ㅛ ㆉ ㅜ ㅝ ㅞ ㅟ ㅠ ㆌ ㅡ ㅢ ㅣ (25)</td><td>ㆎ ㅏ ㅐ ㅓ ㅔ ㅕ ㅖ ㅗ ㅘ ㅙ ㅚ ㅛ ㆉ ㅜ ㅝ ㅞ ㅟ ㅠ ㆌ ㅡ ㅢ ㅣ (22)</td><td></td></tr>
<tr><td>종성</td><td></td><td>ㄱ ㄳ ㄴ ㅧ ㅨ ㄵ ㄶ ㄷ ㄹ ㄺ ㅩ ㄻ ㄼ ㄹㅸ ㄽ ㅬ ㄾ ㄿ ㅭ ㅀ ㅁ ㅁㄱ ㅯ ㅂ ㅸ</td><td>ㄱ ㄳ ㄴ ㅧ ㅨ ㄵ ㄶ ㄷ ㄹ ㄺ ㅪ ㄻ ㄼ ㄽ ㅬ ㅭ ㄾ ㄿ ㅀ ㅁ ㅮ ㅯ ㅰ ㅂ ㅄ</td><td></td></tr>
</table>

		남광우(1960)	유창돈(1964)	겹자음자(1)	겹자음자(2)
		ㅄ ㅅ ㅺ ㅼ ㅿ ㆁ (ㅇ) ㅈ ㅊ ㅌ ㅍ ㅎ (37)	ㅅ ㅺ ㅼ ㅿ ㆁ ㅈ ㅊ ㅋ ㅌ ㅍ ㅎ(36)		
	겹자음자	ㄳ ㅧ ㅨ ㄵ ㄶ ㄺ ㅩ ㄻ ㄼ ㄹㅸ ㄽ ㅬ ㄾ ㄿ ㅭ ㅀ ㅁㄱ ㅯ ㅄ ㅺ ㅼ (21)	ㄳ ㅧ ㅨ ㄵ ㄶ ㄺ ㅪ ㄻ ㄼ ㄽ ㅬ ㅭ ㄾ ㄿ ㅀ ㅮ ㅯ ㅰ ㅄ ㅺ ㅼ (21)	ㄳ ㅧ ㅨ ㄵ ㄶ ㄺ ㅩ ㅪ ㄻ ㄼ ㄹㅸ ㄽ ㅬ ㄾ ㄿ ㅭ ㅀ ㅁㄱ ㅮ ㅯ ㅰ ㅄ ㅺ ㅼ (24)	

중세 국어의 겹자음자 표기를 모두 확인할 수 있는 자료는 그 시기의 어휘들을 담은 옛말 사전이다. (9ㄱ)은 '고어 사전'이라는 이름으로 나온 것이고 (9ㄴ)은 '이조어사전'이라는 이름으로 나온 것으로, 두 사전 모두 중세국어, 근대국어, 개화기 일부 시기의 우리말을 다룬 것으로 동일하다. 두 사전 모두 중성이 25자로 그 종류가 동일한데, 배열 순서는 차이가 난다.

(9ㄱ)은 초성 39개, 종성 37개를 제시하고 있고, (9ㄴ)은 초성 38개, 종성 36개를 제시하고 있다. (9ㄱ)에는 초성자 'ㅍ, ㆄ'이 있는데 (9ㄴ)에는 없고, (9ㄴ)에는 초성자 'ㅻ'이 있는데 (9ㄱ)에는 없다. 종성자를 비교해 보면, (9ㄱ) 37개 가운데 'ㅩ, ㄹㅸ, ㅁㄱ, ㅇ'이 (9ㄴ)에는 없고, (9ㄴ)에 있는 'ㅮ, ㅰ'이 (9ㄱ)에는 없다.

제8장은 15세기~19세기 옛말에서 겹자음자가 어떻게 사용되고 있었는지 살핀 것이다. 비록 (9ㄱ,ㄴ)에서 초성 겹자음자가 차이가 나긴 하지만 실제 쓰임에서 사용된 것들은 'ㅲ ㅳ ㅄ ㅴ ㅵ ㅶ ㅺ ㅻ ㅼ ㅽ ㅾ ㅷ'의 12개인 것을 알 수가 있다. 또한 종성 겹자음자는 전체 'ㄳ ㅧ ㅨ ㄵ ㄶ ㄺ ㅩ ㅪ ㄻ ㄼ ㄹㅸ ㄽ ㅬ ㄾ ㄿ ㅭ ㅀ ㅁㄱ ㅮ ㅯ ㅰ ㅄ ㅺ ㅼ'의 24개인 것을 볼 수가 있다. 여기서는 초성자와 종성자를 구분하지 않고 겹자음자를 살피고 있다. 이를 반영하면 전체 겹자음자는 'ㄳ ㅧ ㅨ ㄵ ㄶ ㄺ ㅩ ㅪ ㄻ ㄼ ㄹㅸ ㄽ ㅬ ㄾ ㄿ ㅭ ㅀ ㅁㄱ ㅮ ㅯ ㅰ ㅲ ㅳ ㅄ ㅴ ㅵ ㅷ ㅺ ㅼ

ㅽ ㅾ'의 31개가 다루어졌음을 알 수가 있다.

(9ㄱ,ㄴ)에서 자음자들의 배열 순서는 기본적으로 'ㄱ ㄴ ㄷ ㄹ ㅁ ㅂ ㅅ ㅇ ㅈ ㅊ ㅋ ㅌ ㅍ ㅎ' 순서를 따르고 있다. 겹자음자의 경우도 대개는 이런 순서를 따르지만 미시적으로 보면 그러지 않은 경우가 많이 나타난다. 특히 ㅂ계열과 ㅅ계열의 것들이 혼동되어 있는 경우가 많이 보인다. 위 도표에서 겹자음자(1), (2)는 엄격하게 앞 자를 중심으로 하여 그 순서를 글쓴이가 잡은 것이다.

(10) 홍윤표 외(1995), '17세기 국어사전', 자모자 종류 및 배열 순서 10)

초성: ㄱ ㄲ ㅲ ㅴ ㅺ ㄴ ㄷ ㄸ ㅳ ㅵ ㅼ ㄹ ㅁ ᄱ ㅂ ᄤ ㅄ ㅅ ㅄ ᄥ ㅆ ᄴ
ㅿ ㅇ ㅈ ᄦ ㅶ ㅾ ㅊ ᄷ ㅋ ᄸ ㅌ ㅷ ᄹ ㅍ ᄪ ᄺ ㅎ (ᄻ) (ㆅ) (41)
→ ㅲ ㅴ ㅺ ㅳ ㅵ ㅼ ᄱ ᄤ ㅄ ㅄ ᄥ ᄴ ᄦ ㅶ ㅾ ᄷ ᄸ ㅷ ᄹ ᄪ ᄺ (ᄻ)
(ㆅ) (23)

중성: ㅏ ㅐ ㅑ ㅒ ㅓ ㅔ ㅕ ㅖ ㅗ ㅘ ㅙ ㅚ ㅛ ㆈ ㅜ ㅝ ㅞ ㅟ ㅠ ㆌ ㅡ ㅢ
ㅣ ㆍ ㆎ (25)

종성: ㄱ ᇃ ㄳ ㄴ ㅦ ㅧ ㄶ ㄷ ᇊ ㄹ ㄺ ㅪ ㄻ ㄼ ㄽ ㄾ ㄿ ㅀ ㅁ

---

10) 박홍길(1995)에서는 국어 표기법의 변천에 관해서 살피고 있는데, 시기별로 겹자음자를 다음과 같이 제시하고 있다.
15세기 초성 ㅺ ㅼ ㅽ ㅾ ㅄ 종성 ㄺ ㄻ ㄼ
주시경(1907) ㄲ ㄺ ㄼ ㄻ ㅀ ㅄ ㄵ ㄾ
국문연구소(1909) 된소리 표기 ㅺ ㅼ ㅽ ㅾ ㅄ -> ㄲ ㄸ ㅃ ㅉ ㅆ
김두봉(1916, 1922) ㅺ ㅼ ㅽ ㅾ -> ㄲ ㄸ ㅃ ㅉ
총독부의 철자법
1912 보통학교언문철자법 ㄷ ㅈ ㅊ ㅌ ㅍ ㄲ ㅄ ㄳ 받침 부인
1921 보통학교 언문철자법 대요 ㄷ ㅈ ㅊ ㅌ ㅍ ㅎ ㄲ ㅄ ㄳ 받침 사용 보류
1930 ㄷ ㅌ ㅈ ㅊ ㅍ ㄲ ㄳ ㄵ ㄾ ㄿ ㅄ 받침 허용. 단 ㅎ은 허용하지 않음

ᄜ ᄢ ㅂ ᄠᄅ ᄡ ㅅ ᄼ ᄾ ㅈ ㅊ ㅋ ㅌ ㅍ ㅎ (34)

→ ᄀᄅ ᄀᄉ ㄸ ᄓ ᅝ ᄜ ᄙ ᄛ ᄘ ᄘ ᄙ ㄽ ᄙ ᄚ ᄜ ᄢ ᄠᄅ ᄡ ᄼ ᄾ (20)

(10)은 17세기 국어사전에 나타난 초성, 중성, 종성 자모자를 보인 것이다. 중성 모음자는 (9ㄱ,ㄴ)과 모두 동일하게 25자 제시되어 있다. 그런데 초성자와 종성자는 세 가지 사전이 모두 종류가 다르다. (10) 초성 자음자는 'ᄲ, ᄤ, ᄩ, ㅆ, ᄦ, ᄻ, ᄼ, ᄪ, ᄽ'이 추가되어 있다. 'ㄸ, ᄝ'은 (9ㄱ,ㄴ)에는 있으나 (10)에는 없다. (10) 종성 자음자는 'ᆰ, ㄸ, ᅂ, ᄡ'이 추가되어 있다. 물론 (9)의 'ㄴᅀ, ㄵ, ᄙᄉ, ᄘ, ㄹᅀ, ᄚ, ㅃ, ㅁᅀ'과 같은 겹자음자는 (10)에는 보이지 않는다.

(9)와 (10)에 제시된 겹자음자들은 해당 사전의 일러두기에서 밝힌 것들이다. 특히 근대국어 시기에는 표기의 혼철이 만연하기도 하였고, 소위 사잇소리 표기가 혼란스러운 경향을 보이기도 했었기 때문에 단순히 자료에 나타난 겹자음자 표기를 그대로 받아들이기는 쉽지 않을 수 있다. 그러나 당시 겹자음자의 사용 양상을 개략적으로나마 파악해 볼 수는 있다.

4. 20세기 국어사전의 겹자음자

앞서 (9), (10)에 제시된 옛말 사전들은 20세기 중후반에 나온 것들이지만 20세기 현대 국어를 다룬 것은 아니었다. 1929년에 조선어연구회 차원에서 조선말사전편찬회가 발족하고 현대적 의미에서 국어사전이 개발되기 시작하였다. 우여곡절 끝에 1942년 초에 조선말큰사전 초고가 완성되었고 사전 편찬을 목전에 둔 상황이었다. 그러나 1942년 10월 조선어학회 사건으로 현대적 의미의 국어사전 편찬은 무기한 연기될 수밖에 없었다. 이 사전 원고는 결국 (11ㄴ)의 모습으로 한참 후에 사전으로 발간되었다. 그 전에 (11ㄱ) '조선어사전'이 발간되어서, 결국 20세기 초중반에 두 권의 중요한 당시 현대 국어사전이 (11)에서처럼 등장하였다.

(11) 20세기 초중반 국어사전의 자모자 내용

ㄱ. 문세영(1938), '조선어사전', 'ㄱㄴㄷ 찾기'
　ㅏ ㅑ ㅓ ㅕ ㅗ ㅛ ㅜ ㅠ ㅡ ㅣ (10)
　ㄱ ㄴ ㄷ ㄹ ㅁ ㅂ ㅅ ㅇ ㅈ ㅊ ㅋ ㅌ ㅍ ㅎ (14)
　ㄱ ㄲ ㄳ ㄴ ㄵ ㄶ ㄷ ㄹ ㄺ ㄻ ㄼ ㄽ ㄾ ㄿ ㅀ ㅁ ㅳ ㅂ ㅄ ㅅ ㅆ ㅇ ㅈ ㅊ
　　ㅋ ㅌ ㅍ ㅎ ㅣ (29)
　→ ㄳ ㄵ ㄶ ㄺ ㄻ ㄼ ㄽ ㄾ ㄿ ㅀ ㅳ ㅄ (12)

ㄴ. 조선어학회(1947~1957)의 '(조선말) 큰사전', '범례'의 '어휘의 벌린 순서'
　모든 어휘는 각 음절(音節) 단위의 자모(字母) 차례를 따라 ㄱㄴㄷㄹㅁㅂㅅㅇㅈㅊ
ㅋㅌㅍㅎ ㅏ ㅑ ㅓ ㅕ ㅗ ㅛ ㅜ ㅠ ㅡ ㅣ의 순서로 벌리되, 찾기의 편의를 위하여
홑닿소리(單子音) ㄲ, ㄸ, ㅃ, ㅆ, ㅉ은 각각 ㄱ, ㄷ, ㅂ, ㅅ, ㅈ의 자리에 붙이어
넣고, 옛말의 ㅸ, ㅿ, ㆁ, ㆆ, ㅇㅇ, ㆅ, ·는 각각 ㅂ, ㅅ, ㅇ, ㅇ, ㅇ, ㅎ, ㅏ에 붙이어
넣었음.

ㄷ. 조선어학회(1933)의 '한글 마춤법 통일안'
　제1항 한글의 자모의 수는 24자로 하고, 그 순서는 다음과 같이 정한다.
　　　ㄱ ㄴ ㄷ ㄹ ㅁ ㅂ ㅅ ㅇ ㅈ ㅊ ㅋ ㅌ ㅍ ㅎ ㅏ ㅑ ㅓ ㅕ ㅗ ㅛ ㅜ ㅠ ㅡ ㅣ
　[부기] 전기의 자모로써 적을수가 없는 소리는 두개 이상의 자모를 어울러서 적기

로 한다.

ㄲ ㄸ ㅃ ㅆ ㅉ ㅐ ㅔ ㅚ ㅟ ㅒ ㅖ ㅘ ㅝ ㅙ ㅞ ㅢ

그런데 (11)의 두 사전에서는 초성과 종성에서 사용되는 겹자음자에 대한
정보를 정확하게 확인하기 어렵다. (11) '조선어사전'(1938)의 'ㄱㄴㄷ 찾기'
부분에서는 모음자도 모두 나와 있지 않고 자음자도 초종성이 확실하게 구분되
어 있지 않았다.11) 초성 자음자는 목차를 통해서 'ㄱ ㄴ ㄷ ㄹ ㅁ ㅂ ㅅ ㅇ
ㅈ ㅊ ㅋ ㅌ ㅍ ㅎ'의 14자를 추정해 볼 수 있고, 종성 자음자는 29개가 제시되
어 있는데, 소위 딴이 'ㅣ'가 맨 끝에 제시되어 있어서 이채롭다. 이들 가운데
겹자음자는 'ㄳ ㄵ ㅀ ㄺ ㄻ ㄼ ㄽ ㄾ ㄿ ㅀ ㅁ ㅄ' 12자이다. (11ㄴ) '조선말
큰사전'은 1929년 조선어사전편찬회 조직부터 따지면 근 40여 년 만에 나온
방대한 사전이다. 그렇지만 이 사전도 '어휘의 벌린 순서' 부분에서 정확한 자
모자가 제시되어 있지 않다. 겹자음자는 (11ㄴ)에 보이지 않는다. 이것은 (11
ㄴ) 사전의 자모자 제정의 기준이 되는 (11ㄷ) 규정 때문인 듯하다.12) 물론
(11ㄱ,ㄴ) 사전 표제어 하나하나에서는 겹자음자가 제시되어 있겠지만, 최소한
'범례'에서 생략됨으로 해서, 그 중요성이 인지되지 않았던 것으로 보인다.13)

---

11) (11ㄱ)에서 모음자가 10개만 제시된 것은 자음자에서 소위 딴이 'ㅣ'가 있었기 때문에
다른 것은 굳이 나타내지 않아도 됐을 수도 있다. 즉 'ㅏ'에 딴이 'ㅣ'를 붙이면 'ㅐ'가
만들어진다는 논리이다.

12) 최현배(1967:9, 16)에서는 큰 사전 6권이 다 완성된 뒤에 "아차 잊었다" 하는 듯이 홀소리
10자를 차례로 들어 놓았음을 적고 있다. 그러면서 아래와 같은 홀소리 닿소리의 종류와
순서를 제시하고 있다.

(二) ㅏㅐㅑㅒㅓㅔㅕㅖㅗㅘㅙㅚㅛㅜㅝㅞㅟㅠㅡㅢㅣ·ㅓㄱㄲㄳㄴㄵㄶ
ㄷㄸㄸㄹㄺㄻㄼㄽㄾㄿㅀㅁㅂㅃㅄㅅㅆㅳ ㅄ ㅶ ㅄㅶㅷㅄ ㅳ ㅸ ㅅㅓ
ㅿㅅㅆㅥㅿㅈㅊㅋㅌㅍㅎㆄㆆㅇㅇㆁㅎ(홀소리 25＋닿소리 54＝79)

13) 최근 국립국어원 누리집에 '근현대 국어사전'이라는 이름으로 '큰사전'의 한글 파일이 올라
와 있다. 옛 한글 입력 부분에는 아래의 내용이 올라와 있다. 여기서 볼 때 초성은 물론

(12) 20세기 중후반 국어사전의 자모자 내용

ㄱ. 이희승(1961, 1982), '국어대사전'

초성: ㄱ ㄲ ㄴ ㄴ ㄷ ㄸ ㄹ ㄹㅇ ㅁ ㅂ ㅲ ㅳ ㅄ ㅴ ㅵ ㅶ ㅷ ㅸ ㅅ ㅅ ㅺ �

ㅆ ㅆ ㅿ ㅇ ㆁ ㆆ ㅇㅇ ㅈ ㅉ ㅊ ㅋ ㅌ ㅍ ㅎ ㆅ (37)

→ ㄹㅇ ㅳ ㅄ ㅴ ㅵ ㅶ ㅷ ㅺ ㅼ � ㅆ (11)

중성: ㅏ ㅐ ㅑ ㅒ ㅓ ㅔ ㅕ ㅖ ㅗ ㅘ ㅙ ㅚ ㅛ ㆉ ㅜ ㅝ ㅞ ㅟ ㅠ ㆌ ㅡ ㅢ

ㅣ · ㆎ (25)

종성: ㄱ ㄲ ㄳ ㄴ ㄵ ㄶ ㄷ ㄹ ㄺ ㄻ ㄼ ㄽ ㄹㅌ ㄾ ㅀ ㅁ ㅯ ㅂ ㅄ ㅅ ㅺ ㅆ ㅿ

ㆁ ㅈ ㅊ ㅋ ㅌ ㅍ ㅎ (30)

→ ㄳ ㄵ ㄶ ㄹㅣ ㄻ ㄼ ㄽ ㄹㅌ ㄾ ㅀ ㅯ ㅄ ㅺ (12)

ㄴ. 신기철·신용철(1974), '새 우리말 큰사전'

초성: ㄱ ㄲ ㄴ ㄴ ㄷ ㄸ ㄹ ㄹㅇ ㅁ ㅂ ㅲ ㅳ ㅄ ㅴ ㅵ ㅶ ㅷ ㅸ ㅂ ㅸ ㅅ ㅅ ㅺ ㅄ

ㅆ ㅆ ㅿ ㅇ ㆁ ㆆ ㅇㅇ ㅈ ㅉ ㅊ ㅋ ㅌ ㅍ ㅎ ㆅ (37)

→ ㄹㅇ ㅳ ㅄ ㅴ ㅵ ㅶ ㅷ ㅺ ㅼ ㅄ ㅆ (11)

중성: ㅏ ㅐ ㅑ ㅒ ㅓ ㅔ ㅕ ㅖ ㅗ ㅘ ㅙ ㅚ ㅛ ㆉ ㅜ ㅝ ㅞ ㅟ ㅠ ㆌ ㅡ ㅢ

ㅣ ㆍ ㆎ (25)

종성: ㄱ ㄲ ㄳ ㄴ ㄵ ㄶ ㄷ ㄹ ㄺ ㄻ ㄼ ㄽ ㄹㅌ ㄾ ㅀ ㅁ ㅯ ㅂ ㅄ ㅅ ㅺ ㅆ ㅿ

ㅇ ㆁ ㅈ ㅊ ㅋ ㅌ ㅍ ㅎ (30)

→ ㄳ ㄵ ㄶ ㄹㅣ ㄻ ㄼ ㄽ ㄹㅌ ㄾ ㅀ ㅯ ㅄ ㅺ (12)

종성에서도 아주 많은 자음자들이 사용되었음을 알 수가 있다.

간~ㅡ	낚~텽	닪~ㄸ	랋~훼	맗~팅	밮~빙
ㅃㅺ~삣	ㅃ�~삥	삯~싫	쌔~찡	짜~쓸	사~싯
앉~욜	ㅇㅇㅏ~뿍	아~윅	잤~찡	찳~칚	칲~킹
탏~탵	핥~푼	핤~행	하~힝

(12)의 두 사전은 현대 국어를 중심으로 하고 옛말 국어까지 다룬 현대적 의미에서의 국어사전인데, 그곳 일러두기에서 제시하고 있는 자모자의 종류와 배열 순서를 볼 수가 있다. 이 두 사전은 자모자 종류와 배열 순서가 일치한다. 중성 모음자 25개도 그렇지만, 초성 자음자 37개와 종성 자음자 30개도 종류와 배열 순서가 같다. 마찬가지로 초성 겹자음자 'ㅭ ㅳ ㅄ ㅴ ㅵ ㅶ ㅷ ㅺ ㅼ ㅽ ㅾ'의 11개와 종성 겹자음자 'ㄳ ㄵ ㄶ ㄺ ㄻ ㄼ ㄽ ㄾㅀ ᇚ ㅄ ㅺ'의 12자도 같다. 아마도 시기적으로 볼 때 (12ㄱ)에서의 방식을 (12ㄴ)에서 그대로 적용한 것으로 보인다. 'ㅭ, ㅿ, ㆁ, ㆆ, ㆀ, ㆅ, ᇚ' 같은 표기들을 보면, 옛말 국어도 다루고 있음을 알 수가 있다. 초성도 그렇고 종성도 자음자들의 순서가 'ㄱ ㄴ ㄷ ㄹ ㅁ ㅂ ㅅ ㅇ ㅈ ㅊ ㅋ ㅌ ㅍ ㅎ'을 기본 배열 순서로 하고 겹자음자가 올 경우도 역시 이런 원칙을 홑자음자 차례대로 지키고 있음을 알 수가 있다. 즉 'ㅳ ㅄ ㅴ ㅵ' 순서를 보면 'ㅂ' 계열 안에서도 그다음 순서인 'ㅳ'이 먼저 'ㅄ'이 뒤에 오고, 'ㅄ' 계열 안에서도 'ㅴ'이 먼저 'ㅵ'이 뒤에 온다.

(13) 20세기 후반 국어사전의 자모자 내용

ㄱ. 김민수·고영근·임홍빈·이승재(1991), '국어대사전' '일러두기'

초성: ㄱ ㄲ ㅲ ㅴ ㅺ ㄴ ㅥ ㄷ ㄸ ㅳ ㅵ ㅼ ㄹ ᄛ ㅭ ㅁ ㅱ ㅂ ㅸ ㅃ ㅽ ㅅ ㅄ ㅆ ㅿ ㅇ ㆁ ㆆ ㆀ ㅈ ㅶ ㅾ ㅉ ㅊ ㅋ ㅌ ㅷ ㅍ ㅎ ㆅ (40)

→ ㅲ ㅴ ㅺ ㅳ ㅵ ㅼ ㅭ ㅽ ㅄ ㅶ ㅾ ㅷ (12)

종성: ㄱ ㄲ ㄳ ㄴ ㄵ ㄶ ㄷ ㄹ ㄺ ㄻ ㄼ ㄽ ㅬ ㅭ ㄾ ㄿ ㅀ ㅁ ᇚ ㅂ ㅄ ㅅ ㅺ ㅆ ㅇ ㆁ ㅈ ㅊ ㅋ ㅌ ㅍ ㅎ (32)

→ ㄳ ㄵ ㄶ ㄺ ㄻ ㄼ ㄽ ㅬ ㅭ ㄾ ㄿ ㅀ ᇚ ㅄ ㅺ (15)

모음: ㅏ ㅐ ㅑ ㅒ ㅓ ㅔ ㅕ ㅖ ㅗ ㅘ ㅙ ㅚ ㅛ ㆉ ㅜ ㅝ ㅞ ㅟ ㅠ ㆌ ㅡ ㅢ
ㅣ ㆍ ㆎ (25)

ㄴ. 한글학회(1992), ‘우리말 큰사전’ ‘올림말의 차례’

첫소리: ㄱ ㄲ ㄴ ㅥ ㄷ ㄸ ㄹ ㅁ ㅂ ㅲ ㅳ ㅃ ㅄ ㅴ ㅵ ㅶ ㅷ ㅸ ㅅ ㅺ ㅻ ㅼ
ㅽ ㅆ ᄶ ㅿ ㅇ ㆀ ㆆ ㆁ ㅈ ㅉ ㅊ ㅋ ㅌ ㅍ ㅎ ㆅ (38)
→ ㅲ ㅳ ㅄ ㅴ ㅵ ㅶ ㅷ ㅺ ㅻ ㅼ ㅽ ᄶ (12)

가운뎃소리: ㅏ ㅐ ㅑ ㅒ ㅓ ㅔ ㅕ ㅖ ㅗ ㅘ ㅙ ㅚ ㅛ ㆇ ㆈ ㆉ ㅜ ㅝ ㅞ ㅟ ㅠ
ㆊ ㆋ ㆌ ㅡ ㅢ ㅣ ᆜ ᆢ ㆍ ㆎ (31)

끝소리: ㄱ ㄲ ㄳ ㄴ ᄓ ㅦ ㅧ ㅨ ㄵ ㄶ ㄷ ㄹ ㄺ ㅪ ㅫ ㄻ ᇑ ㄼ ᇓ ㄽ
ㅬ ㄾ ㄿ ㅀ ㅁ ᇚ ㅮ ㅯ ㅰ ㅱ ㅂ ㅄ ㅸ ㅅ ㅆ ㅿ ㅇ ㆁ ᇬ
ㆂ ㅈ ㅊ ㅋ ㅌ ㅍ ㅎ (47)
→ ㄳ ᄓ ㅦ ㅧ ㅨ ㄵ ㄶ ㄺ ㅪ ㅫ ㄻ ᇑ ㄼ ᇓ ㄽ ㅬ ㄾ
ㄿ ㅀ ᇚ ㅮ ㅯ ㅰ ㅄ (24)

1988년에 ‘한글 맞춤법’이 국가 차원에서 공포되었다. 이에 맞추어서 (13ㄱ)이 등장하였다. 이 사전은 당시 많은 사용자 수를 기록하여 대중적인 사전으로 인식되었다. 그런데 이 사전은 모음자는 (12ㄱ,ㄴ)의 사전들과 동일하였지만, 자음자는 초성 자음자 40개, 종성 자음자 32개로 설정되어서 차이가 많았다. 특히 현대 국어에서 사용되지 않는 ‘ㅴ, ㅵ, ㅥ, ᄛ, ㅱ, ㅿ, ㆀ, ㆅ’ 등 것들이 다수 제시되었다. 다시 말하면 겉으로는 현대 국어사전을 표방했지만, 실제로는 통시적인 옛말까지 수록하고 있는 사전이었던 것이다.

한편 (13ㄴ)은 (11ㄴ)의 ‘큰사전’ 발간 이후 한글학회에서 많은 힘을 들여서 낸 사전으로서, 문제는 1988년의 한글 맞춤법을 따르지 않았다는 점이다. 그도 그럴 것이 오랫동안 공을 들여서 편찬 작업을 해 온 (13ㄴ)이기 때문에 기존의 한글학회 표기법을 준수할 수밖에 없었다. 그러다 보니 사전학사적으로 조선어학회의 '조선말큰사전'을 잇는 큰 의미는 있었지만, 대중성은 거의 없었다. 이 사전도 공시적 현대 국어를 주로 다루긴 했지만 역시 (13ㄱ)처럼 통시적 국어도 함께 다루고 있었다. 즉 첫소리 자음자도 그렇지만, 특히 끝소리 자음자를 47개나 수록하고 있다.

겹자음자만 주목하여 보면, 초성 겹자음자의 경우 (13ㄱ,ㄴ) 두 사전이 'ㅲ ㅴ ㅺ ㅳ ㅵ ㅼ ㄹㆆ ㅽ ㅄ ㅶ ㅾ ㅷ'의 12자를 설정하고 있는데, 이것은 (12ㄱ,ㄴ) 사전의 11자에다가 'ㅲ' 하나를 더한 것이다. 그런데 종성 자음자는 (13ㄱ)은 'ㄳ ㄵ ㄶ ㄺ ㄻ ㄼ ㄽ ㅬ ㅭ ㄾ ㄿ ㅀ ㅁㄱ ㅄ ㅺ'의 15자이어서 (12ㄱ,ㄴ)보다 3자 더 많을 뿐인데, (13ㄴ)은 'ㄳ ㄴㄱ ㅦ ㅧ ㅨ ㄵ ㄶ ㄺ ㄺㅈ ㅪ ㄻ ㄻㄱ ㄼ ㅫ ㄽ ㅬ ㄾ ㄿ ㅀ ㅁㄱ ㅮ ㅯ ㅰ ㅄ'의 24자나 제시되어 있어서 (12ㄱ,ㄴ)과 큰 차이를 보인다. (13ㄱ)보다 (13ㄴ)이 더욱 고어를 많이 수록한 것으로 이해된다.

5. 21세기 국어사전의 겹자음자

20세기에 나온 (12), (13)의 국어사전들도 기본적으로 현대 국어를 주 대상으로 하고 있지만, 옛말 표기에도, 특히 겹자음자에 한해서만 본다면 무척 많은 내용을 다루고 있었다. 이에 비해 21세기에 나온 (14) 고려대 한국어대사전에서는 그 중심을 현대 국어에 두고 있다.

(14) '고려대 한국어대사전'(2009)의 자모자 종류와 배열 순서

초성자: ㄱ ㄲ ㄴ ㄷ ㄸ ㄹ ㅁ ㅂ ㅃ ㅅ ㅆ ㅇ ㅈ ㅉ ㅊ ㅋ ㅌ ㅍ ㅎ (19)

중성자: ㅏ ㅐ ㅑ ㅒ ㅓ ㅔ ㅕ ㅖ ㅗ ㅘ ㅙ ㅚ ㅛ ㅜ ㅝ ㅞ ㅟ ㅠ ㅡ ㅢ ㅣ (21)

종성자: ㄱ ㄲ ㄳ ㄴ ㄵ ㄶ ㄷ ㄹ ㄺ ㄻ ㄼ ㄽ ㄾ ㄿ ㅀ ㅁ ㅂ ㅄ ㅅ ㅆ ㅇ ㅈ
ㅊ ㅋ ㅌ ㅍ ㅎ (27)

→ ㄳ ㄵ ㄶ ㄺ ㄻ ㄼ ㄽ ㄾ ㄿ ㅀ ㅄ (11)

(15) '표준국어대사전'(2024)의 자모자 종류와 배열 순서 (=1)

초성: ㄱ ㄲ ㄴ ㄷ ㄸ ㄹ ㅁ ㅂ ㅃ ㅅ ㅆ ㅇ ㅈ ㅉ ㅊ ㅋ ㅌ ㅍ ㅎ (19)

중성: ㅏ ㅐ ㅑ ㅒ ㅓ ㅔ ㅕ ㅖ ㅗ ㅘ ㅙ ㅚ ㅛ ㅜ ㅝ ㅞ ㅟ ㅠ ㅡ ㅢ ㅣ (21)

종성: ㄱ ㄲ ㄳ ㄴ ㄵ ㄶ ㄷ ㄹ ㄺ ㄻ ㄼ ㄽ ㄾ ㄿ ㅀ ㅁ ㅂ ㅄ ㅅ ㅆ ㅇ ㅈ
ㅊ ㅋ ㅌ ㅍ ㅎ (27)

→ ㄳ ㄵ ㄶ ㄺ ㄻ ㄼ ㄽ ㄾ ㄿ ㅀ ㅄ (11)

(14)에서는 중성자 'ㅏ ㅐ ㅑ ㅒ ㅓ ㅔ ㅕ ㅖ ㅗ ㅘ ㅙ ㅚ ㅛ ㅜ ㅝ ㅞ ㅟ
ㅠ ㅡ ㅢ ㅣ'의 21개를 설정하고 있는데, 이것은 앞서 (12), (13)에서 제시된
25 모음자 가운데, 현재 사용되지 않는 'ㆉ ㆌ ㆍ ㆎ'의 4자를 제외한 것이다.
또한 초성자 'ㄱ ㄲ ㄴ ㄷ ㄸ ㄹ ㅁ ㅂ ㅃ ㅅ ㅆ ㅇ ㅈ ㅉ ㅊ ㅋ ㅌ ㅍ ㅎ'의
19개를 제시하고 있는데, 이것도 현대 국어에서는 사용되지 않는 것들을 제외
한 것이다. 물론 종성자도 마찬가지인데, 'ㄱ ㄲ ㄳ ㄴ ㄵ ㄶ ㄷ ㄹ ㄺ ㄻ ㄼ
ㄽ ㄾ ㄿ ㅀ ㅁ ㅂ ㅄ ㅅ ㅆ ㅇ ㅈ ㅊ ㅋ ㅌ ㅍ ㅎ'의 27개 종성 자음자도
현대 국어에서만 사용되는 것들이다. 이것 가운데 겹자음자는 'ㄳ ㄵ ㄶ ㄺ

ᆱ, ᆲ, ᆳ, ᆴ, ᆵ, ᆶ, ㅄ'의 11자로 한정되어 있다. 이것들 역시 현대 국어에서 사용되는 것만 제시한 것이다. (15)는 앞서 (1)에서도 살핀 것인데, 자모자의 종류와 배열 순서가 중성자 11개, 초성자 19개, 종성자 27개로 (14)와 정확히 일치한다. 그것은 본래 (14), (15)가 모두 '한글 맞춤법'(1988)에서 규정한 것을 그대로 따른 것이기 때문이다.

(16) 북한 '조선말대사전'(2006, 2017)의 자모자 종류와 배열 순서 (=3)

자음: ㄱ, ㄴ, ㄷ, ㄹ, ㅁ, ㅂ, ㅅ, (ㅇ), ㅈ, ㅊ, ㅋ, ㅌ, ㅍ, ㅎ, ㄲ, ㄸ, ㅃ, ㅆ, ㅉ (19)

모음: ㅏ, ㅑ, ㅓ, ㅕ, ㅗ, ㅛ, ㅜ, ㅠ, ㅡ, ㅣ, ㅐ, ㅒ, ㅔ, ㅖ, ㅚ, ㅟ, ㅢ, ㅘ, ㅝ, ㅙ, ㅞ (21)

받침: ㄱ, ㄳ, ㄴ, ㄵ, ㄶ, ㄷ, ㄹ, ㄺ, ㄻ, ㄼ, ㄽ, ㄾ, ㄿ, ㅀ, ㅁ, ㅂ, ㅄ, ㅅ, ㅇ, ㅈ, ㅊ, ㅋ, ㅌ, ㅍ, ㅎ, ㄲ, ㅆ (27)

→ ㄳ, ㄵ, ㄶ, ㄺ, ㄻ, ㄼ, ㄽ, ㄾ, ㄿ, ㅀ, ㅄ (11)

(16)은 앞서 (3)에서 제시한 것인데 초성 자음자 19개, 중성 모음자 21개, 종성 받침 27개로 (14), (15)와 동일하다. (16) '자음'의 '(ㅇ)'은 실제 사전에서의 배열 위치는 맨 뒤로 되어 있으며, (14), (15)와 달리 'ㄲ, ㄸ, ㅃ, ㅆ, ㅉ'이 뒤로 가 있다. '받침'으로 표시된 종성 자음자에서도 'ㄲ, ㅆ'이 맨 뒤에 위치해 있으며, 다른 것들은 (14), (15)와 동일하다. (16) 모음자의 배열 순서는 일단 'ㅏ, ㅑ, ㅓ, ㅕ, ㅗ, ㅛ, ㅜ, ㅠ, ㅡ, ㅣ'를 먼저 배치하고, 이어서 'ㅐ, ㅒ, ㅔ, ㅖ, ㅚ, ㅟ, ㅢ'에서 보듯이 이것들에 'ㅣ'를 붙인 형태를 제시하고 맨 뒤에 'ㅘ, ㅝ, ㅙ, ㅞ'를 순서대로 배열하고 있다.

〈표 8-2〉 남북한 겨레말큰사전 편찬사업 자모자 합의안

	남한	북한	합의안
초성	ㄱ ㄲ ㄴ ㄷ ㄸ ㄹ ㅁ ㅂ ㅃ ㅅ ㅆ ㅇ ㅈ ㅉ ㅊ ㅋ ㅌ ㅍ ㅎ (19)	ㄱ ㄴ ㄷ ㄹ ㅁ ㅂ ㅅ ㅈ ㅊ ㅋ ㅌ ㅍ ㅎ ㄲ ㄸ ㅃ ㅆ ㅉ ㅇ (19)	ㄱ ㄴ ㄷ ㄹ ㅁ ㅂ ㅅ ㅇ ㅈ ㅊ ㅋ ㅌ ㅍ ㅎ ㄲ ㄸ ㅃ ㅆ ㅉ (19)
종성	ㄱ ㄲ ㄳ ㄴ ㄵ ㄶ ㄷ ㄹ ㄺ ㄻ ㄼ ㄽ ㄾ ㄿ ㅀ ㅁ ㅂ ㅄ ㅅ ㅆ ㅇ ㅈ ㅊ ㅋ ㅌ ㅍ ㅎ (27)	ㄱ ㄳ ㄴ ㄵ ㄶ ㄷ ㄹ ㄺ ㄻ ㄼ ㄽ ㄾ ㄿ ㅀ ㅁ ㅂ ㅄ ㅅ ㅇ ㅈ ㅊ ㅋ ㅌ ㅍ ㅎ ㄲ ㅆ (27)	ㄱ ㄴ ㄷ ㄹ ㅁ ㅂ ㅅ ㅇ ㅈ ㅊ ㅋ ㅌ ㅍ ㅎ ㄲ ㄳ ㄵ ㄶ ㄺ ㄻ ㄼ ㄽ ㄾ ㄿ, ㅀ ㅄ ㅆ (27)

〈표8-2〉는 실제 남북한 국어사전, 즉 표준국어대사전(2024)과 조선말대사전(2017)에서 자음자의 종류 및 배열 순서를 보이고, 또 2008년 남북한 겨레말큰사전편찬위원회에서 합의한 자음자 종류 및 배열 순서를 보이고 있다.

초성 합의안을 보면, 앞 부분에는 남한의 방식대로 'ㄱ ㄴ ㄷ ㄹ ㅁ ㅂ ㅅ ㅇ ㅈ ㅊ ㅋ ㅌ ㅍ ㅎ'을 먼저 두고 뒤 부분에는 북한의 방식대로 'ㄲ ㄸ ㅃ ㅆ ㅉ'을 위치해 두었다. 그리고 종성 합의안을 보면, 역시 앞 부분에는 초성과 같이 'ㄱ ㄴ ㄷ ㄹ ㅁ ㅂ ㅅ ㅇ ㅈ ㅊ ㅋ ㅌ ㅍ ㅎ'을 먼저 두고, 뒤 부분에는 'ㄲ ㄳ ㄵ ㄶ ㄺ ㄻ ㄼ ㄽ ㄾ ㄿ, ㅀ ㅄ ㅆ' 순서로 두고 있다. 이것은 'ㄲ ㅆ'을 하나의 문자가 아닌 두 개의 겹문자로 인식한 태도를 보여 주며, 이에 따라 'ㄱ ㄴ ㄹ ㅂ ㅅ'을 앞에 두고 각각에 'ㄱ ㅅ ; ㅈ ㅎ ; ㄱ ㅁ ㅂ ㅅ ㅌ ㅍ ㅎ ; ㅅ ; ㅅ'을 이어서 겹자음자로 본 입장을 보이고 있다.

6. 맺음말

6.1. 겹자음자 종합

지금까지 여러 사전에 나타난 자음자, 특히 겹자음자에 대하여 살펴보았다. 겹자음자에 관한 한 초성 자음자와 종성 자음자가 서로 다르게 제시된 것들이 대부분이었고 최근 표준국어대사전(2024), 조선말대사전(2017), 고려대 한국어대사전(2009)에서는 겹자음자가 종성 받침에서만 나타나 있었다. 여기서 겹자음자는 된소리 표기인 'ㄲ, ㅆ' 같은 것을 제외한 서로 다른 홑자음자가 복합되어 있는 것에 한정해서 보도록 한다. 이제 이들 겹자음자가 초성과 종성에서 나타난 상황을 사전별로 도표로 제시해 보면 다음과 같다.

〈표 8-3〉 국어사전 '일러두기'에서 제시된 겹자음자 목록

사전	위치	종류	개수	사전 명
문세영(1938)	초성	없음		조선어사전
	받침	ㄳ ㄵ ㄶ ㄺ ㄻ ㄼ ㄽ ㄾ ㅀ ㅁ ㅄ (12)	12	
조선어학회(1947~1957)	초성			큰사전
	종성			
남광우(1960)	초성	ㅂ ㅄ ㅅ ㅳ ㅵ ㅄ ㅶ ㅄ ㅼ ㅄ ㅄ (11)	11	고어사전
	종성	ㄳ ㄴ ㄵ ㅿ ㄶ ㄺ ㄺ ㄹ ㄹ ㄼ ㄽ ㄹ ㄺ ㄹ ㅀ ㅀ ㅁ ㅁ ㅄ ㅅ ㅅ (21)	21	
유창돈(1964)	초성	ㅅ ㅄ ㅂ ㅅ ㅅ ㅳ ㅄ ㅄ ㅄ ㅄ ㅶ ㅄ (12)	12	이조어사전
	종성	ㄳ ㄴ ㄴ ㅿ ㄵ ㄶ ㄺ ㄹ ㄹ ㄺ ㄹ ㄹ ㄹ ㅀ ㄾ ㄿ ㅁ ㅁ ㅁ ㅿ ㅄ ㅅ ㅅ (21)	21	
홍윤표 외(1995)	초성	ㅂ ㅄ ㅅ ㅳ ㅄ ㅄ ㅼ ㅃ ㅄ ㅄ ㅆ ㅄ ㅄ ㅄ ㅄ ㅅ ㅄ ㅄ ㅅ ㅄ ㅄ (ᄴ) (22)	22	17세기 국어사전
	종성	ㄱㄹ ㄳ ㄸ ㅆ ㄶ ㅁ ㄹ ㄺ ㄹ ㄹ ㄺ ㄹ ㅀ ㅁ ㅄ ㅂㄹ ㅄ ㅅ ㅅ (20)	20	
이희승(1961, 1982)	초성	ㄹㅎ ㅳ ㅄ ㅄ ㅄ ㅄ ㅄ ㅄ ㅅ ㅅ ㅄ ㅆ (11)	11	국어대사전
	종성	ㄳ ㄵ ㄶ ㄺ ㄻ ㄼ ㄽ ㄾ ㅀ ㅁ ㅄ ㅅ (12)	12	
신기철·신용철(1974)	초성	ㅳ ㅄ ㅄ ㅄ ㅄ ㅄ ㅅ ㅅ ㅅ ㅆ (10)	11	새 우리말

사전	위치	종류	개수	사전 명
	종성	ㄳ ㄵ ㄶ ㄺ ㄻ ㄼ ㄽ ㄾ ㅀ ㅁㄱ ㅄ ㅺ (12)	12	대사전
김민수 외(1991)	초성	ㅲ ㅴ ㅺ ㅳ ㅵ ㅼ ㄹㆆ ㅽ ㅄ ㅶ ㅾ ㅷ (12)	12	국어대사전
	종성	ㄳ ㄵ ㄶ ㄺ ㄻ ㄼ ㄽ ㄹㅿ ㄹㆆ ㄾ ㄿ ㅀ ㅁㄱ ㅄ ㅺ (15)	15	
한글학회(1992)	첫소리	ㅲ ㅳ ㅄ ㅴ ㅵ ㅶ ㅷ ㅺ ㅻ ㅼ ㅽ ㅾ (12)	12	우리말 대사전
	끝소리	ㄳ ㄴㄱ ㄴㄷ ㄴㅅ ㄴㅿ ㄵ ㄶ ㄺ ㄺㅈ ㄹㄷ ㄻ ㄻㄱ ㄼ ㄼㅅ ㄽ ㄹㅿ ㄾ ㄿ ㅀ ㅁㄱ ㅁㅂ ㅁㅅ ㅁㅿ ㅄ (24)	24	
국립국어원(1999)	초성자			표준국어 대사전
	종성자	ㄳ ㄵ ㄶ ㄺ ㄻ ㄼ ㄽ ㄾ ㄿ ㅀ ㅄ (11)	11	
고려대(2009)	초성자			한국어 대사전
	종성자	ㄳ ㄵ ㄶ ㄺ ㄻ ㄼ ㄽ ㄾ ㄿ ㅀ ㅄ (11)	11	
사회과학출판사(2017)	초성			조선말 대사전
	받침	ㄳ ㄵ ㄶ ㄺ ㄻ ㄼ ㄽ ㄾ ㄿ ㅀ ㅄ (11)	11	
종합	초성	ㄹㆆ ㅲ ㅳ ㅄ ㅴ ㅵ ㅂㅆ ㅂㅅㅈ ㅶ ㅷ ㅂㅍ ㅺ ㅻ ㅼ ㅅㅁ ㅆ ㅽ ㅾ ㅅㅊ ㅅㅋ ㅅㅌ ㅅㅍ ㅅㅎ (23)	23	
	종성	ㄱㄹ ㄳ ㄴㄱ ㄴㄷ ㄴㅅ ㄴㅿ ㄵ ㄶ ㄷㄱ ㄺ ㄺㅅ ㄺㅈ ㄹㄷ ㄻ ㄻㄱ ㄼ ㄹㅸ ㄼㅅ ㄽ ㄹㅿ ㄹㆆ ㄾ ㄿ ㅀ ㅁㄱ ㅁㅂ ㅁㅅ ㅁㅿ ㅂㄹ ㅄ ㅺ ㅼ (32)	32	

이들 가운데 남광우(1960), 유창돈(1964), 홍윤표 외(1995)는 옛말 사전들이다. 즉 중세 국어 혹은 근대 국어를 다루고 있다는 말이다. 이희승(1961, 1982), 신기철·신용철(1974), 김민수 외(1991), 한글학회(1992)는 현대어를 중심으로 하면서 옛말도 다수 싣고 있는 차이가 있다. 이것은 곧 겹자음자들의 분포 양상의 차이를 가져다 준다.

문세영(1938)에서는 'ㄱ ㄴ ㄷ ㄹ ㅁ ㅂ ㅅ ㅇ ㅈ ㅊ ㅋ ㅌ ㅍ ㅎ'의 14자 초성자만 나와 있고 초성 겹자음자 자체가 나와 있지 않다. 다른 사전들에서 보면 초성 겹자음자가 10~12개가 설정되어 있음을 볼 수 있다. 최근의 것인 한글학회(1992)에서는 'ㅲ ㅳ ㅄ ㅴ ㅵ ㅶ ㅷ ㅺ ㅻ ㅼ ㅽ ㅾ'의 순서대로 12개가 제시되어 있는데, 앞이 'ㅂ' 혹은 'ㅅ'으로 나와 있고 각각 다음에 'ㄱ ㄷ ㅅ ㅺ ㅼ ㅈ ㅌ'과 'ㄱ ㄴ ㄷ ㅂ ㅈ'이 후행하고 있다. 가나다 순으로 제시되어 있는 것을 볼 수 있다. 이에 비해서 김민수 외(1991)에서는 역시 같은 12자를 제시하고 있는데 그 순서는 'ㅲ ㅴ ㅺ ㅳ ㅵ ㅼ ㄹㆆ ㅽ ㅄ ㅶ ㅾ ㅷ'으로 되어 있어서 다른 양상을 보인다. 앞이 아니라 맨 뒤의 것을 기준으로 해서 'ㅲ ㅴ ㅺ'의 'ㄱ'류, 'ㅳ ㅵ ㅼ'의 'ㄷ'류, 'ㄹㆆ'의 'ㆆ'류, 'ㅽ ㅄ'의 'ㅅ'류, 'ㅶ ㅾ'의 'ㅈ'류, 마지막 'ㅷ'의 'ㅌ'류가 제시되어 있다. 즉 맨 뒤의 것이 기준이 되고 그 앞에 오는 것은 순서대로 제시되고 있다.

맨 앞에 오는 것을 기준으로 하는 것은 남광우(1960), 이희승(1961), 신기철·신용철(1974)이고, 맨 뒤에 오는 것을 기준으로 하는 것은 유창돈(1964), 홍윤표 외(1995)이다. 어느 것이 합리적 혹은 용이성에서 점수를 더 받을 수 있을까? 필자는 전자, 즉 맨 앞에 오는 것부터 순서대로 하는 것이 낫다는 생각을 한다. 〈표8-3〉의 여러 사전에서 초성 겹자음자가 차이 나는 것은 대개 'ㄹㆆ, ㅲ, ㅵ, ㅻ'을 어떻게 처리하느냐에 달려 있다. 참고로 한글학회(1992)에서는 'ㄹㆆ'을 제외하고 있으며, 김민수 외(1991)에서는 'ㅻ'을 제외하고 있는 차이를 보인다.

〈표 8-3〉에 제시된 초성 겹자음자는 총 숫자가 23개이며, 그 구체적인 것들은 'ㄹㆆ ㅲ ㅳ ㅄ ㅴ ㅵ ᄥ ᄦ ㅶ ㅷ ᄪ ㅺ ㅻ ㅼ ᄱ ᄊ ㅽ ㅾ ᄷ ᄸ ᄹ ᄺ ᄻ'이다. 이것들의 배열 순서는 자음자 순서대로 앞에서부터 배열한 것이다. 한편 안정기에 접어든 표준국어대사전(2024), 고려대 한국어대사전(2009), 조선말대사전(2017)에서는 초성 겹자음자를 하나도 설정하지 않고 있다.

그동안 논의가 많았던 것은 종성 겹자음자들이다. 특히 국문연구소의 '국문연구의정안'에서 종성 겹자음자를 어떻게 표기할 것인가가 논의의 중요 대상이었다. 우여곡절 끝이 현재는 형태주의를 기본으로 해서 종성 겹자음자를 인정하고 있는 실정이다. 그 결과물은 바로 〈표 8-3〉의 국립국어원의 표준국어대사전(2024), 고려대 한국어대사전(2009), 북한 조선말대사전(2017)의 종성 겹자음자, 'ㄳ ㄵ ㄶ ㄹ ㄼ ㄽ ㄾ ㄿ ㅀ ㅄ'의 11자이다.

일단 고무적인 것은 비교적 이 세 가지 국어사전들뿐만이 아니라, 김민수 외(1991), 한글학회(1992) 등 모든 국어사전에서 겹자음자를 맨 앞에서부터 가나다 순서대로 제시하고 있다는 점이다. 〈표 8-3〉에서 종성 겹자음자로 제시된 것은 적게는 최근 세 가지 사전들에서 설정한 11개로부터 많게는 24개까지 무척 다양하다. 여기 제시된 모든 겹자음자들을 하나하나 합하면 전체 32개나 된다. 이것들을 맨 앞 문자부터 가나다순으로 나열해서 제시하면 'ㄺ ㄳ ㅺ ㄸ ㄽ ㄴㅿ ㄵ ㄶ ㄷㄱ ㄹ ㄽ ㄽ ㄽ ㄹㅁ ㄺㄱ ㄹㅁ ㄹㅂ ㄽ ㄽ ㄹㅿ ㄹㅎ ㄾ ㄿ ㅀ ㅁㄱ ㅁㅁ ㅄ ㅁㅿ ㅂㄹ ㅄ ㅅ ㅶ'로 해 볼 수가 있다. 물론 이들 대부분은 현대어에서는 사용되지 않고, 단지 'ㄳ ㄵ ㄶ ㄹ ㄼ ㄽ ㄾ ㄿ ㅀ ㅄ'의 11자만이 사용되고 있다.

6.2. 겹자음자 논의 과제

겹자음자 논의를 하다 보니까, 결국 남북한 통일 겹자음자를 다시 한번 생각해 보게 된다. 〈표 8-2〉에서도 본 바 있지만, 초성 자음자와 종성 자음자가 달리 쓰이는 현실을 반영하여 (17)과 같은 안이 도출되었다.

(17) 남북 자음자 합의안

초성: ㄱ ㄴ ㄷ ㄹ ㅁ ㅂ ㅅ ㅇ ㅈ ㅊ ㅋ ㅌ ㅍ ㅎ ㄲ ㄸ ㅃ ㅆ ㅉ (19)
종성: ㄱ ㄴ ㄷ ㄹ ㅁ ㅂ ㅅ ㅇ ㅈ ㅊ ㅋ ㅌ ㅍ ㅎ ㄲ ㄳ ㄵ ㄶ ㄹ ㄼ ㄽ ㄽ
　　　 ㄾ ㄿ ㅀ ㅄ ㅆ (27)

(17)에서 초성자에서 'ㄲ ㄸ ㅃ ㅆ ㅉ'을 뒤로 놓은 것은 이것들을 각각 두 개의 문자가 합해진 것이라는 반영하여, 앞의 'ㄱ ㄴ ㄷ ㄹ ㅁ ㅂ ㅅ ㅇ ㅈ ㅊ ㅋ ㅌ ㅍ ㅎ'은 하나의 문자가 나열된 것이니, 이것을 먼저 앞에 두고 두 개씩 합해진 것은 순서에 따라 뒤에 둔다는 것이다. 마찬가지 논리로 종성자도 하나로 이루어진 것은 앞에, 두 개로 이루어진 것은 뒤에 놓는다는 것이며, 두 개로 이루어진 것들은 또 나름대로의 원칙에 맞추어서 'ㄱ ㄴ ㄹ ㅂ ㅅ' 순서대로 하는데, 각각 뒤에 다시 'ㄱ ㅅ', 'ㅈ ㅎ', 'ㄱ ㅁ ㅂ ㅅ ㅌ ㅍ ㅎ', 'ㅅ', 'ㅅ'을 둔다는 것이다.

(18) 남북 자음자 합의의 다른 안

초성: ㄱ ㄲ ㄴ ㄷ ㄸ ㄹ ㅁ ㅂ ㅃ ㅅ ㅆ ㅇ ㅈ ㅉ ㅊ ㅋ ㅌ ㅍ ㅎ (19)
종성: ㄱ ㄲ ㄳ ㄴ ㄵ ㄶ ㄷ ㄹ ㄺ ㄻ ㄼ ㄽ ㄾ ㄿ ㅀ ㅁ ㅂ ㅄ ㅅ ㅆ ㅇ ㅈ
　　　ㅊ ㅋ ㅌ ㅍ ㅎ (27)

그런데 (17)은 자음자를 홑자음자와 겹자음자로 나눈다는 것을 전제한 것으로서, 특히 사전에서 단순 글자로서 이들을 나열한다는 기준과는 차이가 있어 보인다. 즉 단순한 문자 차원의 것이니 2차원이 아니라 1차원 차원에서 배열하는 것이 낫지 않겠는가 하는 것이다. (18)은 이런 점을 반영하여 1차원적으로 초성과 종성 자음자들을 단순 배열한 것이다.

초성자를 보면 'ㄱ ㄴ ㄷ ㄹ ㅁ ㅂ ㅅ ㅇ ㅈ ㅊ ㅋ ㅌ ㅍ ㅎ' 순서에다가 중간중간 'ㄲ ㄸ ㅃ ㅆ ㅉ'을 바로바로 후행하여 배열한 것이다. 마찬가지로 종성자의 배열에서도 이러한 원칙이 적용된다. 'ㄱ ㄴ ㄷ ㄹ ㅁ ㅂ ㅅ ㅇ ㅈ ㅊ ㅋ ㅌ ㅍ ㅎ'이라는 기본적인 순서에다가 역시 해당 홑자음자로 시작하는 겹자음자를 바로 뒤에 두는 방식이다. 'ㄱ ㄲ ㄳ'을 보면 바로 이런 원리를 알 수가 있다. 'ㄱ'을 두고 이어서 'ㄱ'으로 시작하는 'ㄲ ㄳ'이 오는데, 'ㄱ' 바로 뒤에 다시 'ㄱ, ㅅ'이 위치하는 것이다. 이렇게 하면 초성 자음자 배열이든 종성 자음자 배열이든 모두 동일한 원리에 의해서 자음자들을 배열할 수 있게 된다.

결론: 요약 및 과제

제9장

결론: 요약 및 과제

　지금까지 아래와 같은 순서로 한글 자모자에 대하여 그 명칭과 종류와 배열 순서를 자세히 고찰하여 보았다.

1. 서론: 기초적 검토
2. 한글 자음자의 명칭에 대한 고찰
3. 한글의 자음자 이름을 '가, 나, 다...'로 하면 어떨까?
4. 한글 자음자의 종류와 배열 순서
5. 한글 모음자의 명칭에 대한 고찰
6. 한글 모음자의 종류와 배열 순서
7. 받침자 소위 딴이 'ㅣ'에 대한 고찰
8. 겹받침자의 종류와 배열 순서
9. 결론: 요약 및 과제

　특히 이 책에서는 15세기 훈민정음 창제 시부터 시작하여 2024년 지금까지 나온 주요 문헌에 제시되어 있는 한글 자음자와 모음자에 대한 기록을 역사적으로 검토하였다. 현재의 한글 자음자와 모음자가 정해지기까지의 과정을 통시적으로 하나하나 살펴보았으며, 나아가 남북한 통일안을 모색해 보기도 하였다. 이제 각 장의 내용을 요약하고 체계성, 과학성, 용이성을 특징으로 하는 한글의 가치를 더욱 드높일 수 있는 방안을 과제로 제시해 보도록 한다.

1. 요약

첫째, 1장에서는 한글 자모자의 명칭과 종류와 배열 순서를 살펴보기 전에 몇 가지 용어들에 대해서 검토하고 이 책에서 역사적 자료로 제시되는 주요 논저들을 제시하였다. 자음과 모음이 음운론적 용어임에 비해서 자모(字母)는 음소 문자 체계에 쓰이는 낱낱의 글자이고, 자모자(字母字)는 표음 문자 가운데 음소 단위의 음을 표기하는 문자로서, 한글이나 로마 자와 같은 음소 문자를 가리킨다. 이 책에서 많이 쓰이는 자음자(子音字)는 자음을 나타내는 자모나 글자이고, 모음자(母音字)는 모음을 나타내는 자모나 글자를 뜻한다.

한글 자모자를 다룬 역사적 문헌은 그리 많지 않다. 기본적으로 '훈민정음'(1446)을 비롯하여 '사성통고'(1455), '훈몽자회'(1527), '조선언문'(1719), '삼운성휘'(1751), '화동음원'(1800), '언문지'(1824), '언음첩고'(1846), '동문자모분해'(1869), '국문정리'(1897), '신정국문'(1905), '국문연구의정안'(1909), '한글 맞춤법 통일안'(1933), '한글 맞춤법'(1988), '조선말규범집'(2010) 등 60여 편의 자료들이 소개되었다.

둘째, 2장에서는 한글 자음자의 명칭에 대하여 고찰해 보았다. 현행 '기역, 디귿, 시옷'이라는 이름이 어떻게 해서 정착되었는지 먼저 살펴보았는데, 여러 문헌을 살펴본 결과 '기윽, 디은, 시읏'으로 이름이 바뀌어야 할 근거가 충분하다는 결론에 이르렀다. 그것뿐이 아니라 '기니디리', '그느드르', '가나다라' 등 다양한 명명 방식이 있음을 밝혔으며, 어느 것이 가장 이상적인 한글 자음자 명명 방식일지 몇 가지 안을 제시하여 보았다.

1443년에 창제된 훈민정음의 자모자는 이름이 문헌에서 명확하게 제시되지 않았었고, 단지 1527년에 '훈몽자회' 범례 언문자모 부분에서 구체적인 이름이 한자로 제시된 자료가 등장하였다. 거기서는 자음자가 대체로 '니은, 리을, 미음…'처럼 'ㅣ'와 'ㅡ'를 기준으로 해서 각각의 앞과 아래에 해당 자음자를 적어서 부르는 방법이 체계적으로 제시되었다. 그러나 'ㄱ, ㄷ, ㅅ'은 '其役, 池㈇, 時㈏'으로 제시되었는데 이를 '기역, 디귿, 시옷'으로 읽게 되어 그 사정이 현행의 '한글 맞춤법'(1988)으로까지 이어졌다. 그렇지만 여러 문헌에서 단지 '기윽, 디은, 시읏'을 표기할 해당 한자가 없어서 그리된 것이지 한글로 표기하면 '기윽, 디은, 시읏'으로 나타낼 수 있었다. 특히 대한제국 학부의 국문연구소에서 보고한 '국문연구의정안'(1909)에서도 '기윽, 디은, 시읏' 이름을 보고하였다는 사실은 시사하는 바가 크다.

한편 훈민정음 해례본에서 제시된 'ㄱ는. 니는, 디는, ㅣ는' 같은 예를 근거로 하여 자음자의 이름을 '기, 니, 디, 리…' 등으로 'ㅣ'를 붙여서 명명하는 것이 맞다는 의견이 많이 제시되어 왔다. 그러나 이것은 자음자의 발음에 관한 의견이지 절대적인 자음자 이름을 언급한 것은 아니라고 이해할 수 있다. 실제로 '가, 나, 다 …' 혹은 '그, 느, 드 …'처럼 각 자음자 뒤에 'ㅏ'나 'ㅡ'를 붙여서 명명하자는 의견도 적지 않다. 그러나 이런 의견도 모음 가운데 처음 나오는

'ㅏ'를 붙인다거나 자음 자체를 발음 차원에서 'ㅡ'를 붙이는 경우가 많은데, 이를 반영한 것이라고 보는 것이 맞다. 즉 각 자음자에 'ㅣ', 'ㅏ', 'ㅡ'를 붙이는 명명 방식은 이름보다는 발음하는 방식을 염두에 둔 것이라 볼 수 있다.

자음자의 이름을 초성에 올 때 다르고 종성에 올 때 다르게 제시하는 경우가 역사적으로 볼 때는 대체적인 경향이었다. 초종성 모두에 올 때는 '기윽, 니은, 디읃' 식이고 초성에만 올 때는 '기, 니, 디' 식으로 다르게 부른다는 것이다. 훈몽자회에서도 초종성의 자음자에서는 'ㄱ其役, ㄴ尼隱, ㄷ池(末) …'로 제시하고 초성에만 올 때는 'ㅋ(箕), ㅌ治, ㅍ皮 …'로 제시하였는데, 이를 보고 자음자를 두 가지 방식으로 부르도록 한 것이라는 견해다. 그러나 이것 역시 발음 차원의 문제이지, 자음자의 이름 자체가 둘이 있다고 볼 필요는 없다고 본다. 실제로 '기윽, 디읃' 자체에서 초성에서 올 때와 종성에서 올 때가 드러나 있다. 자음자의 이름은 두 가지가 아니고 한 가지로 보는 것이 유용할 것이다.

전통적으로 'ㅣ'와 'ㅡ'는 사람과 땅을 상형한 모음자로서 매우 중시되어 왔다. 'ㅣ' 앞과 'ㅡ' 아래에 각 자음자를 붙여서 명명하는 방식은 훈민정음 창제의 근본정신인 음양오행의 원칙도 준수하며 무엇보다도 한글의 체계성과 과학성을 보여 준다는 점에서 선양될 필요가 있다. 일반적으로 메타 용어를 정할 때 2음절어가 바람직하다고 한다. 한글의 자음자 이름을 정할 때 '기윽, 디읃, 시읏' 등으로 정하는 것이 여러모로 유익하다. 한국어를 처음 배울 때 한글의 기본 문자가 체계적이라 하면 배우기도 쉽고 사용하기도 쉽게 된다. 역시 한글은 최고라는 의식을 지니게 된다. '한글 맞춤법'에 있는 자모자 이름을 속히 '기윽, 니은, 디읃, 리을, 미음, 비읍, 시읏, 이응, 지읏, 치읓, 티읕, 피읖, 히읗'으로 바꾸어야 할 것이다.

또한 모음자의 이름이 '아, 야, 어, 여 …'이니까 자음자의 이름도 1음절로 할 가능성을 엿볼 수도 있다. 1음절로 한다면 과연 어떤 모음자를 자음자 뒤에 붙이는 것이 좋을까? 이에 대해서는 3장에서 자세히 논해 보도록 한다. 또한 근본적으로 2음절어로 명칭을 정한다고 할 때 하필이면 'ㅣ'와 'ㅡ'를 사용할까? 이 문제도 짚고 넘어가야 할 것이다. 역시 3장에서 구체적으로 살피도록 한다.

셋째, 3장에서는 한글의 자음자 이름을 '가, 나, 다'로 하면 어떨까 하는 더욱 적극적인 제안을 하였다. 여러 통시적 문헌을 통해서 지금까지 한글 자음자의 명칭으로 무엇이 제안되었는지 또 그것들의 특징은 무엇이었는지 살펴보았고, 이들 가운데 '가, 나, 다' 유형의 이름이 좋다고 제안하였다. 그 기준으로 체계성, 과학성, 용이성을 들었으며 그에 따라 실용성, 교수학습성도 확보할 수 있었다. 그 구체적인 내용을 적어 보면 다음과 같다.

① 자음자는 흔히 'ㅣ'와 'ㅡ'를 사용한 방식으로 이름자가 붙여져 왔다. 현행 '기역, 디귿, 시옷'의 비체계성은 여러 번 지적되어 왔으며, 실제 훈몽자회(1527)에서의 기록도 결국은 '기윽, 디읃, 시읏'을 지지했었던 것으로 이해된다. 그런데 하필 왜 'ㅣ'와 'ㅡ'를 사용하는지 필연성이 잘 발견되지 않는다. 'ㅣ'는 사람을 나타내고 'ㅡ'는 땅을 나타내는 문자라는 사실을 알 뿐이다. 초성자는 'ㅣ' 앞에 두고, '종성자'는 'ㅡ' 아래 둠으로 해서 사람을 중시하고 땅 아래는 하시하는 의식을 엿볼 수 있을 뿐이다.

② 자음자의 이름을 꼭 2음절어로 해야만 할까? '기윽, 니은, 디읃' 식으로 해 온 것은 초성자와 종성자를 모두 나타내고자 한 까닭이다. 초성자와 종성자를 따로 구분했던 15세기의 소위 팔종성가족용의 표기 방식이 있었기 때문이다. 즉 'ㅈ, ㅊ, ㅋ, ㅌ, ㅍ, ㅎ' 같은 것은 종성자에 올 수 없다는 원칙 아래서

초성자와 종성자는 이름이 달라야 한다는 견해가 있었던 것이다. 그러나 현재 초성자와 종성자는 따로 구분이 필요 없다. 초성자는 모두 종성자로 사용될 수 있기 때문이다. 따라서 두 음절이든 한 음절이든 자음자의 이름은 하나만 있으면 족하다.

③ 1음절 자음자 이름이 전통적으로 '기, 니, 디' 유형과 '그, 느, 드' 유형이 널리 알려져 왔다. 15세기 용례로 인한 귀납적 이유로 해서 자음자에 'ㅣ'를 붙이는 것을 추정한 것이고, 자음자에 'ㅡ'를 붙인 이유는 어디에도 근거가 되는 자료를 발견하기 어렵다. 발음할 때 혀의 위치를 갖고 논하기는 하나 'ㅣ'와 'ㅜ'를 염두에 두면 꼭 그리해야 할 필연성이 찾아지지 않는다. 차라리 땅을 나타내는 'ㅡ'를 기준으로 삼았다고 말하는 편이 나아 보인다. 그것은 'ㅡ'를 자음자에 붙여서 발음하면 모음의 영향이 최소화하기 때문이다. 실제로 현행 북한 '조선말규범집'(2010)에서는 '그, 느, 드'를 명칭으로 허용하고 있기 까지 하다. 'ㅔ'를 자음자에 붙이자는 견해도 있다(박창원, 2015). 그런데 거기 서 나온 '엘, 엥'과 같은 특이한 이름을 붙인 것은 기본적으로 체계성이나 과학 성에 어긋나기 때문에 문제가 있어 보인다. 즉 자음자의 이름은 발음이 아닌 문자로서의 이름을 염두에 두어야 한다는 것이다.

④ 1음절 자음자 명칭을 제안한다면 필자는 '가, 나, 다' 유형이 좋다고 본다. 'ㅏ'는 개구도가 가장 넓어서 대상인 해당 자음자의 특성을 가장 잘 드러내 준다. 또 역사적으로는 물론 현재도 'ㅏ, ㅑ, ㅓ, ㅕ' 등 배열 순서에서 가장 앞이라는 점에서 'ㅏ'를 자음자에 붙여서 이름을 정하는 것이 좋다. 물론 이리 하면 '아, 야, 어, 여'과 같은 모음자의 이름과도 궤를 같이 한다는 점도 좋다. '가나다라마바사...' 등 노래 가사는 물론 한글을 처음 배우는 한국인에게는 아주 일반화되어 있고 실제 한글을 처음 접하는 외국인들에게 한글 자모자를

교육하는 데도 훨씬 효과적이다.

넷째, 4장에서는 한글 자음자의 종류와 배열 순서를 살펴보았다. 15세기 한글 창제 이후 지금까지 한글의 자음자를 서술한 연구들은 여러 가지 양상을 띠어 왔다. 이를 통해서 파악할 수 있는 것들을 다음과 같다.

① 15세기 훈민정음은 초성자 23개로 등장하였다. 아설순치후 위치에 따른, 아음 'ㄱ(ㄲ)ㅋㆁ', 설음 'ㄷ(ㄸ)ㅌㄴ', 순음 'ㅂ(ㅃ)ㅍㅁ', 치음 'ㅈ(ㅉ)ㅊㅅ(ㅆ)', 후음 'ㆆㅎ(ㆅ)ㅇ', 반설음 'ㄹ', 반치음 'ㅿ'이 바로 그것들이다. 이것들 가운데 'ㆁ, ㅿ, ㆆ, ㆅ'의 4개가 지금은 사라져서 현행 19개 자음자가 사용되고 있다. 종성자는 종성부용초성이라 하여 따로 만들지 않고 초성자 가운데서 사용되었다. 그렇지만 실제 문자살이를 보면 겹문자를 비롯한 다양한 자음자들이 사용된 것을 볼 수가 있는데, 이들에 대해서는 따로 8장에서 다루었다.

② 15세기 이후 20세기 초반부까지 논의들을 보면 자음자의 배열 순서를 국어사전에서 어떻게 할 것인지가 거의 고려되지 않았다. 여러 논저에 제시된 자음자의 설명 혹은 기술 순서가 그대로 자음자의 배열 순서를 나타낸 것인지 정확하지 않다는 것이다. 이런 말을 하는 근거는 과거의 논저에서 'ㄱ'에서 시작하는 것도 있고, 'ㅇ'에서 시작하는 것도 있고, 또 어떤 것은 'ㅎ'으로 시작하는 것도 있기 때문이다.

③ 15세기 이후 나온 논저에서는 반드시는 아니지만 주로 아설순치후라는 순서에 따라서 자음자가 배열 혹은 나타나는 경향이 있었다. 그런데 이런 원리가 현행 맞춤법의 자음자 배열 순서에 그대로 적용되지는 않는다. 'ㄱ'은 아음, 'ㄴㄷㄹ'은 설음('ㄹ'은 반설음), 'ㅁㅂ'은 순음, 'ㅅ'은 치음, 'ㅇ'은 아음, 'ㅈㅊ'은 치음, 'ㅋ'은 아음, 'ㅌ'은 설음, 'ㅍ'은 순음, 'ㅇ', 'ㅎ'은 후음이다. 또

'ㄲ ㄸ, ㅃ, ㅆ, ㅉ'과 같은 동일 겹자음자의 배열 위치는 지금도 남북한의 차이가 있다. 다시 말하면 창제 시에 제시됐던 자음자 배열 순서가 21세기 지금 적용되지는 않고 있다는 것이다. 아설순치후라는 표현은 현재 사용하고 있지 않기도 하다.

④ 자음자의 종류와 배열 순서를 정할 때 초성자와 종성자를 구분한 논의가 많았다. 초종성통용자와 초성독용자를 구분하는 논의들이 주를 이루고 있는데서 그런 경향을 찾아볼 수 있다. 훈민정음 해례본에서만 보더라도 종성부용 초성 및 팔종성가족용 원칙이 있었고, 훈몽자회(1527)에서도 초성종성통용팔자 및 초성독용팔자의 원칙이 있었다. 이것들은 후대에도 초성자와 종성자의 구분을 하는 연구 결과를 나오게 된 근거가 된다. 그러나 '삼운성휘'(1751), '화동음원'(1800), '언문지'(1824), '국문연구의정안'(1909) 등에서는 초성자와 종성자를 특별히 구분하지 않고 있다. 이 문제는 사실 한글 맞춤법이 형태주의를 따르느냐 음소주의를 따르느냐와도 밀접한 관련성이 있다. 현재 남북한 모두 초성자와 종성자를 구분하여 다루지 않는데, 이는 양쪽이 형태주의를 따르기 때문이다.

⑤ 과거의 논저에서 초성의 'ㅇ'과 종성의 'ㆁ'을 구분하여 설정하는 경우가 많았다. 자음자를 발음을 기준으로 하여 따로 정할 것이지 'ㅇ'이라는 하나의 자음자를 설정해 놓고 위치에 따라서 발음을 할 것인지의 문제이다. 자음자는 기본적으로 문자라는 점을 생각한다면 굳이 비슷한 형태를 갖고 있는 자음자를 따로 설정할 필요는 없으리라 본다. 실제로 맞춤법의 자음자에서 꼭지 달린 'ㆁ'이 사라진 지 오래다.

⑥ 과거의 연구물에서 보면 특이한 형태 하나를 발견할 수 있다. 소위 '딴이'라고 불리는 'ㅣ'인데, 그 정체를 알기 어렵다. 현행 남북한 맞춤법에서는 전혀

나타나지 않는 것인데, 가깝게는 리봉운(1897), 최재학 편(1908)에도 나타나며, 심지어 외국인에게 소개하는 책인 '조선언문'(1719)이나 교육용 책인 '일용작법'(1869), '기축신간반절'(1889)과 같은 곳에서도 나타난다. 딴이 'ㅣ'를 자음자로 봐야 할지 아니면 모음자로 봐야 할지, 아니면 모종의 기호로 봐야 할지 애매모호하다. 좀 더 솔직히는 형태는 분명 모음자인데, 제시된 위치는 자음자이기 때문에 'ㅣ'의 성격 혹은 가치를 어떻게 봐야 할지 구체적인 논의가 필요하다. 이에 대해서는 7장에서 자세히 살펴보았다.

다섯째, 5장에서는 모음자의 명칭에 대한 살펴보았다. 다양한 자음자 명칭에 비해서 모음자의 명칭은 그리 다양하지는 않지만, 그래도 두세 가지 다른 명칭 유형이 있었다.

홍희준(1800)에서는 모음자의 명칭으로 'ㅏ이아(伊我), ㅑ이야(伊耶), ㅓ이어(伊魚), ㅕ이여(伊余)'에서 보는 것처럼 맨 앞에 '이'를 놓고 나서 해당 모음자 앞에 'ㅇ'을 넣고 있다. 이때의 '이'는 과연 무엇일까? 명칭은 2음절이 좋으니, '이'를 넣은 것일까? 그래도 왜 하필이면 '이'일까? 모음자의 이름으로 자음자의 '기, 니, 디, 리 …' 이름을 염두에 두고서 앞에 '이'를 두었는지 모르겠다. 굳이 '이'를 사용할 필연성은 보이지 않는다. 또한 권정선(1906)에서는 'ㆍ ㅡ ㅗ ㅏ ㅓ ㅛ ㅠ ㅕ'는 그대로 'ㆍ 으 오 아 어 요 유 여'라고 명명하였지만, 'ㅘ ㅝ ㆇ ㆉ ㅙ ㅞ ㆈ ㆊ'는 각각 '오아 우어 오야 우여 요아 유어 요야 유여'로 부르고 있어서 특이성을 보인다. 후자의 것들을 합중성(合中聲)으로 무리 짓고 있다.

모음자 명칭 문제에서 가장 중요한 것은 각 모음자 앞에 선행하는 'ㅇ'이 과연 무엇이냐는 점이다. 조정순(1864)에서는 'ㅇ'이 없으면 글자를 이루지 못한다고 하여 'ㅏ ㅑ ㅓ ㅕ' 등 모음자는 그 이름이 '아 야 어 여'일 수밖에 없다고 단언하고 있어서, 오래전부터 모음자의 명칭에 'ㅇ'이 사용되어 왔다.

훈민정음의 기록에서는 'ㅇ喉音如欲字初發聲'이라 하여 'ㅇ'은 후음으로서 '욕(欲)' 자의 첫 발성과 같다고 말하고 있다. 최근 정광 교수는 일련의 논의들을 통해서 후음자 'ㅇ'의 여러 기능은 파스파 문자의 유모(喩母)의 'null'과 정확히 일치한다고 말하고 있다. 즉 모음자 이름으로 사용하는 'ㅇ'은 파스파의 유모(喩母)에서 온 것으로 그것이 훈민정음의 욕모(欲母) 'ㅇ'로 실현되었다고 말하고 있다.

한 가지 더 생각해 볼 것은 15세기 훈민정음 창제 시에 'ㅇ'과 'ㆁ'이 구분되었었는데, 실제 사용례를 보면 이 둘의 혼란상을 엿볼 수 있다. 결국 이 둘은 'ㅇ'으로 문자가 통일되었고, 초성이냐 종성이냐는 위치에 따른 변별을 통해서 구분이 가능하게 되었다. 결국 모음자 앞에 오는 'ㅇ'이 발음은 안 되지만 일정한 문자론적 가치는 있음을 보여 주고 있다고 할 것이다.

여섯째, 6장에서는 한글 모음자의 종류와 배열 순서에 대하여 살펴보았다. 그 구체적인 내용은 다음 도표로 제시할 수 있고 몇몇 주요 사항을 검토할 수 있다.

〈표 9-1〉 논저에 따른 모음자의 종류 및 배열 순서 내용

시기	작자 및 서명	모음자 종류 및 순서	숫자
15세기	세종(1443), '훈민정음'	· ― ㅣ ㅗ ㅏ ㅜ ㅓ ㅛ ㅑ ㅠ ㅕ	11
	신숙주(1455), 사성통고	ㅏ ㅑ ㅓ ㅕ ㅗ ㅛ ㅜ ㅠ · ― ㅣ	11
16세기	최세진(1527), '훈몽자회'	ㅏ ㅑ ㅓ ㅕ ㅗ ㅛ ㅜ ㅠ ― ㅣ ·	11
17세기	최석정(1678), '경세정운도설'	ㅏ ㅘ · ㅗ ㅑ ㅙ! ㅛ ㅓ ㅕ ― ㅜ ㅣ ㅗ ㅖ ㅠ ㅐ ㅚ ㅚ ㅒ ㅙ ! ㅣ ㅢ ㅔ ㅖ ㅟ ㅝ ㅖ ㅞ ㅚ ㅠ	32

시기	작자 및 서명	모음자 종류 및 순서	숫자
18세기	강백 외(1720), '객관최찬집'	ㅏ ㅑ ㅓ ㅕ ㅗ ㅛ ㅜ ㅠ ㅡ ㅣ · (ㅘ ㅝ)	11+2
	신경준(1750), '훈민정음운해'	ㅐ ㅒ ㅓ ㅔ ㅡ ㅢ · ㅣ ㅑ ㅕ ㅣ ㅣ ㅗ ㅚ ㅘ ㅙ ㅜ ㅟ ㅞ ㅖ ㅛ ㅠ ㆉ ㆊ	24
	홍계희(1751), '삼운성휘'	ㅏ ㅑ ㅓ ㅕ ㅗ ㅛ ㅜ ㅠ ㅡ ㅣ · ; (ㅘ ㅝ) ; ㅣ	11+2+1
19세기	홍희준(1800), '화동음원'	ㅏ ㅑ ㅓ ㅕ ㅗ ㅛ ㅜ ㅠ ㅡ ㅣ · ㅘ ㅝ ㅑ ㆌ	15
	유희(1824), '언문지'	ㅏ ㅑ ㅘ ㅙ ㅓ ㅕ ㅝ ㅞ ㅗ ㅛ ㅜ ㅠ ㅡ ㅣ · ; ㅣ	15+1
	조정순(1846), '언음첩고'(상)	ㅏ ㅑ ㅓ ㅕ ㅗ ㅛ ㅜ ㅠ ㅡ ㅣ ·	11
	강위(1864), '동문자모분해'	ㅏ ㅑ ㅓ ㅕ ㅗ ㅛ ㅜ ㅠ ㅡ ㅣ ·	11
	정행 편(1869), '일용작법'	ㅏ ㅑ ㅓ ㅕ ㅗ ㅛ ㅜ ㅠ ㅡ ㅣ · (ㅘ ㅝ)	11+2
	'기축신간반절'(1889)	ㅏ ㅑ ㅓ ㅕ ㅗ ㅛ ㅜ ㅠ ㅡ ㅣ · (ㅘ ㅝ)	11+2
	리봉운(1897), '국문정리'	ㅏ ㅑ ㅓ ㅕ ㅗ ㅛ ㅜ ㅠ ㅡ ㅣ · (ㅘ ㅝ)	11+2
20세기	지석영(1905), '신정국문'	ㅏ ㅑ ㅓ ㅕ ㅗ ㅛ ㅜ ㅠ ㅡ = ㅣ	11
	국문연구소(1909), '국문연구의정안'	ㅏ ㅑ ㅓ ㅕ ㅗ ㅛ ㅜ ㅠ ㅡ ㅣ ·	11
	주시경·김두봉·권덕규·이규영(1911), '말모이'	ㅏ (·) ㅐ (·ㅣ) ㅑ ㅒ ㅓ ㅔ ㅕ ㅖ ㅗ ㅚ ㅛ ㅽ ㅗ ㅚ ㅛ ㅜ ㅟ ㅠ ㅡ ㅢ ㅣ ㅘ ㅙ ㅝ ㅞ	25
	김두봉(1922), '깁더조선말본'	ㅏ ㅓ ㅗ ㅜ ㅣ ㅐ ㅔ ㅑ ㅕ ㅛ ㅠ ㅘ ㅝ ㅒ ㅖ ㅚ ㅟ ㅢ ㅙ ㅞ	8+13
	조선어학회(1933), '한글 마춤법 통일안'	ㅏ ㅑ ㅓ ㅕ ㅗ ㅛ ㅜ ㅠ ㅡ ㅣ ㅐ ㅔ ㅚ ㅟ ㅒ ㅖ ㅘ ㅝ ㅙ ㅞ ㅢ	10+11
	문교부(1988), '한글 맞춤법'	ㅏ ㅑ ㅓ ㅕ ㅗ ㅛ ㅜ ㅠ ㅡ ㅣ ㅐ ㅒ ㅔ ㅖ ㅘ ㅙ ㅚ ㅝ ㅞ ㅟ	
21세기	표준국어대사전(1999, 2024)	ㅏ ㅐ ㅑ ㅒ ㅓ ㅔ ㅕ ㅖ ㅗ ㅘ ㅙ ㅚ ㅛ ㅜ ㅝ ㅞ ㅟ ㅠ ㅡ ㅢ ㅣ	10+11 / 21
	조선말규범집(2010)	ㅏ ㅑ ㅓ ㅕ ㅗ ㅛ ㅜ ㅠ ㅡ ㅣ ㅐ ㅒ ㅔ ㅖ ㅚ ㅟ ㅢ ㅘ ㅝ ㅙ ㅞ	21(10+11)
	조선말대사전(2017)	ㅏ, ㅑ, ㅓ, ㅕ, ㅗ, ㅛ, ㅜ, ㅠ, ㅡ, ㅣ, ㅐ, ㅒ, ㅔ, ㅖ, ㅚ, ㅟ, ㅢ, ㅘ, ㅝ, ㅙ, ㅞ	21
	남북한 겨레말큰사전 합의안(2008)	ㅏ ㅑ ㅓ ㅕ ㅗ ㅛ ㅜ ㅠ ㅡ ㅣ ㅐ ㅒ ㅔ ㅖ ㅚ ㅘ ㅙ ㅝ ㅟ ㅞ ㅢ	21

① 훈민정음 창제 시에는 천지인 삼재에 따른 '· ㅡ ㅣ'를 기본자로 하여 각각을 결합한 초출자(ㅗ ㅏ ㅓ ㅜ), 재출자(ㅛ ㅑ ㅕ) 배열 순서를 따랐는데, 바로 이어 '사성통고'(1455)에서부터는 천재인은 뒤로 가고 'ㅏ ㅑ ㅓ ㅕ ㅗ

ㅛㅜㅠ'가 앞에 나왔다. 특히 'ㆍ' 대신 'ㅏ'가 맨 앞에 나와서 모음자를 주도하고 있는 것은 의미가 있다. 즉 가장 개구도가 큰 'ㅏ'가 안정적으로 모음자를 대표한다고 볼 수 있고 이에 비해 'ㆍ'는 그 음가가 16세기 중반부터 사라졌고 그 글자 'ㆍ'도 '훈몽자회'(1527)부터는 11개 모음자 중 맨 뒤로 순위가 밀려나 있었다.

② 현재는 'ㆍ' 모음자를 사용하지 않고 있는데, 위 표에 따르면 김두봉(1922)에서부터 보이지 않게 된다. 결국 조선어학회에서 제정한 '한글 마춤법 통일안'(1933)부터는 'ㆍ' 모음자가 자취를 감추게 된다. 'ㆍ'는 그 음가에 대한 해석이 혼란스럽게 해석되다가 고종에게 공식적으로 건의해서 허락받은 '신정국문'(1905)에서는 '═' 문자로 대체되기도 하였다. 본래 '═' 표기는 주시경이 제안했던 것이다.

③ 〈표 9-1〉에서 15세기부터 20세기 초반부까지 설정한 모음자들은 대개 'ㅏ ㅑ ㅓ ㅕ ㅗ ㅛ ㅜ ㅠ ㅡ ㅣ ㆍ'를 중심으로 한 일차적인 문자들이었는데, 주시경 외(1911)부터 시작하여 이후 나온 대부분의 논저들에서는 거의 모든 복합 모음자까지 설정하고 있다. 김두봉(1922)를 제외하고는 모두 한글 맞춤법이나 국어사전의 일러두기에 나타난 것이기에 당연한 것일 수 있다. 지석영(1905)의 '═'은 'ㆍ' 소리를 문자로 나타낸 것이었다. 물론 실제 한글 문자 생활에서 복합 모음자 사용은 다양한 모습으로 사용되었다. 한편 〈표 9-1〉에서 최석정(1678)의 다양한 모음자들은 조선음 표기 방식이 아니라 중국음 표기 방식에 해당한다.

④ 18세기와 19세기 논저들을 보면 복합 모음자 'ㅘ'와 'ㅝ'가 등장하는 것을 많이 볼 수 있다. 이것들은 그 쓰임새가 무척 많아서 특별히 제시했을 것으로 해석할 수 있다. 실제로 문자로서 이것들은 'ㅓ, ㅏ', 'ㅜ, ㅓ'가 결합한 것으

로 쓰임새가 충분히 예견되기도 하고 사용량도 많이 나타나기도 하였다.

⑤ 〈표 9-1〉에서 보면 특이한 딴이 'ㅣ'라고 하는 것이 등장한다. 홍계희(1751), 유희(1824)에서 당당히 하나의 모음자로 제시되어 있다. 홍계희(1951)에서는 모음자의 하나로서 'ㅣ'가 '횡중중성(橫重中聲)'이라고 제시되어 있으며, 유희(1824)에서는 '변례일형(變例一形)'이라 하여 'ㅣ'를 제시하면서 특별히 'ㅣ每於全字右旁加之'라 하여 글자의 오른쪽에 덧붙인다고 말하고 있다. 예컨대 'ㅏ'에다가 'ㅣ'를 붙여서 'ㅐ'가 되는 양상을 말하는 것이 아닌가 한다. 'ㅓ'에다가 'ㅣ'를 붙여서 'ㅔ'가 되는 따위이다. '딴이'라는 표현은 '다른 ㅣ'를 뜻하는 말이라고 알려져 있는데 곧 모음자가 있고 또한 'ㅣ'를 덧붙인다는 말이다.[1]

⑥ 어문 규범으로서 맞춤법들을 보면 'ㅏ ㅑ ㅓ ㅕ ㅗ ㅛ ㅜ ㅠ ㅡ ㅣ'를 공통적으로 앞에 두고 다른 복합 모음자들은 뒤에 두고 있다. 조선어학회(1933), 문교부(1988), '조선말규범집'(2010) 모두 마찬가지이다. 이러한 순서는 북한의 '조선말대사전'(2017)에서도 마찬가지다. 그런데 주시경 외(1911), '조선말큰사전'(1947~1957), '표준국어대사전'(1999, 2024)에서는 이들 모음자가 모두 섞여 있다. 예컨대 'ㅏ ㅐ ㅑ ㅒ ㅓ ㅔ ㅕ ㅖ ㅗ ㅘ ㅙ ㅚ ㅛ ㅜ ㅝ ㅞ ㅟ ㅠ ㅡ ㅢ ㅣ'의 21자 모음자가 이 배열 순서로 되어 있다. 남북한 통일 국어사전을 지향하는 남북한 겨레말대사전 합의안(2008)에서는 전통적인 10자를 먼저 제시하고 이어서 복합 모음자를 제시하는 방식으로 합

---

1) 그런데 딴이 'ㅣ'가 종성 자음자 항목에 들어가 있는 논의도 많다. 정행 편(1869), '기축신간 반절'(1889), 리봉운(1897)에서는 자음자에 들어가 있다. 즉 이것이 과연 모음자인자 자음자인지 그 정체가 밝힐 필요가 있다. 만약 'ㅏ+ㅣ=ㅐ'라 하여 뒤의 'ㅣ'를 딴이로 보게 될 경우 이것을 일종의 종성 표기로 볼 수도 있기 때문이다. 교육용 반절표에서는 자음자로 'ㄱ ㄴ ㄷ ㄹ ㅁ ㅂ ㅅ ㅣ ㅇ'를 제시하는 것이 일반적이었다.

의되었다.

⑦ 남한의 '표준국어대사전'(1999, 2024)은 온전히 문자 자체만을 보고 'ㅏ' 유형, 'ㅓ' 유형, 'ㅜ' 유형, 'ㅡ', 유형, 'ㅣ'로 순서화되어 있다. 이에 비해 북한의 '조선말대사전'(2006, 2017)은 먼저 전통적인 'ㅏ ㅑ ㅓ ㅕ ㅗ ㅛ ㅜ ㅠ ㅡ ㅣ'를 먼저 제시하고 그다음 'ㅏ', 'ㅓ', 'ㅗ', 'ㅜ', 'ㅡ'에다가 'ㅣ'를 붙인 것, 마지막으로 'ㅘ, ㅝ, ㅙ, ㅞ'를 제시하고 있다. 최종 남북한 합의안(2008)에서는 전통적인 11개 모음자를 먼저 제시하고 이후에는 'ㅏ ㅓ ㅗ ㅜ ㅡ' 순으로 다른 모음자를 결합하는 일관된 방식으로 제시하고 있다.

일곱째, 7장에서는 소위 딴이 'ㅣ'가 통시적 문헌에서 어떻게 기술되어 있는지 살펴보았다. 근본적으로 왜 딴이 'ㅣ'가 따로 설정되었는지 설정되었으면 어떤 성격을 가진 것으로 제시되어 왔는지 등 몇 가지 논의점이 있다.

① 딴이 'ㅣ'는 15세기 훈민정음 창제 시에 따로 설정된 것은 아니었다. 딴이 'ㅣ'가 하나의 음소로서 역할을 하지 않은 것은 물론이다. 딴이 'ㅣ'가 문헌에서 등장한 것은 '조선언문'(1719)이다. 이것은 일본에 통신사로 갔을 때 장응두가 진술한 것을 적은 것으로 알려져 있다. 이 말은 그 이전에 조선에서 이미 딴이 'ㅣ'가 설정되고 사용되었다는 것을 뜻한다. 하나의 도표로 훈민정음 반절표가 제시된 것은 아니었지만, 해례에 나타난 초중종성자에 대한 구체적인 설명은 반절표를 추정해 내기에 충분하다.

② 그렇다면 왜 딴이 'ㅣ'가 설정되었을까? 훈민정음의 중성자는 천지인을 나타내는 기본자 'ㆍ ㅡ ㅣ'를 출발점으로 해서 초출자 'ㅏ ㅓ ㅗ ㅜ', 재출자 'ㅑ ㅕ ㅛ ㅠ' 등 11자로 구성되어 있다. 그런데 실제로 보면 'ㅐ, ㅔ, ㅚ, ㅟ, ㅒ, ㅖ, ㅙ, ㅞ' 등 초출자와 재출자에 'ㅣ'를 기계적으로 오른쪽에 덧붙인 중성

자들이 사용되었다. 이에 음운론적 이유가 아니라 문자론적 차원에서 딴이 'ㅣ'가 설정된 것으로 볼 수 있다. 특히 언문 반절표가 교육상 일반화함에 따라서 언문을 쉽게 익히게 할 요량으로 딴이 'ㅣ'가 설정되게 되었다. 본래 반절은 성운학에서 중국어를 성모인 '초성'과 운모인 '중성+종성'으로 구분한 것임에 비해서, 조선의 언문은 창제 때부터 '초성+중성+종성'으로 네모난 음절 구조를 설정하여 하나의 음절을 반절(反切)로 나누도록 되어 있다. 이렇게 하니 중성 11자에 속하지 않았던 복합 모음자들을 설명해야만 했고, 소위 딴이 'ㅣ'를 설정해서 문자 차원에서 마치 종성자인 듯한 역할을 하는 것으로 본 것이다.[2]

③ 따라서 딴이 'ㅣ'를 음운론 차원에서 보는 것은 문제가 있고 단지 문자론적 차원, 그중에서도 한글 활자 차원으로만 딴이 'ㅣ'를 보는 것이 좋을 것이다. 결국 딴이 'ㅣ'는 음소가 아니고 문자도 아닌 단순한 기호라고만 보게 된다. 이 말은 종래 딴이를 반모음의 일종으로 본다거나, "ㅣ는 ㅣ모음이 후행하여 이루어지는 'ㅐ ㅒ ㅔ ㅖ ㅚ ㅟ ㅙ ㅞ' 발음의 지도를 위해 따로 들어간 것으로 생각"한다거나, 'ㆁ'을 'ㅣ'와 'ㅇ'으로 분리하여 기술한 것이 딴이 'ㅣ'라고 본다거나 등등 여러 견해가 타당하지 않다는 것을 뜻한다. 다시 말하지만 딴이 'ㅣ'는 문자 교육의 편의상 마치 종성 표기처럼 보는, 일종의 받침자(류현국, 2015), 즉 받침 기호라고 보는 것이 좋을 듯하다. 여기서 받침자라고 하면서 형태가 모음자 모양인 'ㅣ'를 설정해야 하는지는 근본적인 문제로 남는다.

④ 문헌에서 딴이 'ㅣ'는 자음자로 본다거나 혹은 모음자로 보는 견해가 있

---

[2] 훈민정음 해례본에는 이러한 복합 중성자들뿐만이 아니라 'ㄲ ㄸ ㅃ ㅆ ㅉ ㆅ' 같은 각자병서도 제시되었다. 그러나 개화기 때 한글 반절표로 표시할 때 이에 대해서는 전혀 표시되어 있지 않았다. 이에 리봉운(1897)에서는 소위 '옆받침'을 설정하여 '제몸받침'으로 하여야 한다고 주장하였다. 여기서 '제몸받침'이란 반절합자의 초성자를 반복해서 쓰는 것이라고 하였다. 즉 '가'에 제몸받침을 한다 하면 '가' 자의 왼쪽에 '가'의 초성자인 'ㄱ'을 첨가하여 '까'를 만든다는 것이다. 김민수(1956:49, 52), 송철의(2008:171-172) 참조.

었다. 자음자로는 그 배열 순서가 'ㅣ, ㅇ'이거나 혹은 'ㅇ, ㅣ'이거나 했는데, 'ㅇ'이 하나의 자음자로 공히 인정받는다는 점을 생각하면 'ㅣ'가 끝에 오는, 즉 'ㅇ, ㅣ' 배열 순서를 가지는 게 좀 더 나을 듯하다. 그렇지만 그 형태상 딴이 'ㅣ'를 모음자의 별종, 즉 일종의 기호로 보는 것이 나을 수도 있다. 21세기 현재는 문자 언어도 하나의 중요한 의사소통 수단으로 기능을 한다는 점을 염두에 둔다면 굳이 딴이 'ㅣ'를 지금 설정할 필요는 없을 것이다. 20세기 교육용 반절표에서까지 딴이 'ㅣ'가 많이 나타났었으나, 그곳에서도 딴이 'ㅣ' 설정이 꼭 필요하다는 증거는 찾기 어렵다.

⑤ 딴이 'ㅣ'를 자세히 그 성격을 보여 주고 있는 것은 '삼운성휘'(1751)이다. 거기서는 중성자를 14가지 설정하고 있는데, 기본적으로 'ㅏ ㅑ ㅓ ㅕ ㅗ ㅛ ㅜ ㅠ ㅡ ㅣ ·'의 11자 이외에 합중성 'ㅘ, ㅝ' 2자와 중중성 'ㅣ' 1자를 더 설정하고 있다. 여기서 중중성(重中聲) 'ㅣ'가 바로 딴이 'ㅣ'이다. 즉 딴이 'ㅣ'는 자음자보다는 모음자 성격을 좀 더 띠고 있다고 본 것이다.

⑥ 딴이라는 명칭은 '다른 ㅣ'라는 뜻을 담고 있다. 여기서 '다른 ㅣ'는 일반적인 모음자 'ㅣ'와는 다른 것이라는 의미를 지닌다. 혹은 '외이(外伊)'라고도 부르는데, 이는 일반적인 모음자 'ㅣ'를 '伊'로 나타내는데, 딴이 'ㅣ'는 이와는 다른 'ㅣ'라는 것이라는 뜻을 함의한다. 결국 통시적 문헌상 기재되어 온 딴이 'ㅣ'를 부를 때 적절한 명칭으로 이해된다.

⑦ 한글을 처음 접하는 아이들이나 외국인들에게 한글을 가르칠 때 한글 반절표를 이용하는 경우가 많다. 자음자와 모음자를 횡과 종으로 나열하면 자음과 모음의 결합을 설명할 때 무척 유익하다. 그런데 이 방식이 한글 음절 구성을 완벽하게 보여 주지는 못한다. 특히 형태주의 입장에서 복잡한 종성 자음자를 반절표로 나타나기에는 역부족이다. 15세기 때는 음소주의 차원에

서 자음자가 8종성가족용으로 한정되었으나, 지금은 받침 표기자가 무척 복잡하여 한글 반절표로 모두 나타내기가 어렵기 때문이다. 특히 학교 교육 자체가 음운론적 기반 아래서 문자도 다루기 때문에 반절표의 완결 효용성이 떨어진다. 그럼에도 불구하고 '초성+중성'의 구성에서는 여전히 반절표는 교육에서 유용하다. 물론 딴이 'ㅣ'를 따로 설정할 필요는 없다. 왜냐하면 'ㅣ, ㅔ, ㅐ, ㅏ, ㅓ, ㅗ, ㅜ, ㅡ, ㅚ, ㅣ' 10자가 단모음자로 표준 발음법에서 전제되고 있고, 이중 모음자 11자도 따로 설정되고 있기 때문이다.

여덟째, 8장에서는 겹받침자에 대하여 전체적으로 살피고 있다. 겹자음자에 관한 한 초성 자음자와 종성 자음자가 서로 다르게 제시된 것들이 대부분이었고 최근 표준국어대사전(1999, 2024), 고려대 한국어대사전(2009), 조선말대사전(2017)에서는 이질 겹자음자가 종성 받침에서만 나타나 있었다. 여기서 이질 겹자음자는 된소리 표기인 'ㄲ, ㅆ' 같은 것을 제외한 서로 다른 홑자음자가 복합되어 있는 것에 한정하도록 한다. 이제 이들 겹자음자가 초성과 종성에서 나타난 상황을 사전별로 도표로 제시해 보고 몇 가지 사항을 검토해 보도록 한다.

〈표 9-2〉 국어사전 '일러두기'에서 제시된 겹자음자 목록

사전	위치	종류	개수	사전 명
문세영(1938)	초성	없음		조선어사전
	받침	ㄳ ㄵ ㄶ ㄺ ㄻ ㄼ ㄽ ㄾ ㄿ ㅀ ᇚ ㅄ (12)	12	
조선어학회(1947~1957)	초성			큰사전
	종성			
남광우(1960)	초성	ㅂㄱ ㅄ ㅅㄱ ㅅㄷ ㅄ ㅅㄷ ㅄ ㅄ ㅄ ㅆ ㅂㅌ (11)	11	고어사전
	종성	ㄳ ㄴㅅ ㄴㅿ ㄵ ㄶ ㄺ ㄻㅅ ㄼ ㄽ ㄺㅿ ㄾ ㄻ ㄿ ㅀ ㅀㅅ ᇚ ㅄ ㅅㄱ ㅅㄷ (21)	21	

사전	위치	종류	개수	사전 명
유창돈(1964)	초성	ㅅㄱ ㅂㅂ ㅂㄱ ㅅㄷ ㅅㅂ ㅂㄷ ㅅㅂ ㅅㅈ ㅂㅈ ㅂㅌ (12)	12	이조어 사전
	종성	ㄱㅅ ㄴㅅ ㄴㅿ ㄴㅈ ㄴㅎ ㄹㄱ ㄹㄷ ㄹㅁ ㄹㅂ ㄹㅿ ㄹㅎ ㄹㅍ ㄹㅳ ㄹㅀ ㅁㄱ ㅁㅅ ㅁㄷ ㅂㅅ ㅅㄱ ㅅㄷ (21)	21	
홍윤표 외(1995)	초성	ㅂㄱ ㅂㅂ ㅅㄱ ㅂㄷ ㅂㅅ ㅅㄷ ㅅㅁ ㅃㅂ ㅅㅂ ㅂㅅ ㅆㅂ ㅆㅅ ㅂㅈ ㅅㅈ ㅅㅊ ㅅㅋ ㅂㅌ ㅅㅌ ㅃㅌ ㅅㅖ (ㅅㅎ) (22)	22	17세기 국어사전
	종성	ㄱㄹ ㄱㅅ ㄴㄷ ㄴㅅ ㄴㅎ ㅁㄷ ㄹㄱ ㄹㄷ ㄹㅁ ㄹㅂ ㄹㅿ ㄹㅎ ㄹㅍ ㅁㄱ ㅁㅅ ㅂㄹ ㅂㅅ ㅅㄱ ㅅㄷ (20)	20	
이희승 (1961, 1982)	초성	ㅀ ㅂㄷ ㅂㅅ ㅂㅄ ㅂㄷ ㅂㅈ ㅂㅌ ㅅㄱ ㅅㄷ ㅅㅂ ㅆ (11)	11	국어대사전
	종성	ㄱㅅ ㄴㅈ ㄴㅎ ㄹㄱ ㄹㅁ ㄹㅂ ㄹㅿ ㄹㅎ ㅁㄱ ㅂㅅ ㅅㄱ (12)	12	
신기철·신용철 (1974)	초성	ㅂㄷ ㅂㅅ ㅂㄷ ㅂㄷ ㅂㅌ ㅅㄱ ㅅㄷ ㅅㅂ ㅆ (10)	11	새 우리말 대사전
	종성	ㄱㅅ ㄴㅈ ㄴㅎ ㄹㄱ ㄹㅁ ㄹㅂ ㄹㅿ ㄹㅎ ㅁㄱ ㅂㅅ ㅅㄱ (12)	12	
김민수 외(1991)	초성	ㅂㄱ ㅂㅅ ㅅㄱ ㄴㄷ ㅂㄷ ㅅㄷ ㄹㅎ ㅅㅂ ㅂㅅ ㅂㅈ ㅅㅈ ㅂㅌ (12)	12	국어대사전
	종성	ㄱㅅ ㄴㅈ ㄴㅎ ㄹㄱ ㄹㅁ ㄹㅂ ㄹㅿ ㄹㅎ ㄹㅍ ㄹㄹ ㄹㅎ ㅁㄱ ㅂㅅ ㅅㄱ (15)	15	
한글학회(1992)	첫소리	ㅂㄱ ㅂㄷ ㅂㅅ ㅂㄷ ㅂㄷ ㅂㅈ ㅂㅌ ㅅㄱ ㅅㄷ ㅅㅂ ㅆ (12)	12	우리말 대사전
	끝소리	ㄱㅅ ㄱㄷ ㄴㄷ ㄴㅅ ㄴㅿ ㄴㅈ ㄴㅎ ㄷㅁ ㄹㄱ ㄹㄱㅈ ㄹㄷ ㄹㅁ ㄹㅁㄱ ㄹㅂ ㄹㅂㅅ ㄹㅿ ㄹㅿ ㄹㅎ ㄹㅀ ㅁㄱ ㅁㅁ ㅁㅅ ㅁㅿ ㅂㅅ (24)	24	
국립국어원 (1999, 2024)	초성자			표준국어 대사전
	종성자	ㄱㅅ ㄴㅈ ㄴㅎ ㄹㄱ ㄹㅁ ㄹㅂ ㄹㅿ ㄹㅌ ㄹㅍ ㄹㅎ ㅂㅅ (11)	11	
고려대(2009)	초성자			한국어 대사전
	종성자	ㄱㅅ ㄴㅈ ㄴㅎ ㄹㄱ ㄹㅁ ㄹㅂ ㄹㅿ ㄹㅌ ㄹㅍ ㄹㅎ ㅂㅅ (11)	11	
사회과학출판사 (2017)	초성			조선말 대사전
	받침	ㄱㅅ ㄴㅈ ㄴㅎ ㄹㄱ ㄹㅁ ㄹㅂ ㄹㅿ ㄹㅌ ㄹㅍ ㄹㅎ ㅂㅅ (11)	11	
종합	초성	ㄹㅎ ㅂㄱ ㅂㄷ ㅂㅅ ㅂㄷ ㅃㅂ ㅂㅈ ㅂㄷ ㅂㅌ ㅃㅌ ㅅㄱ ㅅㄷ ㅅㅂ ㅅㅁ ㅆ ㅆㅂ ㅅㅂ ㅅㅈ ㅅㅊ ㅅㅋ ㅅㅌ ㅅㅂ ㅅㅎ (23)	23	
	종성	ㄱㄹ ㄱㅅ ㄱㄷ ㄴㄷ ㄴㅅ ㄴㅿ ㄴㅈ ㄴㅎ ㄷㅁ ㄹㄱ ㄹㄱㅈ ㄹㄱㅈ ㄹㄷ ㄹㅁ ㄹㅁㄱ ㄹㅂ ㄹㅃ ㄹㅂㅅ ㄹㅿ ㄹㅿ ㄹㅎ ㄹㅍ ㄹㅀ ㅁㄱ ㅁㅁ ㅁㅅ ㅁㅿ ㅂㄹ ㅂㅅ ㅅㄱ ㅅㄷ (32)	32	

① 이들 가운데 남광우(1960), 유창돈(1964), 홍윤표 외(1995)는 옛말 사전들이다. 즉 중세 국어 혹은 근대 국어를 다루고 있다는 말이다. 이희승(1961, 1982), 신기철·신용철(1974), 김민수 외(1991), 한글학회(1992)는 현대어를 중심으로 하면서 옛말도 다수 싣고 있는 차이가 있다. 이것은 곧 겹자음자들의 분포 양상의 차이를 가져다 준다.

② 문세영(1938)에서는 'ㄱ ㄴ ㄷ ㄹ ㅁ ㅂ ㅅ ㅇ ㅈ ㅊ ㅋ ㅌ ㅍ ㅎ'의 14자 초성자만 나와 있고 초성 겹자음자 자체가 나와 있지 않다. 다른 사전들은 초성 겹자음자가 10~12개가 설정되어 있음을 볼 수 있다. 한글학회(1992)에서는 'ㅲ ㅳ ㅄ ㅴ ㅵ ㅶ ㅷ ㅺ ㅻ ㅼ ㅽ ㅾ'의 순서대로 12개가 제시되어 있는데, 앞이 'ㅂ' 혹은 'ㅅ'으로 나와 있고 각각 다음에 'ㄱ ㄷ ㅅ ㅺ ㅼ ㅈ ㅌ'과 'ㄱ ㄴ ㄷ ㅂ ㅈ'이 후행하고 있다. 가나다 순으로 제시되어 있는 것을 볼 수 있다. 이에 비해서 김민수 외(1991)에서는 역시 같은 12자를 제시하고 있는데 그 순서는 'ㅲ ㅴ ㅺ ㅳ ㅵ ㅼ ㅭ ㅽ ㅄ ㅶ ㅾ ㅷ'으로 되어 있어서 다른 양상을 보인다. 앞이 아니라 맨 뒤의 것을 기준으로 해서 'ㅲ ㅴ ㅺ'의 'ㄱ'류, 'ㅳ ㅵ ㅼ'의 'ㄷ'류, 'ㅭ'의 'ㆆ'류 , 'ㅽ'의 'ㅂ'류, 'ㅄ'의 'ㅅ'류, 'ㅶ ㅾ'의 'ㅈ'류, 마지막 'ㅷ'의 'ㅌ'류가 제시되어 있다. 즉 맨 뒤의 것이 기준이 되고 그 앞에 오는 것은 순서대로 제시되고 있다.

③ 맨 앞에 오는 것을 기준으로 하는 것은 남광우(1960), 이희승(1961), 신기철·신용철(1974)이고, 맨 뒤에 오는 것을 기준으로 하는 것은 유창돈(1964), 홍윤표 외(1995)이다. 어느 것이 합리적인지 혹은 용이성에서 점수를 더 받을 수 있을까? 필자는 전자, 즉 맨 앞에 오는 것부터 순서대로 하는 것이 낫다는 생각을 한다. 〈표 9-2〉의 여러 사전에서 초성 겹자음자가 차이 나는 것은 대개 'ㅭ, ㅲ, ㅵ, ㅻ'을 어떻게 처리하느냐에 달려 있다. 참고로 한글학회(1992)에서는 'ㅭ'을 제외하고 있으며, 김민수 외(1991)에서는 'ㅻ'을 제외하고 있는 차이를 보인다.

④ 〈표 9-2〉에 제시된 초성 이질 겹자음자는 총 숫자가 23개이며, 그 구체적인 것들은 'ㅭ ㅲ ㅳ ㅄ ㅴ ㅵ ᄥ ᄦ ㅶ ㅷ ᄪ ㅺ ㅻ ㅼ ᄱ ㅆ ㅽ ㅾ ᄸ ᄹ ᄺ ᄻ ᄼ'이다. 이것들의 배열 순서는 자음자 순서대로 앞에서부터 배열한

것이다. 한편 안정기에 접어든 표준국어대사전(1999, 2024), 고려대 한국어대사전(2009), 조선말대사전(2006, 2017)에서는 초성 이질 겹자음자를 하나도 설정하지 않고 있다.

⑤ 그동안 논의가 많았던 것은 종성 이질 겹자음자들이다. 특히 국문연구소(1909)의 '국문연구의정안'에서 종성 겹자음자를 어떻게 표기할 것인가가 논의의 중요 대상이었다. 우여곡절 끝이 현재는 형태주의를 기본으로 해서 종성 겹자음자를 인정하고 있는 실정이다. 그 결과물은 바로 국립국어원의 표준국어대사전(1999), 고려대 한국어대사전(2009), 북한 조선말대사전(2017)의 종성 겹자음자, 'ㄳ ㄵ ㄶ ㄺ ㄻ ㄼ ㄽ ㄾ ㄿ ㅀ ㅄ'의 11자이다.

⑥ 일단 고무적인 것은 비교적 이 세 가지 국어사전들뿐만이 아니라, 김민수 외(1991), 한글학회(1992) 등 거의 모든 국어사전에서 겹자음자를 맨 앞에서부터 가나다 순서대로 제시하고 있다는 점이다. 〈표 9-2〉에서 종성 겹자음자로 제시된 것은 적게는 최근 세 가지 사전들에서 설정한 11개로부터 많게는 24개까지 무척 다양하다. 여기 제시된 모든 겹자음자들을 하나하나 합하면 전체 32개나 된다. 이것들을 맨 앞 문자부터 가나다 순서로 나열해서 제시하면 'ㄱㄹ ㄳ ㄴㄱ ㄴㄷ ㄴㅅ ㄴㅿ ㄵ ㄶ ㄷㄱ ㄺ ㄺㅅ ㄺㅈ ㄹㄷ ㄻ ㄻㄱ ㄼ ㄹㅸ ㄼㅅ ㄽ ㄹㅿ ㄹㆆ ㄾ ㄿ ㅀ ㅁㄱ ㅁㅂ ㅁㅅ ㅁㅿ ㅂㄹ ㅄ ㅅㄱ ㅅㄷ'로 해 볼 수가 있다. 물론 이들 대부분은 현대어에서는 사용되지 않고, 단지 'ㄳ ㄵ ㄶ ㄺ ㄻ ㄼ ㄽ ㄾ ㄿ ㅀ ㅄ'의 11자만이 사용되고 있다.

2. 남북한 자모자 통일안 과제

여기서는 현행 남북한의 자모자 종류와 배열 순서를 다시 한번 검토해 보도록 한다. 남한의 '한글 맞춤법'(1988) 및 그 해설(2018)과 북한의 '조선말규범집'(2010) 및 '조선말대사전'(2017)에 나타난 현재 실태를 제시하면서, 2008년에 남북한 학자들의 합의안을 검토해 보도록 한다. 그러면서 가장 이상적인 방안이 무엇일지 제안해 보도록 한다.

2.1. 남북한 자음자 현황과 합의안

남북한의 맞춤법에서 제시된 자음자는 동일하게 27개이다. 남북한 모두 (3)의 초성란에서 제시된 것은 19자인데, 종성란에 있는 27개는 초성란에 있는 것 가운데 'ㄱ ㄴ ㄷ ㄹ ㅁ ㅂ ㅅ ㅇ ㅈ ㅊ ㅋ ㅌ ㅍ ㅎ ㄲ ㅆ ㅉ' 16개에다가 'ㄳ ㄵ ㄶ ㄺ ㄻ ㄼ ㄽ ㄾ ㄿ ㅀ ㅄ' 11개 자음자를 추가한 것들이다. 초성란의 'ㄸ, ㅃ, ㅉ'은 종성에서는 나타나는 일이 없으므로 제외된 것이다. 현행 남북한의 맞춤법 규정에서 제시하고 있는 것은 초성에 있는 19자 자음자일 뿐이고, 종성의 것은 남한의 경우 해설서에서 제시하고 있다.

〈표 9-3〉 남북한 겨레말큰사전 편찬사업 자음자 합의안

	남한	북한	합의안(2008)
초성	ㄱㄲㄴㄷㄸㄹㅁㅂㅃㅅ ㅆㅇㅈㅉㅊㅋㅌㅍㅎ (19)	ㄱㄴㄷㄹㅁㅂㅅㅈㅊㅋ ㅌㅍㅎㄲㄸㅃㅆㅉㅇ (19)	ㄱㄴㄷㄹㅁㅂㅅㅇㅈㅊ ㅋㅌㅍㅎㄲㄸㅃㅆㅉ (19)
종성	ㄱㄲㄳㄴㄵㄶㄷㄹㄺㄻ ㄼㄽㄾㄿㅀㅁㅂㅄㅅㅆ ㅇㅈㅊㅋㅌㅍㅎ (27)	ㄱㄳㄴㄵㄶㄷㄹㄺㄻㄼ ㄽㄾㄿㅀㅁㅂㅄㅅㅇㅈ ㅊㅋㅌㅍㅎㄲㅆ (27)	ㄱㄴㄷㄹㅁㅂㅅㅇㅈㅊ ㅋㅌㅍㅎㄲㄳㄵㄶㄺㄻ ㄼㄽㄾㄿ, ㅀㅄㅆ (27)

　　서로 다른 자음자가 합해진 11개 겹자음자는 역사적 문헌에서는 거의 논의되지 않았다. 물론 이것들이 예전의 글에서 사용되지 않았던 것은 아니다. 기본적으로 음소주의를 원칙으로 삼고 있던 한글 창제 당시의 입장을 고려해서인지는 모르겠으나 자음자를 입문 차원에서 소개할 때는 이런 겹자음자가 등장하는 경우가 무척 드물었다. 현대적 의미의 국어사전 개발을 염두에 두면서 이런 이질적 겹자음자에 대한 논의가 등장하게 된 것이다. 현재는 남북한 모두 형태주의를 기본으로 하고 있기 때문에 이런 겹자음자에 대한 논의도 필요하다고 본다. 실제로 〈표 9-3〉에서 합의안이 도출된 것은 이 사업이 남북한 겨레말큰사전 편찬 사업이었기 때문이다.

　　남북한의 자음자 배열 순서가 가지는 특징을 살펴보면 다음과 같다. 첫째, 남한이나 북한이나 'ㄱ, ㄴ, ㄷ'류를 먼저 제시하고 'ㅋ, ㅌ, ㅍ, ㅎ'을 뒤에 둔 것은 과거 논의들을 통해 볼 때, 초종성에 모두 나오는 것은 앞에, 초성에만 나오는 것은 뒤에 둔다는 원칙을 세운 것으로 해석할 수 있다. 둘째, 남한에서 'ㄱ, ㄲ' 순으로 둔 것은 맨 앞에 오는 것을 기준으로 하고서 바로 뒤의 것을 그다음 순서로 정하는 원칙을 따른 것이고, 북한에서 'ㄲ, ㄸ, ㅃ, ㅆ, ㅉ'을 뒤로 뺀 것은 먼저 홑자음자를 앞에 모두 두고 그 뒤에 겹자음자를 둔다는 원칙에 따른 것이다. 실제로 북한 어문 규범에 큰 영향을 끼친 김두봉(1922)에

서는 'ㄲ, ㄸ, ㅃ, ㅆ, ㅉ'을 겹소리라고 명명하였었다. 셋째, 북한에서 'ㅇ'을 맨 뒤로 둔 것은 발음되는 위치를 염두에 둔 것이고, 이에 비해 남한에서는 발음보다 문자로서 그 이름을 정할 때 항상 모음자 앞에 오는 현실을 먼저 고려한 듯하다. 넷째, 이러한 그 나름대로의 원칙들은 27개의 종성 자음자를 배열하는 데에도 적용이 되는데, 이때는 위의 기본 원칙에다가 철두철미 문자 차원의 순서를 고려해서 배열하고 있다.

〈표 9-3〉에서처럼 자음자 배열 순서에서 남북한의 합의안이 도출되었다. 'ㄱ ㄴ ㄷ ㄹ ㅁ ㅂ ㅅ ㅇ ㅈ ㅊ ㅋ ㅌ ㅍ ㅎ ㄲ ㄸ ㅃ ㅆ ㅉ' 순서로 배치한 것은 남북한이 서로 하나씩 양보하여 절충한 것이다. 'ㅇ' 위치는 남한 쪽, 'ㄲ ㄸ ㅃ ㅆ ㅉ'은 북한 쪽을 따른 것이다. 결과적으로 볼 때 형태상 홑자음자는 앞에, 소위 겹자음자는 뒤에 배열한 것이다. 종성 자음자는 'ㄱ ㄴ ㄷ ㄹ ㅁ ㅂ ㅅ ㅇ ㅈ ㅊ ㅋ ㅌ ㅍ ㅎ'을 앞에 두고, 이어서 'ㄲ ㄳ ㄵ ㄶ ㄺ ㄻ ㄼ ㄽ ㄾ ㄿ, ㅀ ㅄ ㅆ'을 두는 방식을 택하였다. 형태상 겹자음자의 성격을 모두 띠기 때문에 앞 부분의 글자를 기준으로 하여 그다음에 붙는 것을 역시 순서대로 붙이는 방식을 택하였다. 그 나름대로 합리적인 합의안이라고 할 수 있다.

주지의 사실이다시피 개화기 때 학부의 국문연구소에서 도출해 낸 '국문연구의정안'(1909)에서는 받침 글자를 허용하는 형태주의 원칙을 채택하였고, 이후 조선어학회에서 발표한 '한글 마춤법 통일안'(1933)에서도 겹자음 표기를 인정하는 형태주의 원칙을 발표하였으며, 이어서 문교부에서 '한글 맞춤법'(1988)을 통하여 형태주의 원칙을 완성하였다. 남한에서는 '-습니다'와 같이 단어에 따라서 약간의 음소주의를 허용하곤 하지만, 북한에서는 절대적 형태주의 원칙 입장을 '조선말규범집'(2010)에서 밝히고 시행하고 있다. 만약에 남북한이 세종 시대 원칙이었던 음소주의를 철두철미하게 준수한다면 아마도

〈표 9-3〉에서 종성 자음자는 불필요했을지도 모른다.

2.2. 남북한 자음자 개선안

겹자음자 논의를 하다보니까, 결국 남북한 통일 겹자음자를 다시 한번 생각해 보게 된다. 〈표 9-3〉에서도 본 바 있지만, 초성 자음자와 종성 자음자가 달리 쓰이는 현실을 반영하여 (1)과 같은 안이 도출되었다.

(1) 남북한 자음자 합의안

초성: ㄱ ㄴ ㄷ ㄹ ㅁ ㅂ ㅅ ㅇ ㅈ ㅊ ㅋ ㅌ ㅍ ㅎ ㄲ ㄸ ㅃ ㅆ ㅉ (19)
종성: ㄱ ㄴ ㄷ ㄹ ㅁ ㅂ ㅅ ㅇ ㅈ ㅊ ㅋ ㅌ ㅍ ㅎ ㄲ ㄳ ㄵ ㄶ ㄺ ㄻ ㄼ ㄽ
　　　ㄾ ㄿ ㅀ ㅄ ㅆ (27)

(1)에서 초성자에서 'ㄲ ㄸ ㅃ ㅆ ㅉ'을 뒤로 놓은 것은 이것들을 각각 두 개의 문자가 합해진 것이라는 점을 반영한 것이다. 앞의 'ㄱ ㄴ ㄷ ㄹ ㅁ ㅂ ㅅ ㅇ ㅈ ㅊ ㅋ ㅌ ㅍ ㅎ'은 하나의 문자가 나열된 것이니, 이것을 먼저 앞에 두고 두 개씩 합해진 것은 순서에 따라 뒤에 둔다는 것이다. 마찬가지 논리로 종성자도 하나로 이루어진 것은 앞에, 두 개로 이루어진 것은 뒤에 놓는다는 것이며, 두 개로 이루어진 것들은 또 나름대로의 원칙에 맞추어서 'ㄱ ㄴ ㄹ ㅂ ㅅ' 순서대로 하는데, 각각 뒤에 다시 'ㄱ ㅅ', 'ㅈ ㅎ', 'ㄱ ㅁ ㅂ ㅅ ㅌ ㅍ ㅎ', 'ㅅ', 'ㅅ'을 둔다는 것이다.

(2) 남북한 자음자 개선안

초성: ㄱ ㄲ ㄴ ㄷ ㄸ ㄹ ㅁ ㅂ ㅃ ㅅ ㅆ ㅇ ㅈ ㅉ ㅊ ㅋ ㅌ ㅍ ㅎ (19)

종성: ㄱ ㄲ ㄳ ㄴ ㄵ ㄶ ㄷ ㄹ ㄺ ㄻ ㄼ ㄽ ㄾ ㄿ ㅀ ㅁ ㅂ ㅄ ㅅ ㅆ ㅇ ㅈ
　　　ㅊ ㅋ ㅌ ㅍ ㅎ (27)

그런데 합의안인 (1)은 자음자를 홑자음자와 겹자음자로 나눈다는 것을 전제한 것으로서, 특히 사전에서 단순 글자로서 이들을 나열한다는 기준과는 차이가 있어 보인다. 즉 단순한 문자 차원의 것이니 2차원이 아니라 1차원 차원에서 배열하는 것이 낫지 않겠는가 하는 것이다. (2)는 이런 점을 반영하여 필자가 1차원적으로 초성과 종성 자음자들을 단순 배열한 것이다.

초성자를 보면 'ㄱ ㄴ ㄷ ㄹ ㅁ ㅂ ㅅ ㅇ ㅈ ㅊ ㅋ ㅌ ㅍ ㅎ' 순서에다가 중간중간 'ㄲ ㄸ ㅃ ㅆ ㅉ'을 바로바로 후행하여 배열한 것이다. 마찬가지로 종성자의 배열에서도 이러한 원칙이 적용된다. 'ㄱ ㄴ ㄷ ㄹ ㅁ ㅂ ㅅ ㅇ ㅈ ㅊ ㅋ ㅌ ㅍ ㅎ'이라는 기본적인 순서에다가 역시 해당 홑자음자로 시작하는 겹자음자를 바로 뒤에 두는 방식이다. 'ㄱ ㄲ ㄳ'을 보면 바로 이런 원리를 알 수가 있다. 'ㄱ'을 두고 이어서 'ㄱ'으로 시작하는 'ㄲ ㄳ'이 오는데, 'ㄱ' 바로 뒤에 다시 'ㄱ, ㅅ'이 위치하는 것이다. 이렇게 하면 초성 자음자 배열이든 종성 자음자 배열이든 모두 동일한 원리에 의해서 자음자들을 배열할 수 있게 된다.

2.3. 남북한 모음자 합의안과 개선안

자음자에 비하여 모음자는 초성과 종성 구분 없이 단지 중성으로만 되어 있어서 큰 논란 없이 논의가 진행되어 왔다. 남북한 모두 21자의 모음자를 설정하고 있고, 15세기 창제 시에도 천지인 기본자 3개(ㆍ ㅡ ㅣ), 초출자 4개 (ㅏ ㅗ ㅓ ㅜ), 재출자 4개(ㅑ ㅛ ㅕ ㅠ)로 고정화되어서 종류나 배열 순서에 큰 어려움이 없었다. 그러나 소위 딴이 'ㅣ'가 결합된 'ㅐ ㅒ ㅔ ㅖ ㅙ ㅚ ㅞ ㅟ ㅢ'와 'ㅘ ㅝ'가 문자살이에서 왕성하게 사용되기 때문에 자세한 검토가 필요하다.

(3) 남북한 모음자 실태 및 합의안과 개선안

남한: ㅏ ㅐ ㅑ ㅒ ㅓ ㅔ ㅕ ㅖ ㅗ ㅘ ㅙ ㅚ ㅛ ㅜ ㅝ ㅞ ㅟ ㅠ ㅡ ㅢ ㅣ (21)

북한: ㅏ ㅑ ㅓ ㅕ ㅗ ㅛ ㅜ ㅠ ㅡ ㅣ ㅐ ㅒ ㅔ ㅖ ㅚ ㅟ ㅢ ㅘ ㅝ ㅙ ㅞ (21)

합의안: ㅏ ㅑ ㅓ ㅕ ㅗ ㅛ ㅜ ㅠ ㅡ ㅣ ㅐ ㅒ ㅔ ㅖ ㅘ ㅚ ㅙ ㅝ ㅟ ㅞ ㅢ (21)

개선안: ㅏ ㅐ ㅑ ㅒ ㅓ ㅔ ㅕ ㅖ ㅗ ㅘ ㅙ ㅚ ㅛ ㅜ ㅝ ㅞ ㅟ ㅠ ㅡ ㅢ ㅣ (21)

(3)에서 보듯이 남한은 기본적으로 'ㅏ ㅓ ㅗ ㅜ ㅡ ㅣ'라고 하는 홑모음자를 순서대로 두고서, 그다음 'ㅏ'에 'ㅣ'를 붙인 'ㅐ', 'ㅏ'에 점을 하나 더한 'ㅑ', 계속하여 'ㅑ'에 'ㅣ'를 더한 'ㅒ'식으로 순서를 정하고 있다. 다분히 문자적으로 순서화한 것이다. 이에 비해서 북한은 'ㅏ ㅑ ㅓ ㅕ ㅗ ㅛ ㅜ ㅠ ㅡ ㅣ'라고 하는 15세기에 정립된 순서를 기본으로 하고 이어서 딴이 'ㅣ'가 붙은 것과 'ㅘ ㅝ' 형을 두고 있다. 'ㅐ ㅒ ㅔ ㅖ ㅚ ㅟ ㅢ'는 'ㅏ ㅓ ㅗ ㅜ ㅡ'를 기준으로 하여 뒤에 딴이 'ㅣ'가 붙은 것을 순서대로 제시한 것이고, 그다음 'ㅘ ㅝ'는 동일한 자격의 홑모음자를 합한 것이고, 마지막 'ㅙ ㅞ'는 이것들에 딴이 'ㅣ'가 붙은 것을 염두에 둔 것이다. 결국 북한은 20세기 전반기까지 사용되던 딴이의 용법을 문자 차원에서 사용했다는 결론에 이른다.

이러한 차이를 (3)의 합의안에서는 북한의 'ㅏ ㅑ ㅓ ㅕ ㅗ ㅛ ㅜ ㅠ ㅡ ㅣ'을 앞에 두고, 뒤 부분에서도 'ㅐ ㅒ ㅔ ㅖ ㅘ ㅚ ㅙ ㅝ ㅟ ㅞ ㅢ'로 배열 순서를 정해서, 결국 그대로는 아니지만 합의안은 북한 쪽의 입장을 많이 반영한 것으로 보인다. 즉 'ㅏ ㅓ ㅗ ㅜ ㅡ' 순서를 따르고 있다. 결국 합의안은 전통적인 'ㅏ ㅑ ㅓ ㅕ ㅗ ㅛ ㅜ ㅠ ㅡ ㅣ'를 전제하고서, 그다음 'ㅏ ㅓ ㅗ ㅜ ㅡ'에 딴이 'ㅣ'를 붙이거나 다른 홑모음자를 붙인 것으로 보인다.

그러나 이러한 합의안은 이도 저도 아닌 이상한 것이 돼 버렸다. 전통과 실제를 아우르려고 하는 시도는 좋았으나 철저히 문자이어야 할 사전에서의 배열 순서는 어그러졌다는 것이다. 'ㅏ ㅓ ㅗ ㅜ ㅡ ㅣ'라는 홑모음자와 2겹 혹은 3겹 모음자를 구분하여서 순서에 따라 배열하는 것이 낫지 않나 싶다. 딴이 'ㅣ'를 고려할 필요는 없다는 논리이다. 이렇게 한 것이 사실 남한의 방식이다. 그래서 개선안으로 필자가 내놓은 것은 결국 남한의 현재 사전 배열 방식이다. 'ㆍ'는 이제 사라졌으니 'ㅏ ㅓ ㅗ ㅜ ㅡ ㅣ'를 순서대로 철두철미 문자소로 인식한 방식이다.

참 고 문 헌
───────────

강남욱(2005), 〈몽학필독〉에 대한 해제 -전통과의 연계성 탐색 및 발행연도 추적을
　　　더하여-,《선청어문》33, 서울대 국어교육과, 365~399쪽.
강위(1864),《동문자모분해》, 역문③5.
강유주·박종배(2020), 조선시대의 한글 교재(敎材)와 그 특징,《교육사학연구》30(2),
　　　교육사학회, 1~27쪽.
강창석(1989),「훈민정음의 제작 과정에 관한 몇 가지 문제」,《울산어문논집》5. 울산
　　　대학교 국어국문학과. 21~49쪽.
강창석(1996), 한글의 제자 원리와 글자꼴,《새국어생활》6(2). 국립국어연구원.
　　　19~35쪽.
강창석(2014),「언문자모」의 작성 주체와 시기에 대하여,《언어와 정보사회》22. 서강
　　　대학교 언어정보연구소. 27~52쪽.
고경재(2017), 모음추이의 국어사적 검토와 국어교육적 의미, 고려대 석사논문.
고경재(2022), 12~15세기 국어 모음체계 연구 -모음추이 이론의 재확립-, 고려대
　　　박사논문.
고경재(2023). "초급 한국어 교육 교재의 자모 관련 기술에 대한 고찰 -자모의 제시
　　　순서와 음가(발음)를 중심으로-",《한국어문교육》44, 고려대 교육문제연구소.
　　　155~204쪽.
고광모(2020), 훈민정음 모음자의 창제에 대하여 -창제를 설명하고 창제자에 대한 이
　　　설을 비판함-,《한글》81(3), 한글학회, 655~699쪽.
고려대 민족문화연구원(2009),《고려대 한국어대사전》, 민족문화연구원.
국립국어원(1999, 2014),《표준국어대사전》, 국립국어원.
국문연구소(1909),《국문연구의정안》, 역문③6.
국문연구소(1909),《국문연구의정안, 대한제국학부 국문연구소.
국어사정위원회(2010),《조선말규범집》, 사회과학원인쇄공장.

국어연구소(1985), 한글 자모명과 배열순의 변천.《국어생활》3. 국어연구소, 77~83
쪽.

국어학회 편(1975),《국어학자료선집 V》, 일조각.

권덕규(1923),《조선어문경위(朝鮮語文經緯)」, 광문사.

권병로·박종희(2015), 훈민정음의 이체자 'ㆁ'의 음가,《국어문학》58, 국어문학회,
5~27쪽.

권보상(1909),《국문연구》, 역문③15.

권재선(1986), 강위의 동문자모분해와 의정국문자모분해의 별서 고증,《한민족어문
학》13, 한민족어문학회, 21~36쪽.

권정선(1906),《音經(正音宗訓)》, 국문연구소.

김근수(1979),《훈몽자회연구》, 청록출판사.

김동언(2021),《한글문화사》, 박이정.

김두봉(1916),《조선말본》, 역문①22.

김두봉(1922),《깁더 조선말본》, 역문①23.

김무식(1992), 중세 국어 후음 'ㅇ'에 대한 일고찰 -주로 음가추정 및 음운설정 여부를
중심으로-,《어문학》53, 한국어문학회, 65~91쪽.

김미미(2012ㄱ), 국어 교육을 위한 한글 子母字 체제의 음운론적 연구, 고려대 석사논문.

김미미(2012ㄴ), 한글 자음자 배열의 역사적 변천과 그 수정의 필요성,《국어사연구》
14, 국어사학회, 103~131쪽.

김민수(1956ㄱ), 국문정리,《한글》117, 한글학회, 45~53쪽.

김민수(1956ㄴ), 훈몽자회,《한글》119, 한글학회, 144~151쪽.

김민수(1973ㄱ), 한글 자모문제에 대한 고찰,《인문논집》18, 고려대학교 문과대학,
1~48쪽.

김민수(1973ㄴ),《국어정책론》, 탑출판사.

김민수(1980ㄷ),《신국어학사(전정판)》, 일조각.

김민수(1980ㄱ), 국문연구소, 유인「국문연구안」에 대하여,《아세아연구》63, 고려대
아세아문제연구원, 217~348쪽.

김민수(1980ㄴ), 국문연구소, 유인「국문연구안」에 대하여(하),《아세아연구》64, 고려
대 아세아문제연구원, 155~239쪽.

김민수(1981), 강위의 동문자모분해(東文字母分解)(1869년)에 대하여,《국어학》10,

국어학회, 135~162쪽.

김민수(1987),《국어학사의 기본 이해》, 집문당.

김민수·고영근·임홍빈·이승재 편(1991),《국어대사전》, 금성출판사.

김부성·남영우(2018), Klaproth의 삼국통람도설 프랑스 번역본의 출간 경위, 한국지
도학회지 18-1,《한국지도학회》, 15~28쪽.

김부연(2021), 언문자모의 내용과 국어교육적 의미 탐색,《국어사연구》32, 국어사학
회, 33~80쪽.

김석득(1973), 권정선(權靖善)의 음경(音經)을 통해본 국어학자의 의식구조 모색,《인
문과학》29, 연세대 인문학연구원, 1~21쪽.

김성규(1996), 중세 국어 음운, ≪국어의 시대별 변천·실태 연구1 -중세국어-≫, 국립
국어연구원, 7~55쪽.

김성규(2009), 중세국어 음운론의 쟁점,《국어사연구》9, 국어사학회, 41~68쪽.

김슬옹(2009), 한글 음절표 의미와 교육용 유형 설정,《한국어학》44, 한국어학회,
111~146쪽.

김슬옹(2012ㄱ),《조선시대의 훈민정음 발달사》, 역락.

김슬옹(2012ㄴ). "한글의 우수성. 독창성. 과학성에 대한 통합 연구",《문법교육》16.
한국문법교육학회. 37~82쪽.

김슬옹(2017),《한글 혁명》, 살림터.

김양진(2008ㄱ), 표제어 배열방식에 따른 국어사전의 거시구조 연구,《우리어문연구》
30, 우리어문학회, 7~31쪽.

김양진(2008ㄴ), 훈곡 홍희준)의 언서훈의설(諺書訓義說)에 대하여,《어문논집》58, 민
족어문학회, 35~66쪽.

김유범 외(2020),《훈민정음》, 역락.

김유범(2007),《(중세국어 문법형태소의) 형태론과 음운론》, 월인.

김유범(2018), 훈민정음의 문자론적 연구 성과에 대한 고찰,《우리말연구》53, 우리말
학회, 129~159쪽.

김유범(2023) 문자론, 표기법 연구자료로서 『훈몽자회』의 이해,《진단학보》140,
340~366쪽.

김윤경(1938),《조선문자급어학사》, 조선기념도서출판관.

김은솔·한영균(2021), 근대계몽기 국어 교과서에 실린 한글 학습 자료의 특징,《한국어

문교육》 34, 고려대 한국어문교육연구소, 155~184쪽.

김정수(2016), 한글 닿소리 낱자 이름의 남북통일안,《한글새소식》 527, 한글학회.

김주필(2009), 언문자모의 반절적 운용과 반절표의 성격,《한국학논총》 32, 국민대 한국학연구소, 491~518쪽.

김주필(2014), '보통학교용 언문철자법(1912)'의 성격과 특징,《반교어문연구》 37, 반교어문학회, 37~70쪽.

김중진(1999),《국어표기사연구, 태학사.

김지형(2007), 훈민정음의 창제 원리를 활용한 한국어 자모 및 발음 교육 방안,《국어국문학》 147, 국어국문학회, 221~257쪽.

김참이(2021). "한국어 입문 단계 교육 자모 제시 방법 연구 -한글 형태적 특징을 중심으로-".《이중언어학》 85, 이중언어학회. 81~104쪽.

김창우(1935). "자모의 이름을 보고".《한글》 3(7), 조선어학회, 14-15쪽.

김판남(1935), 한글 자모의 이름,《한글》 3(1), 조선어학회, 168쪽.

남광우(1956), 자모 배열에 대하여: 훈몽자회 범례를 중심으로,《한글》 119, 한글학회, 109~114쪽.

남광우(1960),《고어사전》, 동아출판사.

노마 히데키(2011),《한글의 탄생》, 돌베개.

도수희(1971), 한글 자모 명칭의 연원적 고찰,《어문연구》 7. 어문연구학회, 109~126쪽.

도수희(1992).《훈민정음과 국어학》. 전남대학교 출판부.

류현국(2014), 서양인들의 눈에 비친 한글(1688-1894),《상품문화디자인학연구》 38, 상품문화디자인학회, 199~218쪽.

류현국(2015),《한글 활자의 탄생: 1820~1945》, 홍시커뮤니케이션.

리봉운(1897),《국문정리》 역문③02

리의도(2003ㄱ), 한글 낱자에 관한 통시적 고찰,《한글》 259. 한글학회, 65~114쪽.

리의도(2003ㄴ). "한글 낱자의 남북 차이에 관한 고찰".《국제어문》 28. 국제어문학회, 5~35쪽.

문교부(1988),《한글 맞춤법》, 문교부.

문세형(1938),《조선어사전》, 조선어사전간행회.

문화관광체육부(2018),《한글 맞춤법, 표준어 규정 해설》, 국립국어원.

문효근(1998), 훈민정음의 형체학적 풀이; 'ㅇ'의 형체를 밝히기 위하여,《동방학지》

100, 연세대 국학연구원, 185~238쪽.

민병찬(2004), 白井寬蔭의 韓語 理解와 그 利用에 대하여, 《일본학보》 61, 한국일본학회, 97~110쪽.

박재연(2016), 《필사본 고어대사전》, 선문대학교 출판부.

박창원(2015), 한글자모 이름을 통일하기 위한 이론과 실제, 《국어학》 74, 국어학회, 3~55쪽.

박치범(2015), 개화기 독본의 한글 깨치기 학습 자료에 관한 연구, 《독서연구》 37, 한국독서학회, 123-159쪽.

박홍길(1995), 국어 표기법의 변천에 관한 연구, 《새얼어문논집》 8, 새얼어문학회, 155~196쪽.

박효정·김수안·김수성(2023), 「언문철자법」(1930)에 대한 재고찰, 《언문논총》 98, 한국문학언어학회, 63~101쪽.

박희병 외(2019), 《18세기 통신사 필담 1》, 서울대학교출판문화원.

방종현(1932), ㄱ ㄴ ㄷ …………의 稱號, 《조선어문학회보》 4, 조선어문학회, 17~21쪽.

방종현(1948), 《훈민정음 통사》, 일성당 서점.

배보은(2013), 문자론 용어와 문자 분류 체계에 관한 연구, 경남대 박사논문.

백두현(2001), 조선시대의 한글보급과 실용에 관한 연구, 《진단학보》 92, 진단학회, 193~218쪽.

백두현(2007), 한글을 중심으로 본 조선시대 사람들의 문자생활, 《서강인문논총》 22, 서강대인문과학연구소, 157~203쪽.

백두현(2015), 《한글문헌학》, 태학사.

백채원(2021ㄱ), 지석영의 〈신정국문〉 이본 텍스트의 비교 연구 - 관보본, 실록본, 대한국문설본, 아학편본을 중심으로 -, 《국어학》 98, 국어학회, 267~298쪽.

백채원(2021ㄴ), 지석영이 제작한 국문 학습자료 「대한국문」 연구 -「신정국문」과의 비교를 중심으로-, 《우리말연구》 67, 우리말학회, 145~175쪽.

사재동(2010), 훈민정음 창제·실용의 불교문화학적 고찰, 《국학연구론총》 5, 택민국학연구원, 105~207쪽.

사재동(2014), 《훈민정음의 창제와 실용》, 역락.

사회과학출판사(1992), 《조선말대사전(1, 2)》, 평양종합인쇄공장.

사회과학출판사(2006, 2017), 《조선말대사전(1~3)》, 평양종합인쇄공장.

서경숙(2008), 한국어 자모의 교수 설계, 《우리어문연구》 32, 우리어문학회, 35~63쪽.

석주연(2020), 〈한국학휘보 The Korean Repository〉와 〈중국총보 The Chinese Repository〉의 비교 연구—언어 및 언어 학습 관련 기사를 중심으로—, 《한글》 81(1), 한글학회, 243~272쪽.

송기용(1909), 《국문연구》, 국문연구소.

송기중(2003), 《한국의 문자와 문자연구》, 집문당.

송철의(2008), 반절표의 변천과 전통시대 한글 교육, 《세계 속의 한글》(홍종선 외, 박이정), 165~194쪽.

송향근(1992), 모음조화 유형에 대한 연구: 한국어와 알타이제어.우랄제어와의 비교를 중심으로, 고려대 박사논문.

시정곤·최경봉(2018), 《한글과 과학문명》, 들녘.

신기철·신용철(1974), 《새 우리말 큰사전》, 삼성출판사.

신유한·강백·장응두 외(1719ㄱ), 《화한창화집》, 일본 국립국회도서관.

신유한·강백·장응두 외(1719ㄴ), 《객관최찬집》, 일본 국립국회도서관.

신창순(1990), 15세기 국어표기법의 원칙, 《어문연구》 18(4), 한국어문교육연구회, 466~469쪽.

신창순(1992), 《국어 정서법 연구》, 집문당.

신창순(2001), 국문연구소 「국문연구의정안」의 검토, 《어문논집》 44, 민족어문학회, 5~49쪽.

신창순·지춘수·이인섭·김중진(1992), 《국어표기법의 전개와 검토》, 한국정신문화연구원.

안병희(1985), 훈민정음 사용에 관한 역사적 연구 –창제로부터 19세기까지-, 《동방학지》 46~48, 연세대 국학연구원, 793~821쪽

안병희(2007), 《훈민정음연구》, 서울대학교 출판문화원.

안영중(1906), 《한어》, 역문㉡12.

안찬원(2011), 훈민정음 창제 원리에 따른 한글 자모 교육, 《문법교육》 16, 한국문법교육학회, 181~208쪽.

양명희(2009), "외국인 학습자를 위한 한글 자모와 발음 교육 방법에 대하여". 《어문논집》 41. 민족어문학회, 1~27쪽.

어윤적(1909), 《국문연구》, 국문연구소.

연규동(2014), 문자의 종류와 개념에 대한 새로운 이해, 《국어학》 72, 국어학회, 155~181쪽.

연규동(2016), 세계에서의 훈민정음 연구 -21세기 초 연구를 중심으로-, 《국어학》 77, 국어학회, 377-399쪽.

연규동·최계영(2019), 훈민정음 후음자 'ㆆ'의 기능과 파스파 문자, 《국어학》 90, 국어학회, 83~109쪽.

오페르트(1880), 《금단의 나라 조선의 유람》, 집문당. (신복룡 외 역, 2000).

왕문용(1998), 한글 字母 名稱의 유래에 대한 고찰, 《국어교육》96. 한국어교육학회, 221~237쪽.

우형식(2021), 문자의 보수성과 아래아('ㆍ') 표기의 변천, 《한국어문화교육》 15(2), 한어문화교육학회, 48-74쪽.

유길준(1909), 《대한문전》, 역문㊀1.

유길준(1909), 《국문연구》, 국문연구소.

유예근(1970), 「국문정리」 연구, 《한국언어문학》 8·9, 한국언어문학회, 179~198쪽.

유창돈(1964), 《이조어사전》, 연세대학교출판부.

유춘동(2014), 한창기 선생이 수집했던 조선시대 출판문화 관련 자료들, 《열상고전연구》 41, 열상고전연구회, 143~160쪽.

유형선(2009). "한글 자모의 명칭과 순서에 관한 연구". 《순천향인문과학논총》 23. 순천향대학교 인문과학연구소, 75~102쪽.

유희(1824), 언문지, 《한글》5(1,2)(1937, 수록), 조선어학회.

윤돈구(1909), 《국문연구》, 국문연구소.

이관규(2023), 《학교 문법론(4판)》, 역락.

이관규(2024ㄱ), 한글 자음자의 명칭에 대한 고찰, 《문법교육》51, 한국문법교육학회, 41~71쪽.

이관규(2024ㄴ), 한글 자음자의 이름을 '가, 나, 다…'로 하면 어떨까?, 《한말연구》 65(26), 한말연구학회, 1~21쪽.

이군선(2005), 훈곡 홍희준의 『화동음원(華東音源)』 해제, 《민족문화연구》 43, 고려대 민족문화연구원, 323~558쪽.

이기문(1963), 《국어표기법의 역사적 연구》, 한국연구원.

이기문(1971), 《개화기의 국문연구》, 한국문화연구소.

이기문(1971),《훈몽자회연구》, 서울대학교 출판부.

이능화(1909),《국문연구》, 국문연구소.

이동석(2017). "『훈민정음』의 자음",《관악어문연구》42권. 125~193쪽.

이병기(1940), 언음첩고,《한글》82, 한글학회, 429~430쪽.

이사질(18세기),《훈음종편(訓音宗編)》, 한국역대문집DB.

이상신(2019), 겹받침 관련 어문 규정 연구,《어문연구》47-2, 한국어문교육연구회, 5~26쪽.

이석린(1938), 셋받침에 대하여,《한글》54, 조선어학회, 13쪽.

이승왕(2023ㄱ). "한글자모 제시 순서에 대한 교육적 고찰".《우리말 연구》73. 우리말학회, 100~128쪽.

이승후(2003ㄴ). "한글 자모의 명칭에 대하여 - 자모 명칭에 대한 인식 정확도 조사결과를 중심으로,《새국어교육》66. 한국국어교육학회, 211~235쪽.

이익섭(1992),《국어 표기법 연구, 서울대출판부.

이정수(2024), 한국어 교재 입문단계의 한글 자모 제시 방안 연구 -『훈민정음』해례본의 자모교육법을 활용하여-, 고려대 석사논문.

이태승·안주호(2004),《실담자기와 망월사본 진언집 연구》, 글읽는들.

이현규(1972), 받침 표기법의 변천고,《국어국문학연구》14, 영남대 국어국문학회.

이혜숙(1980), 한국어의 겹받침,《언어》5(2), 한국언어학회, 1~14쪽.

이희승 편(1961, 1982),《국어대사전(수정증보판)》, 민중서림.

임용기(1996), 삼분법의 형성 배경과 '훈민정음'의 성격,《한글》234, 한글학회, 5~68쪽.

임용기(2010), 초성·중성·종성의 자질과 훈민정음,《국어학》57, 국어학회, 105~128쪽.

장영길(2008). 한글의 문자학적 우수성,《국제언어문학》17, 국제언어문학회, 79~99쪽.

장응두(1719),《화한창화집》, 일본 국립국회도서관(소장).

장진엽(2015), 18세기 필담창화집 속의 언문 관련기록,《온지논총》44, 온지학회, 93~128쪽.

장진엽(2017), 계미통신사 필담 연구, 연세대 박사논문.

장향실(2000), 근대 국어 모음에 관한 연구: 사역원 역학서를 중심으로, 고려대 박사논문.

전몽수(1936), 자모 이름에 대하야,《한글》4(1), 한글학회, 554~559쪽.

전수태(2001). 서로 다른 표기법의 통일 방안.《새국어생활》11. 국립국어연구원,

47~60쪽.

전재호(1961). 한국자모 명칭에 대한 몇가지 문제, 《국어국문학》 24. 국어국문학회, 89~101쪽.

정광(2009), 훈민정음의 中聲과 파스파 문자의 모음자, 《국어학》 56, 국어학회, 221~248쪽.

정광(2012), 《훈민정음과 파스파 문자》, 역락.

정광(2015), 《한글의 발명》, 김영사.

정광(2018), 파스파 문자의 喩母와 훈민정음의 欲母-왜 한글에서는 모음자에 /ㅇ/를 붙여 쓰는가?-, 《국제고려학》, 제17호, 489˜520쪽.

정광(2020), 한글과 범자, 《국어학》 96, 국어학회, 59~107쪽.

정광(2021), 《월인석보 옥책 연구: 한글의 창제와 훈민정음 〈언해본〉을 중심으로》, 아카넷.

정달영(2005). 한국어와 조선어의 맞춤법 차이와 통합 방안, 《한국어정보학》 7. 한국어정보학회, 59~65쪽.

정연찬(1987), '욕자초발성(欲字初發聲)'을 다시 생각해 본다, 《국어학》 16, 국어학회, 11-40쪽.

정우영(2005), 국어 표기법의 변화와 그 해석: 15세기 관판 한글문헌을 중심으로, 《한국어학》 26, 한국어학회, 293~326쪽.

정우택(2004), 국어학사 자료로 본 〈언음첩고(諺音捷考)〉, 《애산학보》 30, 애산학회, 17~37쪽.

정인지 외(1446), 「훈민정음 해례」, 《국어국문학 총림》 6, 대제각.

정인호 편(1908), 《최신 초등소학》, 경진.

정행 편(1869), 《일용작법(僧家日用食時默言作法)》, 해인사 도솔암.

정호운(2021), 조선후기 훈민정음 연구의 사상 맥락과 성과 - 최석정과 유희를 중심으로 -, 《동방학지》 194, 연세대 국학연구원, 113~150쪽.

조두상(2009), 《쐐기문자에서 훈민정음까지》, 한국문화사.

조선어문연구회(1948), 《조선어 신철자법》, 김일성종합대학교 조선어문연구회.

조선어학회(1933), 《한글 마춤법 통일안》, 역문③9.

조선어학회(1947), 《조선말 큰 사전》, 을유문화사.

조정순(1846), 《언음첩고(諺音捷考)》, 한국학중앙연구원.

조현용(2004). 한국어 교육과 문자 교육 연구, 《교육발전연구》 20(1), 경희대학교 교육 발전연구원, 223~236쪽.

주시경(1909), 《국문연구》, 역문③5.

주시경(1910), 《국어문법》, 박문서관.

주시경(1914), 《말의 소리》, 신문관.

지볼티(Philipp Franz Balthasar von Siebold, 1843), 《일본(Nippon)》, 일본 장기 (長崎).

지석영(1905), 신정국문, 《대한자강회월보》 13, 대한자강회. (관보 제3200호, 김민수 (1973:153~154쪽 재수록).

지석영(1909), 《국문연구》, 국문연구소.

지춘수(1992), 중세국어 표기법의 전개와 검토, 《국어표기법의 전개와 검토》, 한국정 신문화연구원, 3~81쪽.

차재은(2003), 15세기 우리말의 후음 관련 문제들, 《한국어학》 20, 한국어학회, 241~263쪽.

채완(1999), 『훈몽자회』와 한글 맞춤법, 《새국어생활》 9(3). 국립국어연구원, 19~30쪽.

최석정·김지용(2011), 《경세훈민정음도설》, 명문당.

최세진(1527), 《훈몽자회》, 디지털장서각.

최영환(2014). 「훈민정음」을 통해 본 한글 지도 방법, 《한국초등국어교육》 56, 한국초 등국어교육학회, 175~204쪽.

최영환(2019), 『훈몽자회의 한글지도 방법 연구: 『훈민정음』과 비교를 중심으로, 《독 서연구》 51, 한국독서학회, 131~167쪽.

최재학(1908), 《몽학필독(蒙學必讀)》, 천도교중앙총부.

최현배(1936), 조선어 사전에서의 어휘 배열의 순서 문제, 《한글》 36, 한글학회, 114~132쪽.

최현배(1940, 1942). 《고친 한글갈》, 정음사.

최현배(1959), 한글의 차례잡기에 관하여 제안함, 《한글》 124, 한글학회, 25~28쪽.

최현배(1967), 사전에서의 올림말의 차례잡기 -한글 본문의 개선을 제안함, 《한글》, 한글학회, 9~21쪽.

클라프로트(Klaproth, Heinrich Julius, 1832), 《삼국통람도설》, 일본 동경대학 오구 라문고(소장).

한글학회(1947~1957), 《큰 사전》, 을유문화사..

한글학회(1992), 《우리말 큰사전》, 어문각.

한동완(2006), 《국문연구의정안》, 신구문화사.

현채(1909), 《신찬 초등소학》, 현채가. (고려대 도서관 pdf) 광명. (박민영·최석재 편역 (2012), 경진)

홍계희(1751), 《삼운성휘》, 영영(嶺營).

홍기문(1946), 《정음발달사》, 서울신문사.

홍윤표(2013), 《한글 이야기 1》, 태학사.

홍윤표(2016). 한글 자모의 명칭과 배열순서에 대한 역사적 연구, 《한국어사연구》 2. 국어사연구회. 259~321쪽.

홍윤표(2017). 훈민정음에 대한 종합적 고찰, 《한국어사연구》 3, 국어사연구회, 197~246쪽.

홍윤표·송기중·정광·송철의(1995), 《17세기 국어사전(상, 하)》, 정신문화연구원.

홍종선 외(2008), 《세계 속의 한글》, 박이정.

홍종선(1982), 국어 겹받침의 연구, 《어문논집》 23, 민족어문학회, 475~493쪽.

홍종선(2008), 국어 사전 편찬의 역사(1), 《우리어문연구》 30, 우리어문학회, 117~143쪽.

홍종선·정연주(2020), 국문연구소 위원들의 국어·국문 의식과 실천, 《언어와 정보사회》 40, 서강대 언어정보연구소, 57~86쪽.

홍희준(1800), 《화동음원(華東音源)》, 최현배(1942, 재록), 401~407쪽.

〈사이트〉

독일어 알파벳의 명칭과 발음, https://ko.wikibooks.org/wiki/%EB%8F%85%EC%9D%BC%EC%96%B4_%EC%9E%85%EB%AC%B8/%EC%95%8C%ED%8C%8C%EB%B2%B3

영어 알파벳의 명칭과 발음, https://ko.wikipedia.org/wiki/%EC%98%81%EC%96%B4_%EC%95%8C%ED%8C%8C%EB%B2%B3

일본어 알파벳의 명칭과 발음(히라가나 50음도), https://ko.wikipedia.org/wiki/%ED%9E%88%EB%9D%BC%EA%B0%80%EB%82%98

색　　인

287